Geschichte Der Königin Elisabeth Von England. Aus Dem Französischen...

Louise Félicité Robert

Clar. Sc.

Elisabeth
Königin von Engelland

Geschichte

der

Königin Elisabeth
von England.

Aus bisher noch unbekannten
Englischen Originalschriften, Akten, Urkunden,
Briefen und Manuskripten

von

Mademoiselle von Keralio.

Aus dem Französischen.

✻

Erster Band.

Mit Churfürstl. Sächsischer gnädigsten Freiheit.

Berlin, 1789.
Bei Friedrich Maurer.

Geschichte

der

Königin Elisabeth

von England.

Erster Theil.

Einleitung.

Elisabeths Regierung vereinigt eine Menge von Begebenheiten, die eben so auffallend durch ihre Größe, als wichtig in ihren Wirkungen waren, und macht eine berühmte Epoche in der Geschichte, welche die Hauptveränderungen vieler Europäischen Staaten in sich faßt. In Frankreich, Katharinen von Medicis und ihrer Söhne Regierung, und der Widerstand den die Ligue Heinrich dem Großen entgegenstellte; in den Niederlanden, jenes von dem Geist der Freiheit, der Gerechtigkeit und der Vaterlandsliebe eingegebene Unternehmen, das der spanischen Macht Gränzen setzte, und sie zwang ein muthiges Volk, das sie zu Sklaven zu machen gehoft hatte, neben sich für einen unabhängigen Staat zu erkennen; in Schottland die Veränderung

A 2

der Religion, die Stürme, die Fanatismus, Politik und Ehrgeiz daselbst erregten, und die in der Folge die Vereinigung der drei Königreiche vollendeten; Stürme, die Elisabeths Klugheit zusammen zu häufen wußte, um Irrland zur Ruhe zu bringen, und Schottland gegen eine Königin zu empören, die ihr Unglück zum Gegenstande des allgemeinen Mitleids gemacht hat.

Die Geschichte dieser Regierung ist, nach dem Ganzen sowohl, als nach ihren einzelnen Theilen betrachtet, außerhalb England, ja in England selbst, beinahe noch unbekannt; bloß Cambden hat sich damit beschäftigt. Sein Werk ist aber, durch den Mangel zuverläßiger Nachrichten unvollkommen geblieben, und ist vielmehr ein Jahrbuch als eigentliche Geschichte. Elisabeths Ruhm, die Liebe und Verehrung der Nation für sie, ist bekannt; man weiß im Allgemeinen, daß Heinrich VIII, ihr Vater, die Reformation der Englischen Kirche anfing; aber den Ursprung und die Ursachen dieses großen unter seinem Sohne Eduard VI fortgesetzten, unter Mariens Regierung unterbrochenen, und durch Elisabeth vollbrachten Werkes kennt man

nicht genau genug. Alles, was eigentlichen
Aufschluß darüber geben kann, ist in den beson=
dern Memoires über die Regierung Heinrichs VIII,
Eduards, Philipps und Mariens enthalten *).
Es giebt vielleicht noch bis jetzt Personen, die
sich unrichtige Vorstellungen von der Reforma=
tion von England machen. Wer sie mit einem
flüchtigem Blicke betrachtet, kann sie leicht für
einen von Heinrich VIII entworfnen Plan hal=
ten, den er nach eigenen Einsichten so weit
ausgeführt habe, als die Reformation bei sei=
nem Tode wirklich gekommen war. Hingegen
würde es ihm schwer zu glauben seyn, daß Hein=
rich, der nach ganz entgegengesetzten Grund=
sätzen erzogen war, nur zufällig auf dieses Un=

A 3

*) Burnets Reformationsgeschichte, ein Werk, wel=
ches die Redlichkeit des Verfassers, die Lauterkeit
der Quellen, woraus er schöpfte, und die unbezwei=
felte Richtigkeit der angeführten Thatsachen äu=
ßerst schätzbar macht, ist ein nothwendiges Studium
für den, der diese unruhigen Jahrhunderte kennen
lernen will; aber nicht für alle Leser brauchbar, weil
seine Erzählung den Fehler seines Jahrhunderts
hat, das heißt, oft weitschweifig und dunkel ist.

ternehmen gerieth, daß er bloß Umständen ge-
horchte, die er nicht vorausgesehen hatte, und
die er, ohne darüber nachzudenken, benützte;
daß er sich nur durch sie leiten ließ, daß er gar
keine feste Grundsätze, und keinen andern bestimmten Zweck hatte, als seinen Willen despotisch durchzusetzen, sich an den Fürsten zu rächen,
die ihm die Spitze geboten hatten, und das Volk,
welches sein Verfahren mißbilligte, zu strafen,
Eine genaue Uebersicht der Begebenheiten unter
seiner Regierung ist allein im Stande, dies zu
beweisen, und wird deswegen zu Elisabeths Geschichte nothwendig erfodert. Ihre größesten
Thaten wären auf diese Begebenheiten gegründet, und man kann ihren Geist, ihre Absichten,
und ihren Charakter nicht begreifen, bestimmen
und entwickeln, ohne genau von dem Zustande
der Kirche und der Regierung bei Mariens Tode
genau unterrichtet zu seyn. Nicht weniger nothwendig ist hierzu, die innere Lage der verschiedenen
Europäischen Staaten, ihr verschiedenes politi-
sches Interesse, ihre Religions=Systeme, die Kriege, welche durch das von Luther eingeführte, und
durch seine Schriften so schnell verbreitete Lehrge-

lände entstanden, zu kennen. So viele merkwürdige und so innig mit einander verbundene Begebenheiten unter einen Gesichtspunkt gebracht,
werden uns überzeugen, daß Elisabeths Geschichte
die Regierung Heinrichs VIII und seiner Kinder
mit einschließt. Der Grund der gegenwärtigen
Englischen Regierungsform wurde schon im
zwanzigsten Regierungsjahre Heinrichs VIII gelegt. Außerordentliche Veränderungen kündigten
Elisabeths Geburt an, und folgten auf dieselbe.
Ihre Jugend war von Unglück und Gefahren
umringt; das Volk zitterte, das Land war durch
Verbannungen, Hinrichtungen und Landplagen
verödet. Elisabeth half unter den zu Grunde
gerichteten Reichen Europas, ihrem gesunknen
Lande wieder auf. Sie beseelte den Englischen
Geist aufs neue durch eine weise und kluge, nachher zur Grundlage der Verfassung gewordne
Staatsverwaltung, und stiftete den unermeßlichen Handel, der dem englischen Namen seinen
Glanz und der Nationalmacht ihre Festigkeit gab,
Ein auffallender Kontrast mit der Regierung ihres Vaters, der durch die glücklichsten Umstände
begünstigt, nur wenig Gutes kaum zur Hälfte

that, indeß er große Uebel zu Stande brachte,
die bürgerlichen Geſetze über den Haufen warf,
ſelbſt die Rechte der Menſchheit beleidigte, und
den Staat beinahe zu Grunde richtete *).

Die bloße Bekanntſchaft mit den Zeiten vor
Eliſabeths Staatsverwaltung iſt nicht hinreichend, die geheimen Triebfedern derſelben zu
entwickeln; man muß auch die Form der engliſchen Regierung und die alten Geſetze eines Königreichs kennen, das vielleicht das einzige auf

---

*) Nicht ohne Beweiſe meiner Behauptung, wage
ich es hier, der Meinung des größern Haufens zu
widerſprechen, die noch jetzt Heinrich VIII die gegenwärtige Regierungsform zuſchreibt. Wer die
Engliſche Geſchichte ſtudiert hat, wird beurtheilen können, ob ich die Wahrheit entdeckte, und
die, deren Studium ſie nicht war, werden rich-
tiger über Eliſabeth urtheilen, wenn ſie die ihrer
Regierung vorhergehenden Begebenheiten werden
überſchaut haben. Und wenn es noch Frauen ihres
Ranges giebt, die nach eben dem Ruhme ſtreben,
ſo werden ſie es mir danken, daß ich alle die Mittel
durchging, wodurch ſie ſich zu demſelben hinauf
ſchwang, und ſie werden, von edler Nacheiferung
entflammt, mit dem lateiniſchen Dichter ausrufen:
„quid foemina poſſit !„ (zweites Buch der Aeneide.)

der Welt ist, dessen steter Endzweck und alleiniges Augenmerk die bürgerliche Freiheit war *). Man kann ohne wissenschaftliche Kenntniß der Gesetze einen richtigen Begriff von den Gesetzen eines großen Reiches haben. Man kann ohne Gesetzgeber, oder Ausleger der Gesetze eines Volks zu seyn, die Grundtheile seiner Verfassung so weit kennen lernen, daß man ihm in die Perioden seiner Stärke oder seines Verfalls zu folgen, und daraus seine innere Lage zu beurtheilen im Stande ist. Mit Hülfe der Vernunft kann man sich die Wissenschaft der Moral im ausgebreitetsten Sinne erwerben; das heißt, nicht nur sofern sie die eigentliche Sittenlehre, sondern auch das natürliche und politische Recht, kurz alles das in sich begreift, was den Menschen, jedem nach seinem Stande und seiner besondern Lage zur Richtschnur seines Betragens dienen kann **). Die Erfahrung des gemeinen Lebens reicht, bei einiger Aufmerksamkeit auf uns selbst

A 5

*) Blackstone Komment. über die Englischen Gesetze. Band 1.

**) Barbeyrac. Vorrede zum Natur- und Völkerrecht.

und das, was um uns her vorgeht, schön hin,
selbst Menschen von geringen Einsichten richtige
Begriffe vom Naturrechte *), dem unveränder=
lichen Grunde aller menschlichen Pflichten **), zu
geben; und eben so wenig ist es schwer, eine all=
gemeine Kenntniß der daraus hergeleiteten po=
sitiven Gesetze, die das Schicksal des Bürgers
bestimmen, zu erlangen. Und welcher Mensch
würde sich wohl so sehr von Menschen absondern,
so wenig auf sein eignes und anderer Bestes den=
ken, so gleichgültig gegen das moralische Gute
und Böse seyn, daß er diese Kenntniß für un=
wichtig hielte? Sie ist allen zu einer Gesellschaft
vereinigten Menschen unentbehrlich, dem einen,

*) Ich finde die Gebräuche und Sitten des Land=
   manns der wahren Philosophie gemäßer als die der
   Philosophen. Montaigne Vers. Buch 2. Kap. 13.

**) Das Naturrecht oder natürliche Gesetz ist die
    allgemeine Richtschnur der menschlichen Handlun=
    gen; man könnte es auch allgemeines oder immer=
    während es Gesetz nennen, weil das ganze mensch=
    liche Geschlecht zur Beobachtung desselben verpflich=
    tet, und weil es den Veränderungen der positiven
    Gesetze nicht unterworfen ist. Puffendorfs Na=
    tur= und Völkerrecht. Buch 2. Cap. 3.

um die Geſetze zu befolgen, dem andern, um ſie zu handhaben. Der Philoſoph, der die Geſchichte der Menſchheit ſtudirt, und der Hiſtoriker, der Thatſachen darſtellt, und die Fortſchritte der Geſellſchaften entwickelt, deren Steigen oder Fallen immer von der Ehrfurcht gegen die Sitten oder ihrer Hintanſetzung abhängt, können ſie nicht entbehren.

Wir wollen zuerſt im allgemeinen die poſitiven Engliſchen Geſetze, ihre Entſtehung und Verfaſſung unter Eliſabeth, und die ſeit ihrer Regierung damit vorgenommenen wichtigſten Veränderungen unterſuchen.

England hat noch viele alte Geſetze, die faſt alle Europäiſche Völker angenommen hatten, und die jetzt bei den meiſten in Vergeſſenheit gerathen, oder abgeſtellt ſind. Die Geſetze der Sachſen, als ſie die Einwohner dieſer Inſel vertrieben oder niedergemacht hatten, und ſich in dem ſüdlichen Theile derſelben niederließen, ſind bekannt. Wahrſcheinlich nahmen ſie deutſche Sitten und Gebräuche dahin mit; aber man kann aus den wenigen dunkeln Nachrichten, die uns von dieſen Zeiten geblieben ſind, nichts gewisses darüber bestimmen, und nur nach unzuverläffigen Sagen über eine Regierungsform urtheilen, die vielleicht auf einer Seite unter der Vorstellung war, die man sich hin und wieder davon macht, und auf der andern nicht so ungereimt und unzusammenhängend, als einige glauben. Es ist zu vermuthen, daß eine Gesellschaft, die bis zu dem Einfalle der Normänner zweihundert und neunzig Jahre für sich bestand, nicht durch die unbestimmte Willkühr eines Oberhaupts, oder der Bürger regiert wurde. Die unumschränkte Freiheit, die mehrere Schriftsteller ihnen haben zuschreiben wollen, verträgt sich nicht mit dem Begriff einer gesellschaftlichen Verbindung. „Nur diejenigen, deren Wille vernünftig geleitet ist, können in wahrer Freiheit leben *).“ Der Stand der Natur oder der Stand der größten Freiheit ist kein Stand der Zügellosigkeit. Das Gesetz der Natur muß ihn regieren, und dieses Gesetz lehrt die Menschen, daß wenn sie frei und unabhängig seyn wollen, keiner den andern im Besitz seines Lebens, seiner Frei-

---

*) Plutarch, de Auditione. Puffendorf, vom Natur= und Völkerrecht.

heit und seines Gutes stören darf *). Wir wollen
noch die Worte eines großen Mannes anführen:
„alles geschieht nach unveränderlichen Gesezen; die Gottheit hat ihre Geseze, die Geister-
welt hat ihre Geseze, die Körperwelt hat ihre
Geseze, die Thiere haben ihre Geseze **)."

Die Sachsen waren ohne Zweifel nicht mehr
im Stande der rohen Natur, als sie sich in
England niederließen. Die Britten hatten damals bloß Gebräuche, deren Spuren man in
den neuen Englischen wieder findet. Die Gebräuche, welche sie zu den Zeiten der Druiden
hatten, sind nicht bekannt, sie gingen von den
alten gallischen wenig ab ***). Alle barbarische,
oder aus der Barbarei hervorgehende Völker,
haben immer ähnliche Grundzüge gehabt.

---

*) Locke, von der bürg. Reg. Kap. 1. Art. 3.

**) Geist der Geseze, Kap. 1.

***) Cäf. Comment. Buch 6. In Gallien wurde jedes
Weib, die man überführen konnte, ihren Mann
umgebracht zu haben, lebendig verbrannt. Caes.
de bell. gall. Buch 6. Kap. 18. Das Englische
Criminalrecht setzt noch eben die Strafe auf dieses
Verbrechen und auf Verrath, den Weiber begehn. Blackst. Buch 4. Kap. 14.

Durch die Civilisirung wird der größeste Theil
derselben ausgelöscht, einige aber dauern fort.
Die ersten Siege der Römer veränderten die
Sitten der Britten nicht. Cäsar kam nur und
siegte. Paulinus, Cerealis und Frontin übten
nur das Recht der Stärke bei ihnen aus. Agrikola unterwarf sich den ganzen südlichen Theil
der Insel, und trieb die, welche den Krieg oder
den Tod der Knechtschaft vorzogen, nach Norden zurück. Sein Muth und seine Klugheit
ließen die Besiegten das Unglück des Krieges
fürchten, seine Sanftmuth und Menschlichkeit
lehrten sie das Glück des Friedens schätzen. Er
verbreitete Künste und Wissenschaften unter ihnen, ließ ihre Kinder wie römische Ritter er-
ziehn, lehrte sie Häuser und Städte bauen, und
diese mit öffentlichen Plätzen, Warten und Ge-
bäuden ausschmücken. Unter seinen Vorgängern hatten sie die römische Sprache verachtet,
unter ihm lernten sie sogar ihre Feinheiten. Sie
machten es sich zur Pflicht, die römische Tracht
anzunehmen, überließen sich den Lastern des siegenden Volks, bauten Säulengänge und Bä-
der, führten Ueberfluß und Leckerei bei ihren

Mahlzeiten ein, und nannten mit treuherziger Einfalt, das was zu ihrer Knechtschaft beitrug, Feinheit und Lebensart *).

Es sind keine von den Gesetzen mehr übrig geblieben, die Agrikola in Britannien einführte; wahrscheinlich waren es römische Gesetze, aber wir wissen nicht, was er davon aufnahm, und wie er sie mit den Landesgesetzen zusammenschmolz. Den Einfällen der Picten und Schotten, denen das in seinen eignen Mauern angegriffene Rom nur entnervte und wenige Truppen entgegen zu setzen hatte, konnten die durch seine Sorgfalt aufgeklärten, aber auch durch seine Laster geschwächten Britten nicht widerstehen. Die ihnen zu Hülfe gerufenen Sachsen fanden es für ihren Ehrgeiß und ihre Habsucht vortheilhafter, sich mit den Schotten und Picten zu vereinigen, und das Land verheeren zu helfen, das sie zu vertheidigen versprochen hatten. Alles, was die Künste der Römer geschaffen hatten, wurde durch das Feuer zerstört, öffentliche Gebäude in Asche gelegt, Monumente zertrümmert und Menschen mit dem Schwerdte

*) Tac. Leben des Agrikola.

abgemäht. Die kleine Anzahl von Britten, d
der Metzelung entkam, ging über das Meer, un
ließ sich in Armorica nieder. Die Einwohne
dieser Provinz zeichnen sich heut zu Tage durch
den Charakter der Güte, der Freimüthigkeit, de
gällischen Großmuth und des römischen Stolze
aus. Ehe sie mit Frankreich vereiniget wurde,
entsprangen Männer aus ihr, deren Talente,
Muth und Tugenden dem Staate wesentliche
Dienste leisteten, so wie nachher eine eben so
große Anzahl tapferer Franzosen.

So endigte sich die römische Herrschaft in
Großbritannien. Rohe, unwissende, grausame
Völker, die kein andres Verdienst hatten, als den
Muth und die Unerschrockenheit der Deutschen,
wovon sie ein Stamm waren, die aber weder die
Sitten noch die Gerechtigkeitsliebe dieses kriegerischen Volkes besaßen *), kamen an die Stelle
der alten Bewohner dieser Insel. Die Einführung des Christenthums, das die entferntesten
Völker Europens vereinigte, konnte die Rauhigkeit der Sachsen nicht mildern. Nicht genug
                                                    unter-

*) Cäsar, Buch 6.

unterrichtet, um diese Religion in ihrer ganzen
Reinigkeit anzunehmen, vermischten sie sie mit
dem grausamen Aberglauben ihres alten Got-
tesdienstes, und ihre Moral war nicht im Stande, die Finsternisse zu durchdringen, welche die
mehr entwickelten Geisteskräfte der folgenden
Jahrhunderte zerstreut haben. Die spanischen,
italienischen und gallischen Priester, bereit, alle
Mittel zu ihrer Vergrößerung und zur Beherr-
schung des Volks zu ergreifen, hatten das Christenthum in eine Menge von Mißbräuchen und
Irrthümern gehüllt, die mit ihnen in allen europäischen Kirchen regierten; aber fast alle, sie
mochten Römer oder Eingeborne des Landes
seyn, hatten die Gesetze und die Urbanität der
Römer beibehalten. Die sächsischen Priester hingegen, unwissend und barbarisch, schlecht unterrichtet in einer Religion, deren Inhalt und Lehrsätze sie sogar nicht kannten, waren nicht einmal
gescheut genug, um Unterricht zu wünschen, und
trugen nichts zu den Fortschritten der Künste und
Wissenschaften bei. Sie unterhielten den Aberglauben, eröffneten als niedrige Sklaven des
römischen Hofes, die reichen Goldquellen des

Ablaſſes, und führten den gefährlichen Gebrauch der Apellationen an ſein Tribunal ein. Ihre Habſucht lehrte ſie bald, ſich von der bürgerli= chen Gewalt unabhängig zu machen, und einzig dem Vortheile dieſer fremden Macht zu fröhnen, für die der Aberglaube Schätze anhäufte, die zum Theil in den Händen dieſer Prieſter zurückblie= ben, und Anfangs zur Befriedigung ihrer noth= wendigen Bedürfniſſe, dann zu ihrer Bequem= lichkeit, und zuletzt zur Beförderung ihrer Pracht und Ueppigkeit dienten.

Die damaligen Geſetze der ſieben ſächſiſchen Reiche, ihre Gewohnheiten, ihre Gebräuche, die zum Theil den neuern Religions-Satzungen wi= derſprachen, wurden weſentlich verändert. Des= wegen iſt das allgemeine Recht, welches jetzt in England eingeführt iſt, eine Vermiſchung der jüdiſchen Gebräuche, und des römiſchen und ca= noniſchen Rechts. Die Abtheilung des Landes in ſieben verſchiedene Staaten mußte ebenfalls die poſitiven Geſetze ſehr verändern. Alle dieſe Staaten beſtanden aus verſchiednen Kolonien. Und ob ſie gleich alle aus Norden kamen und wahrſcheinlich dem National=Charakter ange=

meßne Gesetze hatten, mußten sie doch nach dem
Charakter des eingebornen Volkes, nach dem
Clima und der Beschaffenheit des Landes verän=
dert werden *). Da der blutdürstige Karl der
Große die abgöttischen Sachsen aus Deutschland
vertrieben hatte, konnten diese tapfern, in ihrer
Freiheitsliebe standhaften Völker, durch die
christlichen Waffen nach Norden getrieben, und
von den Jütländern aufgenommen, nicht in ei=
nem Lande leben, welches schon an seinen eige=
nen Bewohnern zu viel hatte. Sie mußten also
ihre Zuflucht zu Eroberungen nehmen, um sich
zu erhalten; und da der Geist der Rache sich mit
dem Drange der Nothwendigkeit vereinigte, so
wurden Frankreich und England, wo man die
ihnen verhaßt gewordne Religion lehrte, der

B 2

*) Auf alle diese Umstände nimmt jeder barbarische
oder verfeinerte Ueberwinder bei seinen Anord=
nungen beständig Rücksicht, ob er gleich seinen
Sitten gemäße Abänderungen macht. Dies ist
Ausspruch des Naturgesetzes: „erobern heißt er=
werben, und der Geist der Erwerbung führt den
Geist der Erhaltung und Nutzung mit sich.“
Geist der Gesetze, Buch 10. Kap. 2.

Schauplatz ihrer Räubereien. Sie breiteten sich unter dem Namen Normänner, das heißt, Männer aus Norden in diesen beiden Königreichen aus, und machten sich daselbst furchtbar, während die Dänen in England einfielen. Dies geschah im Jahr 827, einige Jahre nach der Vereinigung der sieben Staaten durch Egbert *). Im Jahr 871 bemächtigte sich Alfred der Regierung. Ein gerechter, tapfrer, aufgeklärter Prinz, voll Gefühl für kriegerischen Ruhm, aber noch gefühlvoller für den Ruhm der Weisheit und Tugend. Die erhabnen Beispiele des Heldenmuths und der Menschlichkeit aus der alten Geschichte beseelten sein Genie, und lenkten seinen weitumfassenden und tiefen Blick auf das Glück seiner Völker und den Ruhm seines Namens. Das vielfältige Glück seiner Waffen ist bekannt genug **). Als Beherrscher der Engländer, und eines Theiles der überwundnen Dänen, die er in seinem Königreiche zurück be-

*) Bacon über die Gleichförmigk. der Engl. Reg. Londner Ausg. 1747. in 8v.

**) Alfreds Leben. Spelm. Malmes. Bacon. Hume, Allgem. Gesch. Band 1.

hielt und der Gerechtigkeit gemäß, unter die
Gesetze seines Landes brachte, entwarf er das
große Project, der Landesverfassung eine neue
und vollkommnere Gestalt zu geben. Er führte
bei allen seinen Unterthanen eine stufenweise
fortschreitende Subordination ein: jeder hatte
einen unmittelbaren Obern, dem er für seine
eignen, und sogar für die Handlungen seiner
Nachbarn verantwortlich war. Er theilte England in counties oder Provinzen ein; jede Provinz in hundreds oder hundert Familien; jedes
Hundert in tenthics oder Zehntheile. Zehn vereinigte Familien machten eine Communität,
und mußten gegenseitig für ihr Betragen stehen.
Jeder Hausvater stand für seine Familie, für
seine Dienstboten, ja selbst für seine Gäste,
wenn sie über zwei Tage bei ihm blieben; ein
Oberhaupt, das von den zehn Familienhäuptern
gewählt wurde, war Vorsteher der Gemeinde,
und entschied über alles in dieser kleinen Gerichtsbarkeit; niemand durfte ohne seine Einwilligung aus seinem Bezirke gehn. Er berief die zehn Familien zusammen, um über
Zwistigkeiten zu entscheiden; und wenn Unei-

nigkeit entstand, so wurde die Sache vor den
Canton und vor die Versammlung der Hunderte gebracht, die alle vier Wochen bestimmt
war. Dieses Tribunal, wozu zwölf Richter
erwählt wurden, die vor dem Vorsteher der
Hunderte den Eid ablegten, die Gerechtigkeit
zu beobachten, und der Wahrheit treu zu bleiben, scheint der Ursprung des wichtigen Tribunals der Geschwornen zu seyn, von dem wir
in der Folge reden werden. Außer den Versammlungen der Cantone setzte Alfred einmal
des Jahrs eine Zusammenkunft aller Provinzen und zweimal des Jahrs die county-court,
eine Versammlung aller großen Eigenthümer fest,
worin der König und der Aldermann oder Graf
den Vorsitz führten. Es gab so viele Gerichtshöfe,
als es herrschaftliche Wohnsitze und Gerichtsbar-
keiten gab. Alle Ungerechtigkeiten wurden aufs
schnellste nach dem Zeugnisse der Nachbarn und
Freunde wieder gut gemacht oder bestraft.
Diese kleinen Gerichte communicirten mit den
größern, und diese hinwiederum mit den Obergerichten, die dazu bestimmt waren, die Irrthümer der untern Gerichte zu verbessern, und

die wegen der größern Wichtigkeit der Sachen
auch größere Aufmerksamkeit auf das Urtheil
wenden mußten. Da Alfred nach dem Beispiele
des Theodosius ein Gesetzbuch entworfen hatte,
dem diese Gerichte Folge zu leisten, und es auf=
recht zu halten verpflichtet waren, so breitete
sich die vollziehende Macht, die in der Hand
eines einzigen war, gleichsam wie aus einem
großen Baßin durch viele Kanäle in allen Thei=
len des Königreiches aus. Dieser, den Gese=
tzen der Vernunft und Politik gleich angemeßne
Regierungsplan wurde auch in Mexico und
Peru beobachtet, ehe die Spanier diese Länder
eroberten: und seine Entstehung geht bis zum
Mosaischen Gesetze zurück. Die königlichen Ge=
richtshöfe versammleten sich in Alfreds eigenem
Pallaste. Sie begleiteten ihn auf allen seinen
häufigen Reisen. Dieser thätige und unermü=
dete Fürst ging unaufhörlich aus einer Provinz
in die andere, nicht nur um gegen die Unterneh=
mungen der Feinde auf seiner Hut zu seyn, son=
dern auch um die gute Ordnung zu erhalten, die
er daselbst vorgeschrieben hatte *). Diese weisen

B 4

*) Blackst. Buch 4. Kap. 33. S. 404. Malmesb. Buch 2.

Einrichtungen hatten zu viel Aehnlichkeit mit
den Gebräuchen der Deutschen, der nordischen
Reiche, und den Gesetzen der Sachsen in den
Zeiten der Heptarchie, als daß man Alfred zum
einzigen Stifter eines eben so ausgebreiteten als
einfachen Plans machen könnte. Die alten
Germanier hatten, wie Cäsar und Tacitus anführen, Tribunäle und Richter gehabt, die mit
dem Gerichte oder den Sitzungen der hundreds
und mit ihren Vorstehern hundreders viel Aehnlichkeit hatten, und fast dieselbe Benennung
führten. Der weise Alfred begnügte sich damit,
Einrichtungen, die er fand, zu verbessern, zu
erweitern und aufrecht zu halten. Seine Bemühungen hatten so guten Erfolg, daß das
ganze Königreich eine neue Gestalt bekam.
Die Sitten wurden geordnet, die Verbrechen
durch die Furcht der unvermeidlichen Strafe
zurückgehalten, und die Tugend durch bestimmte Belohnung angefeuert. Als Gesetzgeber eines freien und stolzen Volkes, suchte Alfred in
seinen Gesetzen die bürgerliche Freiheit vor allen
Angriffen zu sichern. Er bestimmte sie nach dem
Charakter seines Volks; eine wesentliche und

nur zu oft von den Gesetzgebern und denen, die über Gesetzgebung geschrieben haben, vernachläßigte Betrachtung *).

Seine Regierung war zu kürz, sein Jahrhundert zu sehr unter ihm; die Kirche zu reich und mächtig, seine Nachfolger zu unwissend, um fest und gerecht zu seyn. Tapfer ohne Klugheit, setzten sie den Dänen wohl Muth, aber keine Kriegskenntniß, keine Politik entgegen. Die Eroberungen und Einfälle dieser hartnäckigen Feinde erschütterten das ganze Gebäude, das Alfred errichtet hatte; aber es war auf einen dauerhaften Grund gebaut, und konnte wohl erschüttert, aber nicht umgestoßen werden **). Im Anfange des eilften Jahrhunderts waren drei Gesetzbücher in England: der Dänische Codex, welcher von dem Alfredischen unterschieden ist, denn dieser hieß: der Codex der westlichen Sachsen. Der dritte war der Mercische Codex, weil er in dem Königreiche

B 5

*) Von Olme, Verf. v. Engl.

**) Blackstone, Buch 4. Kap. 33. S. 405.

Mercia verfaßt war. Edgar fühlte die **Unbe**-
quemlichkeit so vieler und verschiedner Gesetze
in einem Königreiche, und entschloß sich, sie
in ein Gesetzbuch zu bringen, das in allen seinen Staaten befolgt werden sollte. Er konnte
sein Werk nicht vollbringen, sein Enkel Eduard
der Bekenner führte es aus. Das Gesetzbuch,
das er entwarf, war aus allen Gesetzen Alfreds, und zum Theil aus dem Dänischen und
mercischen Codex zusammengesetzt.   Wahrscheinlich, denn ein bestimmtes Urtheil läßt sich
nicht darüber fällen, entstand aus demselben
das bewundernswürdige System der nicht geschriebnen Maximen und Gewohnheiten, welches jetzt unter dem Namen a l l g e m e i n e s
R e c h t bekannt ist, weil es sich auf das ganze
Reich erstreckt. Es ist ein Theil des Munici-
pal-Rechtes, welches in zwei Classen getheilt
ist; das a l l g e m e i n e oder nicht geschriebene
Recht *), und das geschriebene oder Satuten-
Recht.

*) Man unterscheidet auf diese Art das geschrieb-
ne und ungeschriebne Recht: nicht als ob es

Wenn man das, was uns noch von den ten ſächſiſchen Geſetzen übrig geblieben iſt, räft, ſo erkennt man in der allgemeinen Verſammlung der Vornehmſten und Tüchtig= en der Nation die Einrichtung des Parla= ments. Dieſe Verſammlung hieß Witenage= rot, die Verſammlung der Weiſen, oder das commune concilium der Deutſchen, welches war nicht die Form oder Würde des jetzigen Parlaments hatte, ohne deſſen Einwilligung aber keine neue Geſetze bekannt gemacht, und

heut zu Tage irgend ein bloß mündliches Recht durch Tradition gäbe, ſo wie es die Drui= den und erſten Sachſen hatten. Die alten Ge= wohnheiten ſind zwar in den Regiſtern der Ge= richtshöfe und den Schriften der alten Rechtsge= lehrten enthalten, und ſeit dem höchſten Alter= thum von Generation zu Generation übergegan= gen; allein die Schriften, die dieſen Theil der Geſetzgebung enthalten, ſind nie durch Parla= mentsakten beſtätigt, und haben nur durch einen langen und undenklichen Gebrauch, und durch die allgemeine Befolgung ihres Inhalts durch das ganze Königreich Geſetzeskraft erhalten. Blackſt. Einleit. §. 3.

keine alte abgeschafft werden konnten. Hier
findet sich auch die Wahl der vornehmsten
Obrigkeitspersonen durch das Volk, ja selbst
die Wahl der Könige, ehe die Krone erblich
geworden war, und die Ernennung der untergeordneten Magistrate. Nach einigen Schriftstellern dauerten diese Privilegien bis auf die
Eroberung der Normänner fort, nach andern,
noch zwei Jahrhunderte länger, und nach noch
andern haben sie ununterbrochen bis auf unsre
Zeiten gedauert. Man findet hier ebenfalls die
Bestimmung der erblichen Thronfolge, und fast
in eben der Ordnung, die man nachher beobachtet hat: ausgenommen, daß im Fall der Minderjährigkeit, der nächste Verwandte des Prinzen den Thron als König und nicht als Protector
oder Regierungsverweser bestieg: nach seinem
Tode aber fiel der Zepter an den letzten Erben
zurück *). Sie hatten selbst für die größesten

---

*) Ueberhaupt ist die Englische Krone, nach den
allgemeinen Rechten und Gebräuchen, erblich;
das Recht der Thronfolge aber kann durch die

Verbrechen wenig Todesstrafen, und die straf-
barsten Missethäter konnten sich mit einer gewissen Geldsumme loskaufen: Man nannte
diese Vergütung Weregild. Wenn der Schul-
dige nicht bezahlen konnte, wurde er zu ewiger
Knechtschaft verdammt, und das beneficium

gesetzgebende Macht oder durch das Parlament
verändert und erweitert werden, doch bleibt die
Krone bei diesen Veränderungen immer erblich.
Sie steigt vorzugsweise vor den Töchtern
von männlichen zu männlichen Erben fort;
ist aber kein männlicher Erbe vorhanden,
so fällt sie an die älteste Tochter und ihre
Nachkommenschaft, ohne daß die andern Töchter
Anspruch darauf machen können. (Malmesb.
Buch 3. Blackst. Buch 1. Kap. 3.) Das drei-
zehnte Statut der Königin Elisabeth erklärt
denjenigen des Hochverraths schuldig, der dem
Englischen Parlament das Recht, die Thronfolge
und das Erbrecht zu bestimmen, absprechen
würde. — Ein anderes Statut aus den Regie-
rungszeiten der Königin Anna, setzt auf dieses
Verbrechen die Strafe praemunire. (Blackst.
Buch 1.)

cleri *) scheint auf dies Gesetz gefolgt zu seyn.
Der Todtenfall, Heriot **), und der statt dieses

*) Dies ist ein Erlaß, der durch das Gesetz gegen
die Verbrechen, die nicht Hochverrath sind,
ausgesprochnen Strafe, sey es vor oder nach der
Ueberführung der Felonie, wenn sie zum erste=
male begangen wird. Kraft dieses Privilegiums
gab man dem Schuldigen ein lateinisches, mit
gothischer Schrift gedrucktes Buch, woraus er
drei Zeilen lesen mußte; und wenn der beorderte
Kommissarius laut sagte: er liest wie ein
Clericus, so wurde der Gefangene an der lin=
ken Hand gebrandmarkt, und darauf entlassen.
(Hales Kap. 372. Math. Par. ad ann. 1259.) Die=
ser Gebrauch war übrigens zu einer Zeit üblich,
wo diejenigen, welche lesen konnten, wie Men=
schen betrachtet wurden, deren persönliches Ver=
dienst Achtung und vorzügliche Behandlung ver=
diente.

**) Heriot, bei den alten Sachsen Heregate. Das
beste Hausgeräth, oder das beste Stück von dem
Vieh oder den Hausthieren gehörte bei dem Tode
eines Vasallen dem Könige oder Lehnsherren,
man nannte diesen Tribut sein heriot; aber die=
ses Recht gehörte nicht zu der Lehnwahr. (Spel=
mann. Gesetze von Canut.)

Tributs gefoderte Kriegsdienst gehörten zu den
Lehnsgesetzen, die aber bei den alten Sachsen

diente. In dem acht und zwanzigsten und neun
und dreissigsten Statut Heinrichs VIII wurde diese
Auszeichnung abgeschaft, aber alsobald in dem
ersten Statut Eduards VI wieder eingeführt, welcher den Parlamentsgliedern und den Pairs des
Königreichs dasselbige Privilegium verstattete,
aber immer nur bei dem ersten Vergehn; wenn
sie auch nicht lesen konnten, wurden sie doch mit
der Brandmarkung verschont. Dies Privilegium
erstreckte sich auf alle bürgerliche und kirchliche
Verbrechen; auf Haus- und Pferde-Diebstahl,
auf Strassen-Räuberei, und auf den Raub der
geweihten Gefäße und des Schmucks. Das achtzehnte Statut unter Elisabeth bekräftigte es,
mit Veränderungen, welche die Verbesserung
des Criminal-Rechts zur Absicht hatte, und
durch das achtzehnte Statut wird jede Person,
der das beneficium cleri bewilligt ist, wieder in
ihre Aemter, Ehrenstellen, Güter und Würden
eingesetzt. Nach dieser Zeit ist dieses beneficium
bei dem ersten Verbrechen auch auf die Weiber
ausgedehnt; mit der Strafe der Brandmarkung
auf der linken Hand und mit einer bestimmten
Gefängnißstrafe, die aber nie über ein Jahr
dauerte. Dieses Gesetz ist nachher noch abgeän-

nicht hart und strenge waren. Dieses Gesetz
stammte ohne Zweifel von den alten Gebräuchen
der Sachsen ab, deren Lehnrecht anfangs, ehe
die normannischen Rechtsgelehrten es verän=
derten, sehr einfach und eingeschränkt war.
Verrätherei, oder Verbrechen der Vasal=
len gegen den Lehnsherrn, wurde zwar mit
Einziehung der Güter gestraft; aber auf
Felonie oder andern Verbrechen stand kein
Verfall der Güter oder Entsetzung von Ehren=
stellen. Alle männliche Erben gingen bei den
Erbschaften zu gleichen Theilen, ohne Erstge=
burtsrecht. Eine Gewohnheit, die mit dem rö=
mischen Gesetz von den Britten angenommen,
und bis zu ihrer Eroberung von den Sachsen

auf

dert worden, und endlich hat das vierte und
sechste Statut Georgs des Ersten befohlen, daß
alle, die auf die Wohlthat des Clerus Anspruch
zu machen berechtiget wären, von der Brand=
markung und Ruthengeißelung könnten ausge=
nommen werden, aber dafür auf sieben Jahre nach
Amerika übergeführt wurden. (Blackst. Buch 4.
Kap. 28. S. 367.)

aufbewahrt wurde *). Die Gerichtshöfe bestanden damals in den *county - courts*, das heißt,

*) B a c o n.   Blackstone mißbilligt diesen der Na-
tur und dem Naturrechte angemessnen Gebrauch.
„Er ist, sagt er, der Erhaltung der alten Familien nachtheilig, die vorzüglich in der Monarchie unterstützt werden müssen, damit sie einen Mittelstand zwischen dem Fürsten und dem
Volke machen." Auch weicht England in diesem
Punkte von den Gebräuchen und Gewohnheiten aller
andern europäischen Staaten ab. Wenn eine Ver-
faffung diesen unbilligen Gebrauch nothwendig
macht, der um den ältsten Sohn zu bereichern, die
andern Kinder eben des Vaters in Mangel stürzt, so
müßten wenigstens keine Vorurtheile den unglücklichen jüngern Söhnen nützliche Gewerbe zu
treiben verbiethen, und sie müßten dadurch bei
ihren Mitbürgern nicht die Achtung im Staate
verlieren, wozu ihnen ihre Geburt, ihre Erziehung und Grundsätze eben so viel Recht, als ihren ältsten Geschwistern geben. Künste, Wissenschaften und Handel öfnen allenthalben denen, die
ihr Geschmack, ihre Talente, und ihre mittel-
mäßige Geburt nicht zu den Waffen rufen, eine
so schöne Laufbahn! In England widmen sich die
jüngern Söhne eben so nützlichen, obgleich weni-

Gesch. Elisabeth. I. B.   C

in den Provinzial-Versammlungen,
und im Fall einer Rechtsweigerung, oder bei
einer kützlichen Sache appellirte man an das Ge-

ger glänzenden Geschäften als die ältsten, ohne
dadurch, daß sie in Gewerben, die man an andern
Orten unedel nennt, die edeln Pflichten des Bürgers erfüllen, ihre Geburt zu beschimpfen. Gutes Auskommen ist der Preis ihres Fleißes und
ihrer Arbeiten. Im Gegentheil betrachtet man
in Ländern, wo das Vorurtheil sich diesem billigen Gebrauche widersetzt, oft die glänzendsten Familien wie ausgestorben, weil ihre Abkömmlinge,
die im Elende oder in den niedrigsten Beschäftigungen schmachten, sich dem Ruhme ihrer Vorfahren, und jeder Bekanntschaft mit Menschen ent-
ziehn. Man sieht dergleichen Unglückliche, die ihre
ungerechten, unmenschlichen Eltern, die es ihnen an Unterstützung mangeln ließen, anklagen,
und die Vorurtheile verwünschen, wodurch sie von
anständigen Gewerben zurückgehalten werden, ihren Stand und Titel für eine mäßige Summe
an Menschen ohne Namen verkaufen, die durch
diese Niederträchtigkeit bereichert, und stolz auf
ihren Raub, die Namen derjenigen schänden,
die den Staat auf Kosten ihres Blutes und Lebens erhalten haben.

richt des Königs. Er erschien dabei in eigner Person, wenn Parlament gehalten wurde, welches keinen bestimmten Sitz hatte und an drei Festen, Weihnachten, Ostern und Pfingsten, keine Sitzungen hielt; doch geschahen diese Appellationen sehr selten. Die damaligen Gerichtshöfe wichen darinn von den jetzigen ab, daß die bürgerliche und geistliche Gerichtsbarkeit daselbst vereinigt war, daß Bischof und Aldermann in einer Versammlung säßen, und daß die Prozesse weniger verwickelt waren; ein Vortheil, der mit der Kindheit der Gesetze gewöhnlich verbunden ist, und den man immer mehr wahrnimmt, je weiter man in das Alterthum zurückgeht. Der Aberglaube ließ damals noch die Ordalien und die Proben mit geweihten Kuchen zu, man verließ sich aber oft auf die Geschwornen, welche entweder alle zwölfe einstimmig oder nach der Mehrheit der Stimmen den Ausspruch fällten. Man verdankt den Sachsen die Einführung dieser bewundernswürdigen Wahrheits-Probe; dieser wichtigen Stütze der öffentlichen und Privat-Freiheit. So weit war die englische Gesetzgebung zur Zeit

des Einfalls der Normänner gekommen. Es
scheint, daß sie damals keine andere Aehnlichkeit
mit der gegenwärtigen Verfassung hatte, als
die allen nordischen Regierungen gemeine Grund=
form: den König und den Adelstand *). Die
erste und fühlbarste Veränderung, welche die
sächsischen Gesetze nach der Eroberung erfuh=
ren, war die Absonderung der geistlichen von

---

*) Olme, engl. Landesverf. Kap. 1. So
spricht der Autor, den die Engländer unter allen
die über ihre Verfassung geschrieben haben, am
meisten schätzen, von der sächsischen Regierungs=
form. Bacon, Blackstone und andere Schrift=
steller hingegen, wollen in derselben schon den
Grund der gegenwärtigen Verfassung finden.
Diese Verschiedenheit der Meinungen beweist, daß
man vom Ursprunge der englischen Regierung we=
nig unterrichtet ist, und erst nach seiner Eroberung
wie Olme anführt, und Temple und Spellman
vor ihm gesagt haben, richtige Begriffe davon
bekommen hat. Diese lezten haben inzwischen, wenn
man Olmen glaubt, die Revolution nicht von der
rechten Seite angesehn, „die vielleicht, fügt er
hinzu, kein ähnliches Beispiel in der Geschichte
irgend eines Volkes hat.“

der bürgerlichen Gerichtsbarkeit. Ganz Europa hat die Ursachen davon eingesehn, und die Wirkungen davon empfunden. England hat durch diese Absonderung das Joch zerbrochen, welches die römische Kirche schon damals den meisten europäischen Nationen auflegte. Die ersten Normänner, welche die Sklaverei und Aufhebung der Gesetze der neuen Monarchien mitbrachten, trugen das ihrige bei, um eine Macht empor zu bringen, die auf den Geist des Volkes so viel Einfluß haben konnte, und ihren Despotismus als göttliches Gesetz verehren ließ. Wilhelm der Eroberer theilte alle bischöfliche Würden an die italienischen und normännischen Prälaten aus. Die Wissenschaften waren damals ganz in ihren Händen, und sie bedienten sich ihrer, um das Volk dem Joche ihrer neuen Beherrscher zu unterwerfen. Nachher unterjochten sie diese Beherrscher selbst, und brachten sie zu einer Unterwürfigkeit, die für sie weit schimpflicher, als für das Volk war.

Die Stiftung der Forstgesetze brachte die zweite Veränderung in die englische Verfassung, veranlaßte die Entvölkerung eines großen Erdstrichs

und ungerechte grausame Gesetze, welche auf das
Tödten eines Thieres größere Strafe legten,
als auf die Ermordung eines Menschen*). Obgleich diese Gesetze in England gemildert sind,
so ist doch noch genug davon übrig, um die
Freiheit des Volks einzuschränken, die des
Adels zu erweitern, und einen auffallenden
Kontrast mit den Grundsätzen eines freien Landes zu machen**). In diesem Zeitpunkte war
die Gewalt der *county-courts*, welche der erste
Sitz der sächsischen Gerechtigkeit waren, sehr

*) Nicht zufrieden mit den großen Hölzungen, welche
die sächsischen Könige in England besaßen, legte
Wilhelm noch eine neue bei Winchester an, ent-
völkerte beinahe dreißig tausend Meilen Landes,
vertrieb die Einwohner aus ihren Häusern, riß
Schlösser, Kirchen und Klöster um, und gab bis
dahin unbekannt gewesne Gesetze. Man stach jedem die Augen aus, der ein Wildprett tödtete,
dahingegen eine bloße Geldstrafe und einige leichte
Entschädigungen an das Civilgericht, den Mord
eines Menschen abbüßten. (Hume, Jahr 1081.)

**) Blackst. ebend. Heinrich Swinburne. Reise
nach beiden Sicilien.

beschränkt, und die königliche Gerichtsbarkeit wurde auf alle Klagesachen im ganzen
Königreiche ausgedehnt. Die *aula regis* oder
der Gerichtshof des Königs hatte eine unumschränkte Gewalt *), und die Richter konnten so eigenmächtig verfahren, daß dies Gericht, nachdem es der Tyrann des Volkes
geworden war, dem Könige selbst furchtbar
wurde. Alle Richter waren Normänner. Die
Processe, Gerichtssachen und Endurtheile wurden in normannischer Sprache geschrieben und
ausgesprochen. Diese Neuerung in den Gebräuchen ward nothwendig, weil kein normannischer Rechtsgelehrter das Englische ver-

C 4

*) Ein schreckliches Tribunal, welches die Appel-
lationen von allen Gerichten der Barone annahm,
unwidersprechlich über ihre Güter, Ehre und
Leben entschied, und da es aus den vornehmsten Die-
nern der Krone bestand, die ihre Stellen nur so lange behielten, als es dem Könige gefiel, da es den
König selbst zum Vorsitzer hatte, den hohen Adel
des Königreichs eben so unter dem Drucke hielt,
als den niedrigsten Unterthan. Von Olme. Kap. I.
Blackst. Buch III. Kap. 4.

stand. Ohne Zweifel war dies das grausamste
Merkzeichen der Sklaverei, das nur je einem Volke aufgedrückt ist. Die Zweikämpfe zur Entscheidung in Civil= oder Criminalsachen wurden ebenfalls eingeführt. Dieser Gebrauch ist bei einigen mitternächtlichen Völkern undenklich alt;
die Franken und Normänner führten ihn bei den
Mittäglichen ein, und es war dem siegenden
Fürsten und seinem Volk genug, daß es ein
Gebrauch ihres Landes war. Endlich breitete
sich das Lehnrecht mit allen seinen verhaßten
Folgen in dem Königreiche aus, und bald gehörten alle Länder des Reichs mittelbar oder
unmittelbar der Krone an.

Die Lehnverfassung entsprang aus der Kriegs-
politik der nordischen Völker. Die Gothen, Hun-
nen, Wenden, Franken, Longobarden, welche, nachdem sie das römische Reich zerstört hatten, sich in ganz Europa ausbreiteten, führten
dies System daselbst ein, und ihre Kolonien
gebrauchten es als ein Mittel, Besitzungen zu
erwerben, und zu erhalten *). Das Ober-

*) Blackstone bemerkt, daß in der Sprache der
Barbaren, odh, Eigenthum, und all, alles be-

haupt oder der Sieger, räumte den obersten Offizieren seiner Armee einen Theil Landes ein; welche dasselbe hinwiederum an die unter ihnen stehenden Offiziere, oder an ihre treusten Soldaten austheilten. Diese Schenkungen hießen im Lateinischen *feuda* im Englischen *feuds*, *fiefs* oder *fees*. Das letzte bedeutet in den nordischen Sprachen Sold oder Gehalt: es war auch würklich ein Sold; das Land wurde mit der Bedingung eingeräumt, daß der neue Besitzer demjenigen, der es ihm eingab, im Kriege und Frieden treu zu dienen versprach. Er legte den Eid dey

C 5

deutet, woraus das Recht odhall in den brittannischen und vielleicht das Recht udal in den finländischen Inseln entstanden ist. Jetzo giebt uns die Versetzung dieser nordischen Sylben allobh die Etymologie des Worts *allodium*, oder unbeschränktes Eigenthum des Lehnherren, so wie durch eine ähnliche Sylbenversetzung das Wort Fee, welches Sold oder bedingungsweisen Gehalt bedeutet, uns *feod* oder *feudum* giebt, welches so viel ist, als Eigenthum, das statt Soldes dient, Blackst. Buch 2. Kap. 4. Pontoppidan Geschichte von Norw.

Treue darauf ab, *juramentum fidelitatis*, und bei einer Untreue oder Schwurverletzung, er mochte nun die versprochne Dienstleistung versagen, oder dem Lehnherrn im Gefechte verlassen, fiel das abgetretne Land an den ersten Besitzer, der es einzog, wieder zurück. Alle, die ein solches Eigenthum besaßen, waren dabei interessirt, es zu erhalten und zu vertheidigen, und da diese Ländereien sämtlich durch Eroberung erworben waren, konnte, ohne es zu zerstören, kein Theil von dem Ganzen getrennt oder unabhängig gemacht werden. Die Herren und Vasallen waren gegenseitig gezwungen, sich zu vertheidigen und zu beschützen. Da aber die nothwendige Verbindung aller Theile bei einer unregelmäßigen Regierung nicht statt finden, da die Subordination allein sie zusammenhalten konnte, so hatte jeder Lehnbesitzer die eidliche Verpflichtung auf sich, seinen Herrn zu vertheidigen und zu beschützen, und der Herr war seiner Seits wiederum demjenigen unterthan, der ihm das unter seine Vasallen ausgetheilte Land verliehen hatte. So stieg diese allgemeine Kette bis zum Souverain hinauf, und alle Lehns-

herren waren verbunden, ihre Lehnmänner
in ihren Besitzungen zu unterstützen. Der
Kriegsdienst wurde nunmehr mit der Lehnsver-
fassung, in den von den Barbaren überschwemm-
ten Ländern eingeführt; und man sah eine Armee von Lehnsmännern bereit, die Waffen sowohl zur Vertheidigung ihres Gutes, als des
Ganzen und aller Theile des eroberten Landes
zu ergreifen. Der Nachdruck und die Industrie,
womit die Barbaren ihre Eroberungen behaupteten, läßt auf die Weisheit dieser Einrichtung
schließen *).

Die Deutschen und Cimbern verlangten bei
ihrem ersten Einfall in Italien, etwa ein Jahrhundert vor der christlichen Zeitrechnung, von den
Römern Ländereien anstatt des Soldes, (oder
Lehen) zur Vergeltung der Kriegsdienste, die sie
den Römern zu leisten versprachen, wenn sie derselben bedürften. „Ut Martius populus aliquid sibi
terrae daret, quasi stipendium; caeterum ut vel-
let, manibus atque armis suis uteretur" **). Dies
ist augenscheinlich eben das, was sie einige

*) Blackst. Buch. 2. Kap. 4.
**) Florus, Buch 3. Kap. 3.

Jahrhunderte nachher festsezten, als die
Salier, Burgunder und Franken in Gallien, die Westgothen in Spanien, und die Longobarden in Italien eindrangen, woselbst sie
das Lehnssystem einführten *).

*) „Nicht aus Neigung zur Tyrannei, sondern um
   den wechselseitigen Bedürfnissen der beiden Völker,
   die zusammen wohnen sollten, auszuhelfen.“

   „Das burgundische Gesez will, daß jeder Burgunder von einem Römer als Gast aufgenommen
   werde. Dies ist den Gesezen der Deutschen gemäß;
   die nach dem Bericht des Tacitus, die gastfreisten
   Völker auf der Erde waren“ (De morib. Germ.)

   In eben dem Gesez wird auch gesagt, daß wenn
   die Burgunder sich in Gallien niederließen, sie zwei
   Drittheile Land, und ein Drittel Leibeigne bekommen sollten; die dem Grunde anklebende Leibeigenschaft war also schon vor den Burgundern eingeführt, wie durch den Artikel des Coder *de Agricolis
   et Censitis et Colonis* bestätigt wird. Buch XXX,
   Kap. IX und X. (Geist der Geseze). Indessen
   können die Leibeignen, wovon hier geredet wird,
   auch wohl diejenigen seyn, welche die Eroberer
   selbst gemacht hatten, und alsdann beweist dies
   Gesez, daß schon vor der Eroberung eine solche
   Leibeigenschaft existirte,

Daher hatte ohne Zweifel der Kaiſer Alexander Severus die Gewohnheit angenommen, die von den Feinden eroberten Länder unter die Generale und Soldaten zu vertheilen, mit der Bedingung, daß ſie nicht nur für ſich ſelbſt ſondern auch für ihre Erben ſich zu Kriegsdienſten verpflichteten *).

Das Feudalſyſtem, das ſich nach und nach in ganz Europa verbreitete, wurde erſt

---

*) Tacitus ſpricht von den Freiwilligen, die bei den Deutſchen den Fürſten in den Krieg folgten; eben der Gebrauch erhielt ſich auch noch nach der Eroberung unter dem Namen: Kriegsdienſt. Tacitus bezeichnet dieſe freien Menſchen durch den Namen: Mitgenoſſen, *comites*; das Saliſche Geſez, nennt ſie Männer *qui ſunt in truſte regis*, des Königs Getreue, Merkulf nennt ſie *antruſtiones* des Königs, welches von *trew* treu herkömt. Die erſten franzöſiſchen Hiſtoriker nennen ſie *leudes, fideles*; und die nachherigen Schrifſteller, *vaſalli, ſeniores*. Die den *leudes* bewilligten Güter hießen Fiscalgüter, Privilegien, Ehrengüter, Lehne. Die zum Unterhalt der königlichen Familie beſtimmten Güter wurden *regalia* genannt. (Geiſt der Geſeze, ebend. Kap. XVI.

unter Wilhelm dem Eroberer in England eingeführt. Wenn man zur Zeit der Sachsen einige leichte Spuren davon fand, so wär es doch
kein so hartes Joch, als das, welches der nor-
mannische Prinz ihnen durch den Mißbrauch
des Eroberungs = Rechts auflegte. Da er
im neunzehnten Jahre seiner Regierung das
Domesday - Book, oder das Verzeichnis aller
englischen Ländereien, und der Einkünfte von
denselben zu Stande gebracht hatte, und mit
einem neuen Einfall der Dänen bedroht wurde,
versammlete er eine Armee von Engländern und
Normännern. Das Volk, welches sich durch die
Einquartierung dieser Truppen bedrückt fand,
machte ihm Vorstellungen dagegen. Wilhelm
begab sich mit dem ganzen Adel nach Sarum,
woselbst ihm alle die vornehmsten Freimänner
wegen ihrer Güter als Kriegslehn huldigten, und
ihm für ihre Personen den Eid der Treue und
Unterwürfigkeit ablegten. "*Statuimus ut omnes liberi homines foedere et sacrimento affirment, quod
intra et extra universum regnum Angliae Wil-
helmo regi domino suo fideles esse volunt, terras
et honores illius omni fidelitate ubique servare*

*tum eo, et contra inimicos et alienigenas defen-
dere "* *).* Diese Worte, welche die Lehnbarkeit
ausdrücken, enthalten den von den Güterbesitzern als Lehnleute und Vasallen zu leistenden
Eid der Treue, und verpflichten die Vasallen
ihrem Lehnsherren, gegen alle fremden und
einheimischen Feinde zu dienen. Ein andres, den Kriegsdienst betreffendes Gesetz bezeichnet ausdrücklich dieselbige Lehenspflicht.

*Omnes comites et honores et servientes, et universi
liberi homines totius regni nostri praedicti, habeant et teneant se semper in armis et in equis ut
decet et opportet; et sint semper prompti ac bene
parati ad servitium suum integrum nobis explendum et peragendum, cum opus fuerit; secundum
quod nobis debent de feodis et tenementis suis de
jure facere; et sicut illis statuimus per commune
concilium totius regni praedicti* *)

Diese Ausdrücke scheinen zu beweisen, daß
Wilhelm diese neue Verfassung den Ständen
nicht willkührlich aufgedrungen hat, sondern
daß die National-Versammlung, so wie meh-

---

*) Blackst. Buch 2. Kap. 4. Wilk. Kap. 52.
**) Blackst. ebend. Wilk. Kap. 58.

rere europäische Reiche, dieselbe zu ihrer eignen
Sicherheit freiwillig annahm; so glaubten we=
nigstens einige Geschichtschreiber. Aber es ist
bekannt, wie oft die Einleitungen der Gesetze
ihrem Geist und Inhalt widersprechen. Der
Sultan in Konstantinopel spricht von Gerech=
tigkeit, von seiner Liebe für den Staat und das
Volk, indem er die grausamsten Befehle giebt.
Was war aus dem Ueberrest der Angelsachsen
geworden, deren bester Theil in der Schlacht
bei Hastings umgekommen war? Die Nor=
männer hatten alle bürgerliche Aemter, alle
Bißthümer, alle Baronien in Besitz, und wa=
ren alle Vasallen der Krone geworden. Hatte
das Volk diesen fremden Baronen und Bischö=
fen die Macht übergeben? Wer waren bei
dieser Versammlung, die von ihm erwählten
Repräsentanten? Wo ist die Einwilligung,
die sie in seinem Namen gaben? Wußte
das Volk sogar wohl einmal, was man da=
selbst vorschlug? Wurde es von dem unterrich=
tet, was man beschloß? Es erfuhr es, als
die Freimänner, die ihre Kronlehne verpach=
teten, um sie einträglich zu machen, ihm so

harte

harte Bedingungen auflegten, daß die untern
Vasallen mehr Sklaven als Pächter wurden.
Die Forstgesetze tyrannisirten die großen und
kleinen Pächter auf gleiche Art. In den Städten mußte jede Gesellschaft aus einander gehn,
und Feuer und Licht auslöschen, so bald um
sieben Uhr die Feuerglocke geläutet wurde.
Sogar der Name Angelsachsen war zum Schimpf-
worte geworden. *)

Kann eine zu solcher Sklaverei gebrachte Nation eine Einwilligung geben? Wenn man in
dem blühenden Zustande der englischen Verfassung seit 1688, da die Kammer der Gemeinen,
aus den Repräsentanten des Volks aus jeder
Provinz, jeder Stadt und jeder Burg besteht,
von einem von derselben entworfenen Gesetzpla-
ne sagte, die Nation hat ihn gebilligt, so würde
ohne Zweifel die ganze Nation für die Folgen
desselben verantwortlich seyn; aber den Engländern unter Wilhelms Joche eine freie Regierung
zusprechen, das hieße Dinge von ganz entgegen
gesezter Natur vereinigen, und Irrthümer auf die
Nachwelt bringen. Noch weit irriger aber würde

*) Hume 1087.

Gesch. Elisabeths, I. B.　　　D

es seyn, wenn man die Normänner in diesem Zeit=
punkte für frei halten wollte; sie brachten diese ty=
rannischen Gesetze mit, und unterschieden sich bloß
dadurch von den Sachsen, daß sie freiwillige
Sklaven ihres Herrn waren, und daß ein zu=
fälliges Uebergewicht ihnen die unglücklichen
Bewohner eines durch sie verwüsteten Landes
unterwürfig gemacht hatte.

Gerade diese Versammlung des Adels zu Sa=
rum, wie sie durch die gleichzeitige Chronik und
von den Schriftstellern des folgenden Jahrhun=
derts bestimmt angegeben wird, ist sicherlich
der eigentliche Zeitpunkt, wo das Feudal = Sy=
stem zum geschriebnen Gesetze wurde, obgleich
Wilhelm in der That die angelsächsische Nation
schon gleich nach der Eroberung dem norman=
nischen Joch und der Vasallenschaft unter=
worfen hat *). Durch dieses Gesetz wurde der

*) Er theilte das Reich in sechzig tausend zwei hun=
dert und funfzehn Kriegslehne ein, die alle von
der Krone abhingen. Die Besitzer waren bei
Verlust aller ihrer Güter, gezwungen, auf das
erste Zeichen des Königs die Waffen zu ergreifen;
er unterwarf das Volk und die Barone der ganzen
Strenge der Feudal = Gesetze, und legte ihnen das

König zum allgemeinen Oberherrn und einzigen
Eigenthümer aller Ländereien im Königreiche erklärt: er ist ursprünglich der Grund von allem,
alles nimmt von ihm seinen Anfang. *) **).
Das ganze System verlor seine ursprüngliche
Simplicität: die Barone, die anfangs ihre Länder
unter Bedingung des Kriegsdienstes andern zur
Nutzung verliehen hatten, erließen ihren Lehnmännern denselben für Getreide, Vieh, oder
Geld, und dies ist der erste Ursprung des
Lehnzinses. Eine Neuerung zog mehrere
nach sich, welche für die allgemeine Freiheit die schädlichsten Folgen hatten. Die Abgaben, welche der König von seinen ersten Vasallen gefodert hatte, wurden nun auf bewegliche und unbewegliche Güter, auf Vieh, Zehnten, Erstlinge u. dgl. ausgedehnt. Steuern
und Imposten traten an die Stelle der einfachen Kriegsdienste. Die angelsächsische und nor-

D 2

verhaßte Joch der Forstgesetze auf, dessen Verbesserung der erste Punkt war, den die Barone
mit den Waffen in der Hand von König Johannes
foderten. (Von Olme ebend.)

*) M. 24. Eduard III. Blackst. Buch 2 Kap. 4.
**) Tout fuyt in luy et vient de luy al commencement.

männische Nation wurde von dem Gewicht einer
solchen Knechtschaft so zu Boden gedrückt, daß
mehrere Generationen erfordert wurden, um die
alte Freiheit wieder herzustellen. Der Staat be=
stand damals aus der Geistlichkeit, deren Glieder
auch Gesezverständige waren, aus Baronen oder
großen Güterbesizern, aus Adelichen oder Kriegs=
männern, Vasallen der Barone, endlich aus Bür=
gern oder Handwerkern, die mit ihrem niedri=
gern und glücklichern Stande wenigstens einige
Spuren von Freiheitssinn behielten. Das übri=
ge waren *Villani* oder Eigenbehörige *)

Die Lehnherren, denen der König unmittel=
bare Lehen gab, die sie nachher an andre verpach=
teten, wurden *Lords mesnes* oder dienstpflichtige
Lehnherren (*Seigneurs servants*) genannt. Wer
von einem solchen Lehen bekam, und es also nur
mittelbar vom Könige besaß, war ein *paravail*,
oder Lehnmann eines andern Lehnmannes; aber
die erste Art des Lehns, dessen Besizer auch wohl Le=
henmänner *in capite* hießen, war die ehrenvollste.

Es entstanden hieraus viererlei Arten von
Lehnzwang, die sich auf die besondern Lehnver=

*) Blackstone, Buch 4. Kap. 33.

bindlichkeiten gründeten. Die Dienste waren freie
oder knechtische, bestimmte oder nicht bestimmte.
Die freien Dienste waren kriegerisch oder zahl=
bar in Gelde. Die andern betrafen die Bauern
oder andre Leute von knechtischem Stande. Alle
diese Dienste waren auf gewisse Zeiten, und auf
eine gewisse Anzahl aufgelegt, und durften das
verabredete Maaß und Ziel nicht überschrei=
ten. Die leztern hingen von Umständen ab,
und konnten nach dem Willen des Herrn und
nach seiner Uebereinkunft mit dem Lehnsman=
ne bestimmt werden. Von diesen vier verschie=
denen Dienstarten sind die viererlei Benennun=
gen entstanden, die sich bis zur Revolution in
England erhielten, und wovon drei noch jezt
bestehen. Die Lehngüter waren also von
zweierlei Art: Freilehen, und Bauer= oder un=
adeliche Güter. Die Freilehen waren entweder
bloß Huldigungs= und Ritterlehen, oder Kriegs=
lehen, *Knigth - service*, das *servitium militare*
der Römer, die französische Chevalerie oder
das Panzerlehn der Normänner (welches sie
verpflichtete, so oft es der König verlangte, ge=
harnischt zu erscheinen) die andern waren *Free-*

D 3

socage, oder dienſtpflichtige Bauerlehen und wurden in unbeſtimmtes und beſtimmtes Frohnlehn eingetheilt. Das erſte verpflichtete zu allem was der Gutseigner befahl, das heißt zu ungemeſſenen Dienſten, und waren pure *villainage,* das andre zu niedrigen Dienſten *villain focmen,* die aber feſt beſtimmt waren *). Zu einem *feudum militare* oder Ritterlehn wurde eine beſtimmte Anzahl Ländereien erfodert, deren Einkünfte unter Eduard II. und Heinrich II. und wahrſcheinlich von der Zeit der Eroberung an, auf 30 Pfund jährlich feſtgeſetzt waren. Zu einer Baronie wurden wiederum eine gewiſſe Anzahl Kriegslehne erfodert. Wer ein Lehnguth beſaß, mußte seinem Herrn, wenn er es verlangte, Hülfe leiſten und ihn vierzig Tage im Jahr zur Armee begleiten. Dieser Dienſt wär sein *reditus,* oder seine Lehnsgebühr, Rente oder Dienſt, so wie es der Lehnsvertrag mit sich brachte. Auf die Worte: *dedi et conceſſi,* ich habe gegeben und verliehen, deren sich der Herr bei der Verpachtung seines Gutes bediente, folgte die

---

*) Blackſtone, Buch 4 Kap. 28. §. 1. 2.

Besitznehmung des Landes, und der Eid der
Treue und Huldigung. Nachher kamen als noth=
wendige Folgen dieser Ceremonie, die Steuern,
die Lehnwahr, das Recht des ersten Genus=
ses, der Vormundschaft, despotische Rechte
über die Heirathen der Pupillen, Geldstrafen für
die Veräußerungen, Erbrechte des Königs ꝛc. *).

D 4

*) Es gab noch mehr Verschiedenheiten in dem Frei=
Lehn. Eine derselben war *the great Sergeantry,
magnum Servitium*, das den Vasallen ver=
pflichtete, dem Könige persönliche Dienste zu
leisten, statt ihm in allen Kriegen zu dienen; zum
Beispiel ihm die Fahnen, Schwerdt oder andere
ähnliche Sachen zu tragen, oder bei sei=
ner Krönung Hofdienste zu verrichten. Es
war in vielem Betracht dem Ritterdienst gleich,
und nur von Auflagen und Rittergeld frei.

Das *Servitium scuti*, war die Summe, welche
die Ritter bezahlten, um sich vom Kriegsdienst
loszumachen; eine Summe, die oft nach der
Willkühr des Königs bestimmt und in Kriegszei=
ten auf seinen Befehl gehoben wurde. Dieser
Gebrauch hob den Militärdienst fast ganz auf,
vernichtete die ersten Vortheile des Lehnrechts

Die durch das Lehnrecht bestimmten Beisteuern und Unterstützungen können auf dreierlei Punkte zurückgeführt werden: Die ältste Tochter des Patrons zu verheirathen; seinen ältsten Sohn zum Ritter aufzunehmen; seine Schulden zu bezahlen und ihn aus der Gefangenschaft zu befreien *). Diese drei aus dem römischen Gesez hergenommenen Artikel **), wurden so wie die andern bis zur Zeit des großen Freiheitsbriefes ***)

und wurde der Ursprung der durch das Parlement der Krone bewilligten Subsidien, und der Landsteuern. Blackst. Buch 2 Kap. 5. ebend. Buch 4 Kap. 33.

*) Blackstone, Buch 2 Kap. 16. S. 8.

**) *Erat autem haec inter utrosque officiorum vicissitudo, ut clientes ad collocandas senatorum filias de suo conferrent; in aeris alieni dissolutionem gratuitam, pecuniam erogarent et ab hostibus in bello captos redimerent.* Paul Manutius. c. I. de statu romano.

***) *Nullum scutagium ponatur in regno nostro, nisi per Commune Concilium regni nostri,* c. 12. Diese Klausel wurde zu den Artikeln des Freiheitsbriefes von seinem Sohne Heinrich dem drit-

welcher dem Könige verbietet, den Freimännern ohne Bewilligung des Parlements das *Servitium scuti* aufzulegen, und den untern Lehns= männern nur das Recht auf die drei ersten Punk= te einräumt, willkührlich ausgeübt. Diese Art der Beisteuern, die in Heinrich des Zweiten Freiheits= briefe weggelassen, und in dem von Eduard, wie= derum eingerückt wurden, ließ unbestimmte und willkührliche Geldsummen zu, und diese Mißbräu= che giengen bis zu dem unter eben dem Eduard gegebnen Statut von Westminster in Schwange, welches die Summe für die Verheirathung oder

D 5

ten weggelassen; man sieht daselbst nur, daß die Zahlung eines Lehnmannes für den Ritterdienst so gehoben werden sollte, wie zur Zeit Hein= rich des Zweiten, das heißt auf eine ver= nünftige und mäßige Art. Inzwischen wurde doch durch das fünfund zwanzigste Statut Eduard des Ersten, ausgemacht, daß der König nur mit gemeinschaftlicher Bewilligung des ganzen Reichs Steuern und Auflagen sollte heben können. Des= wegen, sagt Blackstone, ist in unsern alten Büchern gesagt worden, daß das *scutagium* nicht ohne Bewilligung des Parlements könnte gehoben wer= den; diese Steuer war ohne Zweifel der Grund al=

Verſorgung des älteſten Kindes auf zwanzig
Schilling oder den zwanzigſten Theil des Kriegs=
lehns feſtſetzt. Man gab unter Eduard III. eben
das Geſetz für die Freilehne. Die Loskaufungs=
Gelder ſind niemals durch die Geſetze beſtimmt
geweſen. Nach der Revolution wurden unter
Karl dem Erſten alle Beiſteuern abgeſchafft.

Die Lehenlöſung, *relievum*, war ein gewöhn=
licher Vertrag des Lehenrechts, und fand Statt,
wenn der Lehnsherr ein durch den Tod des lez=
tern Beſitzers verfallnes Lehengut wieder zu=
rück nahm. Sie war nur bei den lebenslängli=
chen Lehen eingeführt: aber man fuhr fort ſie zu
fodern, als die Lehen erblich geworden waren,
und der Lehensherr bekam das Recht, den Er=
ben zu plündern, wenn er ſich weigerte, ſie zu
bezahlen. Wilhelm der Eroberer hatte der Gie=
rigkeit der Lehnsherren ſelbſt Schranken da=
durch zu ſetzen geſucht, daß er den Werth dieſer
Löſung, ſo wie das däniſche *heriot*, auf eine ge=
wiſſe Anzahl von Waffen oder Kriegsrüſtun=

ler Subſidien, die nachher gehoben und der Abga=
ben, welche auf die Ländereien gelegt wurden.
Blackſt. Buch 2 Kap. 5.

gen einschränkte. Diese Steuer wurde allen Grafen, Baronen, Rittern und andern Vasallen aufgelegt. Wilhelm der Rothe, ein heftiger und grausamer Prinz, der die Strenge der Forstgesetze und des Feudal-Systems viel weiter trieb, als sein Vater, schaffte diesen Vertrag ab, und verlangte unbestimmte, willkührliche Lösung. Sein Bruder Heinrich der Erste fühlte, da er statt seines ältsten Bruders Robert die Krone an sich riß, daß er der Gunst des Volkes bedurfte, um sich auf dem Throne zu erhalten; und weil ihm sein natürlicher Verstand sagte, daß die Barone nicht die ganze Nation wären, so schafte er, weil ihm seine Lage die Gunst der ganzen Nation nothwendig machte, aus eigner Bewegung, durch einen bei seinem Regierungsantritt bewilligten Freiheitsbrief, die Beisteuern, Lehengelder, Vormundschaften, und Einnahmen von den Grundstücken unmündiger Vasallen, und den ersten Genuß, (lauter Mißbräuche des Feudal-Rechts) ab, und zwang die Kron-Vasallen, ihren Lehnmännern eben die Freiheit zu bewilligen *). Er

---

*) Von Olme, Kap. 2. Malmesb. Blackst. Buch 2 Kap. 5.

Er stellte also die Statuten wieder her, durch welche sein Vater die Härte der Lehngelder gemildert hatte. Aber niemand vergaß mehr die Artikel seines Freiheitsbriefs als er selbst. Miß= bräuche, die man zu seiner Zeit abgeschaft zu ha= ben vorgab, fanden noch bis zur Regierung Karls des Ersten Statt, und jenes Dokument selbst kam so sehr in Vergessenheit, daß die Barone, die unter König Johannes ihre Foderungen nach demselben bestimmen wollten, nur eine einzige Kopie davon auffinden konnten *)

Im 22sten Regierungsjahre Heinrich des Zweiten wurde durch ein Gericht, das Waffen= gericht genannt, ausgemacht, daß die zur Vertheidigung des Königreichs bestimmte Waf= fenrüstung eines jeden Mannes auf seinen Er= ben fallen sollte: damals wurde die Waffenlosung abgestellt, und beschlossen, daß alle Vasallen beim Antritt eines adlichen Lehens nur hundert Soli= ben bezahlen sollten, und auch dieser Tribut konn= te vor dem 21sten Jahre nicht von ihnen gefodert

*) Hume, ingl. Malmesb.

werden *). Das Recht des ersten Genusses, ein andrer Mißbrauch des Lehnsrechts, der aber bloß bei den Lehen in capite statt fand, berechtigte den Souverain sich im ersten Jahre des Ertrags von dem Gute zu bemächtigen, das ein Edler seinen Erben hinterließ, wenn dieser es unmittelbar von ihm bekommen hatte; besaß

---

*) Glanville, Buch 9. Kap. 4. Littleton S. 112. Die Lehngelder für das Bürgerlehn werden jetzt nach den Gesetzen des alten Ritterlehns gefodert; nur mit einem Unterschiede. Ein Ritterlehn erlegte fünf Pfund Sterl. oder ein Viertheil des Jahrs, aber ein Bürgerlehn, oder Frohnlehn, den Ertrag eines ganzen Jahrs. Bracton erkennt es nicht gerade für Lehnwahr, sondern *quaedam praestatio loco relevii, in recognitionem domini.* Auch erklärt das 28 Statut Eduard 1. Cap. 1, daß ein freier Bürger sein Lehen nicht zu lösen braucht, daß er aber nach seines Vaters Tode, seinen Zins nach dem, was er seinen Herrn zu geben gewohnt ist, verdoppeln muß. Bei den adelichen Lehen war die Lehnwahr erst fällig, wenn der Erbe majorenn war, bei den bürgerlichen war sie im zartesten Alter schon fällig, weil der Lehnsherr keine Vormundschaft über sie hatte. (Blackst. Buch 2, Kap. 6.

er es aber aus der zweiten Hand, so zog der
Landesherr die Hälfte des jährlichen Ertrags.
Einige Freiherrn wollten dies Recht auch für
die Afterlehne erschleichen, aber es scheint, daß
es bloß ein Vorrecht des Lehns *in capite* blieb.
Heinrich III. und nach ihm Eduard II behielten
in ihrer Reform des Feudal = Rechts dies
Recht als königliches Vorrecht bei. Nachher fiel
es in die Hände der Päbste, und blieb bis
zur Regierung Heinrich VIII. auf den Kir-
chengütern *).

Die Abtragung des Erstgenusses geschah für
die Knaben erst im 21ten, und für die Mädchen
im 14ten Jahre. Bis zu dieser Zeit hatte
der König oder Lehnsherr die Vormundschaft
über die Minderjährigen, und dieses Vorrecht
verschaffte ihm den Vortheil, die Einkünfte
des Gutes während der Minderjährigkeit des
Mündels zu ziehn, ohne daß er Rechenschaft
darüber zu geben brauchte. Es war angenom=

*) Die Lehnsherren in capite, und der Erstgenuß,
der sich auf die adelichen wie auf die bürgerlichen
erstreckte, ist durch ein Statut Karl II. abge=
schafft worden. (Sehe ebend.)

men, daß kein junger Mensch vor dem ein und
zwanzigsten Jahre dem Staate als Ritter dienen könnte, und obgleich ein Mädchen im
14ten Jahre verheirathet werden konnte, so
gestattete doch ein Statut Eduards I. ihrem Vor-
munde die Vormundschaft bis in ihr sechzehntes
Jahr zu behalten, ohne daß er Ursachen an-
zuführen brauchte, die freilich auch keine andre waren, als Einkünfte, wovon er keine
Rechnung zu geben schuldig war, ungerechter
Weise noch länger zu genießen. Auch war, ob
es gleich dem großen Freiheitsbriefe ausdrücklich
entgegenlief, der männliche oder weibliche Erbe
gezwungen, mit dem Antritt seiner Majorenni-
tät den Ertrag seines Gutes für das erste Jahr zu
bezahlen; von andern Obliegenheiten aber blieb
er in Rücksicht auf die Zeit der Vormundschaft
frei. Damit der Souverain und die Lehnsherren
wußten, wie hoch sich der Ertrag beliefe, den sie
bei dem Tode eines reichen Lehnmannes aus der
Nutzung ihrer Rechte ziehn könnten: so waren
die beweglichen Gerichte *) unter Heinrich dem

*) Umgehende Gerichte, *in itinere*, eine Einrichtung Heinrich II. Dieser Prinz, der sein König-

Zweiten beordert, Erkundigungen über seine Geldgefälle, über den Werth seiner Güter, über das Geschlecht und die Verwandschaftsgrade seiner Erben einzuziehn; eine Art von Inquisition, die unter Heinrich VII. von seinen Günstlingen Empson und Dudley auf einen solchen Gra-

reich in sechs Diſtrikte getheilt hatte (ein geringer Unterschied von der gegenwärtigen Eintheilung), trug diesen neuen Richtern auf, die Gerechtigkeit zu handhaben, und die Landgerichte in jeder Provinz zu halten. Diese Tribunale wurden errichtet, weil damals alle Klagen nach dem sächsischen Gesetz vor die *county - courts* und nachher nach dem normannischen vor die *aula regis* gebracht wurden, welches, da dieses letzte immer mit dem Könige umher reiste, ungeheure, Kosten, und des Aufschubs wegen, nachtheilige Folgen für das öffentliche Wohl nach sich zog. Die andern Gerichte, obgleich kleine Schuldsachen, und Gegenstände von geringer Wichtigkeit daselbſt abgemacht wurden, waren entweder wegen der Unwissenheit der Mitglieder, oder der Schonung wegen, die man ihren Obern schuldig war, unfähig über wichtige Sachen zu entscheiden. Von Olme Cap. 2.

Grade der Härte und Tyrannei stieg, daß sie, um die Einkünfte des Königs und ihr eignes Vermögen zu vermehren, Leute, die keine Güter von der Krone besaßen, als unmittelbare Kron-Vasallen behandelten, und sie Abgaben bezahlen ließen, zu denen sie nicht verpflichtet waren *). Das zwei und dreißigste Statut Heinrich VIII. setzte ein eignes Gericht für die Vormundschaften und Besitznehmungen fest, welches ein wachsames Auge auf diese Untersuchungen richten, und sie minder gehässig machen sollte.

Der männliche Erbe eines Lehns wurde mit dem ein und zwanzigsten Jahre aufgefodert, entweder den Ritterorden zu empfangen, oder dem Könige eine Geldbuße zu erlegen. Denn in diesen kriegerischen Zeiten wurde niemand für tüchtig gehalten, die Waffen zu tragen, der nicht nach deutscher Sitte, Schild und Lanze empfangen hatte **). Dieses Vorrecht, welches dem Könige in dem Statut *de militibus* (erstes

*) Hoveden unt. Rich. 1.

**) Tacitus, von den Sitten der Deut.

Gesch. Elisabeth. I. B.   E

Statut Eduards III.) zugesprochen war, existirte
noch unter den besten Königen von England,
selbst unter Elisabeth, und wurde erst im 16ten
Statut Karls I. abgeschaft. Ein andres miß-
bräuchliches Recht der Vormundschaft war, daß
der Lehnsherr seine Pupillen nach Willkühr verheirathen konnte, wenn nur keine Ungleichheit
des Ranges da war. Wenn der Mündel sich
dem Willen seines Lehnsherren entgegen setzte, so mußte er ihm bei Strafe der Konfiska-
tion den Werth der Aussteuer bezahlen, *valorem
maritagii*; verheirathete er sich ohne seine Einwilligung, so mußte er den doppelten Werth der
Aussteuer geben; *duplicem valorem maritagii*.
Dies ungerechte Gesetz war nicht aus dem Feu-
dalrecht genommen, sondern scheint von den
normännischen Gebräuchen abzustammen. Der
große Freiheitsbrief Heinrich I. hatte diese Einziehung der Güter untersagt; ausgenommen,
wenn das Mündel den erklärten Feind des Vormundes heirathete *). Dieser Artikel ging
hauptsächlich die Töchter an; denn da diese

---

*) Bracton, Buch 2. Kap. 37.

meistens in ihrer Minderjährigkeit, wo man
mehr den Eingebungen des Herzens als der
Vernunft folgt, verheirathet wurden, so widersetzten sie sich oft den eigennützigen Absichten
ihres Vormundes, der ihr Herr war. Heinrichs Freiheitsbrief wurde so wenig befolgt,
daß die Tyrannei der Vormundschaften, so wie
viele andre, vor wie nach blieb. Diese ungerechten Gebräuche, ob sie gleich durch die Gewohnheit und verschiedne Statuten gemildert
wurden, sind erst unter der Regierung Karls II.
abgeschaft *).

Die Geldstrafen für die Veräußerungen,
das heißt, das Recht des Lehnsherrn von demjenigen, der seinem Vasallen sein Lehn abkauft,
eine Summe zu fodern, war aus dem Feudal-
Recht genommen, und damals konnte selbst der
Lehnsherr sein Gut keinem andern verleihen,
ohne dem vorigen Besitzer eine Summe zu bezahlen; er hätte denn hinreichende Ursachen gehabt, ihn seiner Rechte unfähig zu erklären.

E 2

*) Blackstone Buch 2. Kap. 6.

Die Lehnsherren wußten sich aber bald von die=
sem billigen Gesetz loszumachen, dabei den Va=
sallen hingegen lange Zeit strenge darauf ge=
halten wurde.   Inzwischen waren nach den
Worten des Gesetzes bloß die Besitzer von Kron=
lehen verbunden, nichts ohne Erlaubniß des
Königs zu veräußern, die andern Vasallen konn=
ten vermöge der *magna Charta* und des ersten
Statuts Eduards I. *quia emptores* ihre Güter
veräußern, ohne diesem Gesetz unterworfen zu
seyn.   Eduard III. befahl, St. 1. Kap. 12, daß
die Güter der Lehnsherren *in capite* im Fall
einer Veräußerung keiner Einziehung unter=
worfen seyn sollten, sondern legte ihnen bloß
ein Drittheil des jährlichen Ertrags für die
Erlaubniß der Veräußerung auf, und bestimm=
te, daß wenn sie dieselben ohne Erlaubniß ver=
äußert hätten, sie die Einkünfte des ganzen
Jahres als Strafe bezahlen sollten. Das zwölf=
te Statut Karls II. schafte das für die Vor=
mundschaften, Besitznehmungen, Einziehungen
und Geldstrafen angesetzte Gericht ab, so wie
auch alle Geldstrafen für die Veräußerungen;
ferner stellte er die Lehnshuldigung, die Ritter=

dienste und das *Scutagium*, die Steuern, die Lehen *in capite* undandre sowol freie als Frohnlehen ab; doch blieben die der Kirche geschenkten Lehen *), diejenigen, die man *copyhold* **) nennt, und der Dienst der *grand sergeantry* ***), welchen alle Zeichen der Dienstbarkeit genommen wurden.

Das Heimfallsrecht (*droit d'aubaine*) ist dasjenige, vermöge dessen das Lehen der Lehns-

C 3

---

*) *Frankalmoign*, *libera eleemosyna*, die Verschenkung eines Grundstückes oder Lehens, auf das der Geber kein Recht mehr hat. Seit dem Statut *quia emptores*, hat der König allein das Recht gehabt, diese Lehen gegen die bloße Verpflichtung, für die Seele des Gebers zu beten, zu verschenken. In dem Statut Karls I. wurde dieser Art von Verleihungen wieder gedacht, ob sie gleich ausser Gebrauch gekommen waren.

**) Ein Land, das von einem Lehen abhängt, und unter gewissen Bedingungen besessen wird; eine Art Lehnszwang die statt der Frohndienste eingeführt ist. Siehe Blackst. Kap. 9, Buch 2, und in Blounts Lex. das Wort *Copyhold*.

*) Blackst. Buch 2, Kap. 5.

verfassung zufolge, dem unmittelbaren Lehnsherrn heimfiel, wenn es durch den Tod des
Besitzers ohne hinterlassne Erben, durch eine
in der Familie begangne Verrätherei, durch
Standesentsetzung oder andre entehrende Strafen für Staats oder bürgerliche Verbrechen,
erledigt wurde. Von einem Despoten willführlich angewandt, konnte dies Gesetz gefährliche Folgen nach sich ziehn. Es existirt noch
jetzt in England, so wie fast in allen europäischen Staaten; aber überall ist es auf besondere Fälle eingeschränkt. Vielleicht wäre in England und andern Ländern ein für das Eigenthum so wichtiger Gegenstand noch einiger vortheilhaften Veränderungen fähig; aber hier ist
nicht der Ort, diese Frage zu untersuchen.

Heinrichs I. Freiheitsbrief, welcher die Nation von dem größesten Druck des normännischen
Lehen=Rechts zu befreien schien, wurde selbst
unter seiner Regierung so gänzlich vergessen,
daß während derselben die willführlichen Auflagen und Bedrückungen des Volks noch in ih=
rer ganzen Härte bestanden. Inzwischen beflissen sich doch viele Männer unter seiner und sei-

nes Vorgängers Stephans Regierung, die Ge=
setze zu sammeln, zu verbessern, und in Ordnung
zu bringen, wie Glanvils berühmter Traktat
beweist, welcher vor Heinrichs I. Gesetzbuch
sehr große Vorzüge hatte. Aufgeklärte Jahr=
hunderte bringen immer Männer hervor, die
das Gute einzusehn, und andre die es auszufüh=
ren fähig sind; aber auch in den Zeiten der Un=
wissenheit und des Verfalls giebt es denkende
Männer, deren Werke, ohne Wirkung für ihr
eignes Jahrhundert, erst den folgenden Genera=
tionen nützlich sind. Die Engländer strebten
immer nach der Stufe der Vollkommenheit,
die sie erreicht haben; aber damals nahten sie sich
ihr nur mit langsamen Schritten. Man sprach,
man dachte über das öffentliche, über das allge=
meine Wohl, indeß die Befreiungen und Immu=
nitäten der Geistlichkeit, mit den Streitigkeiten
die sie nach sich zogen, Heinrichs II. ganze Re=
gierung beschäftigten. Das einzige merkwür=
dige dieser Zeit in Ansehung der Gesetze, war,
daß die Konstitutionen von Clarendon der
Macht des Pabstes einen starken Stoß verfetz=
ten; und obgleich Beckets Verwegenheit und

die Schwäche seines Herrn die Würkung dieser Konstitutionen zurück hielten, so dienten sie doch zur künftigen Sicherheit des Staats. Die beweglichen Gerichtshöfe und die allgemeinen Gerichtssitzungen (*la grande assise*) eine Art von Tribunal der Geschwornen, das damals noch unvollkommen war, und nachher so respektabel geworden ist*), wurden durch sie errichtet.

Wir wollen die Regierung Richards Löwenherz, eines tapfern und freigebigen, aber grausamen und despotischen Fürsten, übergehn, der entflammt von dem eingebildeten Ruhm der Kreuzzüge, vierzehn Jahre, die er in Palästina und in der Gefangenschaft zubrachte, seinem Reiche unnütz, und so lange er sich in England aufhielt, der Tyrann seiner Unterthanen war. Die Gesetze konnten in einem Fürsten, der keine Gränzen kannte, und ohne Menschheit handelte, wohl keinen Beschützer finden**).

---

*) Blackst. Buch 4, Kap. 33.

**) Meier. allgem. Gesch. Band 2. Roger von Hoveden, Seite 790. Math. Er trieb die Stren-

Die Strenge der Feudalgesetze wurde end=
lich unter König Johann und seinem Sohne
Heinrich II. zu einer solchen Ausschweifung ge=
trieben, daß die Barone oder Freiherren sich
mehrmahls empörten, und endlich die beiden
großen Freiheitsbriefe, die *magna Charta* *)
und die *magna foresta* veranlaßten. Diese lez=
tere zweckte vorzüglich darauf ab, den Beschwer=
den der Nation abzuhelfen, und den Anma=
ßungen der Krone in Betreff der Forstgesetze
Einhalt zu thun. In der ersten wurden die al=
ten Freiheiten der Kirche bekräftigt, und die
Mißbräuche abgestellt, welche aus dem Feu=
dalrecht entstanden waren. Beide schützten
die Bürger gegen den Mißbrauch der Geld=

E 5

ge der Forstgesetze so weit, daß das höchste Miß=
vergnügen unter dem Volke entstand. Inzwischen
hob er die barbarischen Strafen auf, die seine
Vorgänger auf die Tödtung des Wildes gelegt
hatten. Er setzte das Oleronische Seerecht auf,
welches noch in England in großem Ansehn steht.
Blackst. Buch 4, Kap. 33.

*) Blackst. Rechtfert. N. 1.

strafen, der Besitzergreifungen, und gegen andre Grausamkeiten, die wegen Geldschulden, oder die der Krone schuldigen Dienste verübt wurden, so wie auch gegen die Tyrannei der königlichen Vorrechte, der Lieferungen und des Vorkaufs (*purveyance and pre-emption*) *). Sie bestimmten die Einziehung der Güter, wie sie noch jetzt ist, so wie auch die Leibgedinge der Weiber; sie führten einerlei Maaß und Gewicht im Lande ein, worauf schon Richard Löwenherz gearbeitet hatte, erweiterten den Handel, dadurch, daß sie fremden Kaufleuten Schutz und Sicherheit bewilligten; untersagten den immerwährenden Gemeinheiten (*gens de main morte*) die Veräußerung ihrer Güter; wiesen den *common-*

---

*) Die Rechte des königl. Hauses, Getreide und andre Lebensmittel zuerst an sich zu kaufen, und ohne Rücksicht auf die Bedürfnisse des Volkes. Wir nennen dies Monopol; Könige und Fürsten rechneten sich in jenen barbarischen Zeiten nicht zur Schande, dergleichen zu treiben, um durch das öffentliche Elend ihre Einkünfte zu vermehren.

pten einen beständigen Sitz zu Westminster
an, um den Partheien die Unkosten zu ersparen, welche ihnen die Nothwendigkeit dem
Könige auf seinen Reisen zu folgen bis dahin verursacht hatte, und veranstalteten eine freiere und schnellere Gerechtigkeitspflege
in den Provinzen, indem sie für jede Grafschaft
gewisse Sitzungen der Landgerichte bestimmten,
welche jährlich im ganzen Reiche umgehen mußten. Heinrich III. stellte nachher noch einige
Mißbräuche der Gottesurtheile ab, bestätigte
die Privilegien der Stadt London und aller
Marktflecken, Dorfschaften und Häven; er
nahm sich vor, jeden englischen Bürger
durch seine Verordnungen in dem freien
Genuß seines Lebens, seines Vermögens,
seiner Freiheit und Rechte zu erhalten, wenn
er anders nicht durch den Ausspruch der
Geschwornen, von seinem Stande dieser
Vortheile nach den Gesetzen des Landes
unwürdig erklärt war. England hätte von
diesem Augenblicke an frei seyn können, wenn
nicht ein so langer Zwischenraum zwischen
der Bekanntmachung und Ausübung dieser Ge-

feße gewefen wäre *). Indeffen wurde doch
fchon die öffentliche Freiheit durch dieselben feſt
gegründet. Der feierlich bewilligte, und nachher durch den Antrittseid bei jeder neuen Regierung beſtätigte große Feiheitsbrief ficherte
feit Heinrich III. die Vereinigung aller bürgerlichen Stände. „Die gegenwärtigen Gefeße,
fagt von Olme, erhoben fich, auf diefen Freiheitsbrief geſtüßt, auf dem Grunde des Na-
turgefeßes, das den Armen und Reichen, den
Schwachen und Mächtigen auf gleiche Art un-
terſtüßt"*).

Am Ende von Heinrichs Regierung finden
wir die erften Beweife von der Zulaffung der
Gemeinen im Parlamente, und von dem Un-
terfchiede zwifchen den Deputirten von der
Ritterfchaft von den Städten und den Flecken, welche zufammen diefes Korpus ausmachen ***). Obgleich das Gegentheil in

*) Von Olme; imgl. Blackſt. Buch 4, Kap. 33. Ry-
mer, Band 1. Math. Bemerkungen über die magna Charta.

*) Von Olme, ebend.

*) Blackſt. Buch. 4. Kap. 33.

in England mit vieler Hitze behauptet ist, so
scheint mir doch diese Frage durch die allgemeine Uebereinstimmung der besten Schriftsteller
und durch die unbezweifelte Autorität der zu
verschiedenen Zeiten gegebnen Gesetze entschieden zu seyn. Alle alte Geschichtschreiber nennen die große Reichsversammlung der Nation,
die Versammlung des Adels und der Großen;
aber keine Sylbe, kein Ausdruck läßt vermuthen, daß die Gemeinen ordentliche Glieder
dieses großen Körpers waren. Der große Freiheitsbrief des Königs Johannes, welcher bestimmt, daß gewisse Steuern nur mit Einstim-
mung der Nationalversammlung könnten aufgelegt werden, nennt die Mitglieder derselben, die Prälaten und Freimänner oder Besitzer von Hauptlehen, ohne der Gemeinen nur
irgend zu gedenken. Erst 1295 unter der Regierung Eduards, wurden sie gesetzmäßig und
durch genau bestimmte Grundartikel dazu berufen. Wenn unter Heinrichs III. Regierung der
Graf Leicester einige Deputirte daselbst auftreten ließ, um seine usurpirte Gewalt zu unterstützen, so wurden sie bloß auf willkührlichen

Befehl, aber nicht mit dem Willen des Volkes und des Staates zugelassen*).

Erst unter Edward I, den die Engländer ihren Justinian genannt haben, bekam die Gesetzgebung eine regelmäßige Gestalt. Dieser Fürst brachte schon in den ersten Jahren seiner Regierung so große Veränderungen in der Verwaltung der distributiven Gerechtigkeit zuwege, als alle folgende Zeitalter zusammengenommen. Ursachen die von der Schwäche des Fürsten, von der Habsucht der Minister und der allgemeinen Unwissenheit herkamen, hielten die Befolgung der unter den vorigen Regierungen bewilligten Freiheitsbriefe auf; sie hatten vielleicht die vorher schon im Staate existirende Verwirrung nur noch vermehrt.

Der König konnte nicht mehr auf den Fuß der alten kriegerischen Lehnverfassung eine Armee zusammen berufen, weil der hohe Adel ihm die Anzahl seiner Lehngüter verheelte, weil das Scutagium an die Stelle des Ritterdienstes

*) Von Olme. imgl. Hunte. Gloß. Von Ducange, Parlaments Alt. Bacon, Kap. 57. Blackst. Buch 1. Kap. 2. Buch. 4. Pag. 33.

getreten war, und weil die Besitzer von Frei=
lehen nur noch einen kleinen Theil ihrer Lehen=
zinsen in baarem Gelde bezahlten. Es kam noch
eine andere Neuerung auf.   Der Adel vom
zweiten Range, welcher durch geringe den jün=
gern Kindern großer Häuser bewilligte Koncef=
sionen eben keinen festen Bestand erhalten hatte,
mischte sich unmerklich unter den Ritterstand,
und formirte ein Korpus, das nach und nach
der königlichen Gewalt furchtbar, aber auch zu=
gleich den untern Klassen unerträglich wurde.
Anfangs beschützten die Könige diesen armen
Adel, um sich eine Klasse von Staatsmitglie=
dern geneigt zu machen, von der sie damals noch
nichts zu fürchten hatten, und die bei dem Thro=
ne Schutz gegen ihre Nachbarn suchten. Sie
wurden also zu der Nationalversammlung zu=
gelassen, mit dem reichen Adel vereinigt, und
dienten die Stärke des ganzen zu vermeh=
ren.   Als Eduard zu seinem Feldzuge nach
Poitou und gegen die Empörung in Wallis eine
Armee zusammen bringen wollte, fand er, daß
der Kriegsdienst in Geldbeiträge verwandelt
war, das *scutagium* beinahe nichts ausmachte,

 (

und daß er keine andere Hülfsmittel mehr hat=
te, als die, durch die Nationalversammlung
und die Kirche bewilligten freien Beiträge, und
die den Städten und Bewohnern der königli=
chen Güter auferlegten Steuern. Diese unan=
genehme Lage nöthigte den Fürsten, die Depu=
tirten der Flecken und kleinen Städte zu ver=
sammlen, und dies war der erste und wahre
Ursprung des Unterhauses. Eduard sagt in sei=
nem *writ*, oder erstem Befehle zur Zusammen=
rufung der Repräsentanten der Flecken, aus=
drücklich: „Keine Regel ist billiger, als, daß
dasjenige, was alle betrift, auch von allen
genehmigt, und daß die gemeinschaftliche Ge=
fahr, durch gemeinschaftliche Bemühung ab=
getrieben werde" *). Dieser edeln, eines Für=
sten so würdigen Gesinnung ohngeachtet, stand
das Unterhaus noch lange Zeit weit unter dem
Oberhause, und blieb weit entfernt an der Ge=
setzgebung Theil zu nehmen. Der König allein
konnte

*) Hume. Ed. I. Jahr 1295 Bacon, ebend. Brady,
   von den Gerechtf. der Flecken.

konnte ihnen sogar ohne Bewilligung des Adels
ihre Foderungen bewilligen, und dieselben zu
Gesetzen machen. Unter Heinrich II. blieben sie
bloß Supplikanten, oder mit andern Worten,
sie hatten gar keine gesetzgebende Gewalt. Alle
Urtheile, wie die Gerichtsbücher dieser Zeit
sagen, kommen dem Könige und den Lords zu.
„Sogar erst nach dem sechsten Parlament unter
Eduard III. bekamen sie Sprecher. Eduard I.
gab zwar die von ihm bestätigte *magna Charta*,
nachdem er der königlichen Autorität durch
das Statut *de tallagium non concedendo* *) enge
Gränzen gesetzt hatte, in die Verwahrsam des
Korpus das die Nation vorstellte, allein es hatte

---

*) Von Olme, S. 35. Stat. Ed. I von seinem 24sten
Regierungsjahre. *Nullum tallagium vel auxilium per*
nos, vel haeredes nostros, in regno nostro ponatur seu
levetur sine voluntate et assensu archiepis coporum,
episcoporum, comitum, baronum, militum, burgen-
sium, et aliorum liberorum hom. de regno nostro."
Keine Auflagen oder Beisteuern sollen in unserm Königreiche von uns oder unsern Erben aufgelegt oder
gehoben werden, ohne den Willen und die Einwilligung der Erzbischöfe, Bischöfe, Grafen, Barone,

Gesch. Elisabeth. I. B.   F

noch kein erworbenes Recht zu einer solchen Repräsentation, ob sie ihm gleich zugestanden war. Die Deputirten des Volks wurden nur gerufen, um die vom Könige vorgeschlagenen und von den Lords oder Herren gebilligten Gesetze zu bekräftigen. Wenn Eduard I. die Gesetzgebung mit der er sich beschäftigte, nicht zu der Vollkommenheit brachte, die sie in dem achtzehnten Jahrhunderte erreicht haben würde, so muß man der Zeit, worinn er lebte, die Schuld beimessen; denn gewiß war dieser Fürst durch sein Genie über sein Zeitalter erhaben, so wie Alfred in England und Karl der Große in Frankreich über das ihrige. Diese hatten schwache Fürsten zu Thronfolgern. Eduards Nachfolger waren besser unterrichtet und von einem festern Charakter. Aber so wie die Dänen, die Normänner, und die Söhne Ludwigs I. das Gesetzgebäude umstießen, welches sie angefangen fanden, so vernichteten auch die Kriege der Häuser

---

Ritter, Bürger, und andrer freien Männer unsres Reichs. S. Die Beilagen zu dieser Abhandlung, N. IV.

Lancaster und York Eduards Arbeiten, und
die Fortschritte der Nation wurden mehrere
Jahrhunderte zurückgehalten. Da aber unter
seiner Regierung der niedre Adel immer stärker anwuchs, und jemehr er sich ausbreitete,
desto tiefer unter dem höhern Adel zu stehen kam,
so trennte sich nach und nach die Kammer der
Repräsentanten der Provinzen von der Kammer
der Pairs, und machte eine Klasse für sich im
Parlamente aus. Die Reichthümer fingen mit
der Zunahme des Handels stärker an zu zirkuliren, und gingen in die Hände der Bürger
und Kaufleute über. Da die vom niedern
Adel als Repräsentanten, mit denen aus den
Flecken und Grafschaften in gleichen Rang kamen, so verschwand der Rangunterschied zwischen ihnen und der Bürgerschaft; das Haus
der Gemeinen erhielt mehr Festigkeit; und unter Eduard II. fingen sie an, den Bills, worinn
sie Subsidien bewilligten, ihre Petitions beizu-
fügen. Dies war der Ursprung ihrer gesetzgebenden Macht. Unter Eduard III erklärten sie
jedes zu gebende Gesetz für unverbindlich, zu dem
sie nicht ihre Bewilligung gegeben hätten. In-

deffen schien die Verordnung *de Tallagio* etc.
unter der Regierung dieses Königs ganz außer
Gebrauch zu kommen.   Sie war nicht zurück=
genommen worden; das Parlament und die
Gemeinen ließen keine Gelegenheit vorbei, um
gegen den Mißbrauch der Autorität zu eifern, die
ein so wichtiges Statut völlig unnütz machte;
doch hielt man die Vergessenheit deffelben dem
Könige in Rücksicht seiner Kriegsthaten und sei=
ner weisen Regierung zu Gute, da unter ihm
die Rechte des Volks in manchem Betracht un=
verletzt erhalten, und die bürgerlichen Gesetze
vervollkommnet wurden.   In der That ver=
diente auch ein Fürst, der, nachdem er die Ar=
tikel des großen Freiheitsbriefes geprüft, und
von allen Seiten untersucht hatte, einsah, daß
die königliche Macht noch weit enger einge=
schränkt werden könnte, der sie selbst einschränk=
te, und den künftigen Jahrhunderten dadurch
ein großes und seltnes Beispiel gab, ein solcher
Fürst verdiente wohl einige Nachsicht. Er mach=
te sie sich freilich auch sehr zu Nutze, aber seine
Regierung brachte der Nation Ruhm, und gro=
ße Vortheile.   Das Haus der Gemeinen, wel=

ches damals von dem Hause der Pairs ganz getrennt war, wurde das, was es noch bis auf
den heutigen Tag ist; und die Akte den Hochverrath betreffend, war die erste Operation des
versammelten Korpus. Durch diese Akte wurden die unter dem Verrath begriffenen Verbrechen, welche vorher nicht bestimmt waren, in
sieben abgetheilt *) und den Richtern vorgeschrie-

F 3

*) Dieses 2ste Statut Eduards III. sezt die Classen
des Hochverraths fest, die vorher dem Gutdünken der Richter überlassen waren, und der Tyrannei und ihren willführlichen Befehlen freies Feld
ließen; sie sind folgendermaaßen durch diese Akte
bestimmt: 1). Ein entworfenes oder ausgeführ-
tes Complott wider das Leben des Königs, wenn
er in gerader Linie Erbe, oder Besitzer des Throns
ist. (Hat er bloß die regierende Königin geheirathet, welches die Engländer einen König
(de facto) nennen, so ist es bloßer Todschlag).
2). Unzucht mit der Königin oder der ältsten ledigen
Tochter des Königs, oder der Frau seines ältsten
Sohns. 3). Die Errichtung einer Armee gegen den
König in seinem Königreiche, es sey unter welchem Vorwande es wolle. 4). Den Feinden des
Königs Rathschläge oder Unterstützung geben, sie

ben, daß ſie bei einem durch das Geſetz nicht
vorhergeſehenen Verbrechen, welches ihnen zum
Hochverrath zu gehören ſchiene, ſich nicht auf
ihre eigne Einſicht verlaſſen, ſondern ihr Urtheil
aufſchieben ſollten, biß das ganze Parlament
entſchieden hätte, ob es Hochverrath oder Felonie
ſey. Demohngeachtet aber ſah man doch, durch
die Parlamentsaften unter Richard II.,
Heinrich IV., und Heinrich VIII. die Mißbräuche wieder entſtehen, die zu dem eben erwähnten 25ſten Statut Eduards III. Anlaß ge-

ſeyen in oder außer dem Königreiche.   5). Die
Reichsſiegel nachmachen.   6). Falſches Geld
münzen.   7) Ermordung der hohen Kronbedienten oder erſten Magiſtratsperſonen von den Gerichtshöfen. (Blackſt. Buch 4, Kap. 6. Hales).
Das Verbrechen der Felonie begreift alle diejenigen in ſich, auf die die Confiscirung der
Länder und Güter ſtand, ſelbſt der Hochverrath hieß ehemals Felonie. (Coke. Juſt. Kap. 15.
Jeder Verrath iſt Felonie, aber nicht jede Felonie iſt Verrath. (Blackſt. ebend. Kap. 7). In
dieſer Geſchichte ſelbſt wird man Gelegenheit haben, die Verſchiedenheit dieſer Verbrechen und
ihrer Strafen zu bemerken.

geben hatten, welches die Königin Maria durch das erste Statut ihrer Regierung Kap. 1 gänzlich wieder erneuern ließ. Das siebente Statut Elisabeths fügte zu den sieben andern Hauptpunkten noch einen achten, den Gehorsam gegen die päpstlichen Gesetze betreffend, hinzu, welches sie nochmals durch das 27ste Statut, Kap. 2 bestätigte. Das unter Eduard III. versammlete Parlament befahl die französischen Gesetze in das lateinische zu übersetzen. England dankt diesem Prinzen auch noch vortheilhafte Gesetze für den Handel, für die Beförderung der Tuchmanufakturen und andrer Handelszweige. Er verstärkte den Kredit der Handelsleute dadurch, daß er wie Eduard I. *)

F 4

*) Zu Eduards I. Bemühungen die Lehnmißbräuche abzustellen, gehört auch die, daß er die Veräußerungen der Landgüter sehr einschränkte, und den Gläubigern große Vortheile gestattete, indem er ihnen nicht allein bewegliche Güter und Häuser, sondern auch die Ländereien zu pfänden erlaubte. Er erklärte die Schuldverschreibungen auf Ländereien nach kaufmännischen Rechten gültig, und das

schon gethan hatte, die Sicherheit der Zahlungen auf liegende Güter gründete; und auf den Todesfall des Schuldners verpflichtete er die Erben oder die Vormünder der minderjährigen Erben, den Theil der Hinterlassenschaft des Verstorbenen, den sie sonst unter dem Vorwande daß es zu milden Stiftungen gebraucht würde, abgeben mußten, zur Bezahlung der Handelsschulden anzuwenden. Endlich verdankt man ihm auch die berühmte Akte *Praemunire*, von der wir in der Folge reden werden, und welche der Macht des Pabstes in bürgerlichen Sachen so förmlich entgegengesetzt ist.

Kurze Zeit nach der Regierung dieses Fürsten nahm sich das Unterhaus ein Privilegium heraus, welches jetzo einer der wichtigsten Punkte seiner Verfassung ist; nemlich das Recht die Verurtheilung der Staatsminister zu verhindern oder zu bestätigen. Unter Heinrich IV.

Landeigenthum für die Zahlungen haftend. Eine Verordnung, welche den Grundsätzen des Lehnrechts geradezu entgegen war. Blackst. B. IV. Kap. 33. S. 419. B. II. S. 288. f.

weigerte es sich auch, die Subsidien zu bewil=
ligen, ehe man auf eine von ihm eingereichte
Bittschrift geantwortet hätte. Kurz, bis zu Hein=
richs V. Regierung, war ihm jedes merkwürdi=
ge Ereigniß ein Vorwand, seine Macht zu er=
weitern und zu dem ersten Grunde seiner Verfaß=
sung zurückzugehn. Die unglücklichen Zwistig=
keiten der Häuser York und Lancaster waren den
friedlichen Beschäftigungen der Gesetzgebung
hinderlich; die Gesetze wurden unter den
Schrecknissen der bürgerlichen Kriege hintange=
setzt; „Die Gesetze verstummten bei dem Ge=
räusch der Waffen "*). Bis zu Heinrichs VII.
Regierung findet man kaum eine Spur irgend ei=
ner Verbesserung. Mit diesem Fürsten setzten
das von der Last erlittner Uebel niedergedrückte
Volk, und der beinahe aufgeriebne und zu Grun=
de gerichtete Adel einen siegreichen König auf
den Thron, der Verbindlichkeiten zu erfüllen und
Ungerechtigkeiten zu rächen hatte; mächtige
Bewegungsgründe zur Hofnung und Furcht,
die nachdrücklich genug waren, um die durch

F 5

*) Blackst. Buch 4. Kap. 33.

perſönliches Intereſſe geleiteten Köpfe zu regie=
ren, und ein entnervtes Volk unter dem Zwan=
ge zu halten.   Das engliſche Volk ſchien ge=
neigt ſich einer willkührlichen Regierung zu un=
terwerfen, aber die Erinnerung an die Rechte,
die ſeine Väter genoſſen hatten, Rechte, wel=
che die *magna Charta* ſo oft und ſeierlich von Re=
gierung zu Regierung zurückgerufen hatte, leb=
te in der Seele dieſes Volks, und wartete nur
auf einen Augenblick der Ruhe, um laut zu
werden. Das Königreich war niemals in Pro=
vinzen abgetheilt geweſen, deren Gerichtsbar=
keit, Gerichtsbehörden, Gebräuche, Vortheile
und Repräſentanten alle verſchieden, abgeſon=
dert, und zuweilen einander entgegengeſetzt ge=
weſen wären. Alles vereinigte ſich in der Parla=
mentsverſammlung, und dieſer von der Zeit
der Sachſen bis auf unſre Tage ununterbroche=
nen Vereinigung, hat England zwar nicht die
Freiheit, welche es erſt ſeit einem neuerlichen
Zeitpunkt genießt, aber doch den freien und küh=
nen Geiſt zu verdanken, der das durch den Au=
genblick beſtimmte Verfahren des Despotis=
mus hie hat ertragen können, und der bei der

öffentlichen Verfassung jene bürgerliche Freiheit, die er beständig liebte und wünschte, zum einzigen Augenmerk genommen hat.

Das Parlament hat immer nach dem Gutachten des geheimen Raths, durch einen von dem Gerichtshofe der Kanzlei ausgehenden schriftlichen Befehl (*writ*) des Königs zusammenberufen werden müssen, und es ist eins der königlichen Hoheits = Rechte, daß es nur auf königlichen Befehl versammlet und aufgehoben werden kann *). Der Grund davon ist, daß die Glieder desselben, wenn es ihnen freistände, sich nach Willkühr zu versammlen, niemals weder über die Zeit der Zusammenkunft, noch der Dauer einig seyn würden. Diese Zusammenberufung ist das Werk eines der konstituirenden Theile des Parlaments, aber desjenigen von den beiden andern abgesonderten Theils, dessen ununterbrochene Existenz das Organ von allen dreien, und allein fähig ist zu wirken, wenn das Parlament nicht mehr existirt. Vermöge der ältsten Statuten des Kö=

*) Blackst. Buch I. Kap. 2.

nigreichs (im 4ten Stat. Eduards III Kap. 14, im 36sten Kap. 10.) konnte sich das Parlament alle Jahre einmal, oder öfter, wenn es nöthig war, versammlen. Diese letzten Worte hatten einen so schwankenden Sinn, daß verschiedene Könige, die ohne Parlament zu regieren suchten, oft lange Zeit verstreichen ließen, ehe sie es zusammenriefen; unter dem Vorwand, es wäre nicht nöthig gewesen. Das 16te Statut Karls II. und nachher das 2te und 6te Wilhelmens und Mariens setzten die Parlamentsversammlung von drei zu drei Jahren fest *).

*) Der Ursprung des Parlaments in England ist so alt, daß er sich in der Dunkelheit verliert, worinn die Geschichte aller Völker und ihrer ersten Entstehung gehüllt ist. Der Name Parlament oder colloquium, wie es einige Geschichtschreiber nennen, ist neu und kommt aus dem Französischen. Man nannte anfangs so unter Ludwig VII. in der Mitte des zwölften Jahrhunderts die allgemeine Versammlung der Stände des Königreichs. Man findet seiner zuerst in dem Eingange des Statuts von Westminster erwähnt, (3tes Statut Ed. I. 1272) aber es ist ausgemacht, daß lange vor der Einführung der normänni-

Seit der Regierung Eduards I, welche der Zeitpunkt der ersten Zulassung der Gemeinen zu den Parlamentsversammlungen war, besteht es aus dem Könige und den drei Ständen des Reichs, der Geistlichkeit, dem hohen Adel und dem Hause der Gemeinen; unter den letzten sind alle die begriffen, die irgend ein Eigenthum im Königreiche besitzen, und da sie nicht neben den Pairs sitzen können, entweder selbst oder durch ihre Repräsentanten eine Stimme im

nischen Sprache in England über alle öffentliche Angelegenheiten, vor dem großen Reichsrathe berathschlagt und verordnet wurde; ein Gebrauch der bei allen nordischen Völkern, vorzüglich bei den Deutschen, Sitte gewesen zu seyn scheint. (*De minoribus rebus principes consultant, de majoribus omnes.* Tacit. de mor. German. Kap. 2.) Sie führten dasselbe nach dem Falle des römischen Reichs fast in allen europäischen Staaten ein. Man sieht mit einigen Veränderungen Spuren davon in den pohlnischen, deutschen, schwedischen Reichstagen, und in der Versammlung der allgemeinen Stände von Frankreich, welche 1561 zum letztenmale versammlet waren. Blackst. Buch I. Kap. 2).

Parlament haben. Die Repräsentanten der Graf=
schaften oder Provinzen sind Ritter, die von den
Güterbesitzern erwählt werden: die Repräsentan=
ten der Städte und Flecken sind Einwohner der=
selben, und werden von den Kaufleuten und
Negocianten erwählt: London hat das Vor=
recht, vier zu ernennen, einige andre Städte
zwei, und andre nur einen. Vor der Revo=
lution machte die Geistlichkeit einen abgesonder=
ten Stand im Staate aus, der über den hohen
Adel, über die Gemeinen, ja oft über den Kö=
nig selbst ging, obgleich damals der Staat
mehr monarchisch als republikanisch war. Seit
dem 25, 30, 27, 31, 21 Statute Heinrichs
VIII. wird die Geistlichkeit als ein Parlaments=
glied betrachtet, und mit zum hohen Adel ge=
zählt. Sie hat keine besondere Vorrechte, und
giebt ihre Stimme wie die Pairs. Diese drei
Klassen machen den englischen Staatskörper
aus, dessen Haupt, Anfang, und Ende nach
dem ersten Statut der Elisabeth Kap. 3, (*caput,
principium et finis*) der König ist.

Gegenwärtig hat das Parlament die ge=
setzgebende, und der König die ausübende Macht.

Die gesetzgebende Macht kann die andre in der Ausübung der Gesetze nicht hindern, wohl aber untersuchen, wie sie ausgeübt werden. Indessen kann, seit der Revolution die ausübende Macht weder angeklagt noch verurtheilt werden, weil die gesetzgebende nicht tyrannisch werden darf. Man setzt voraus, daß wenn der König unrecht handelt, die Schuld an seinen Ministern liegt, und diese können zur Verantwortung gezogen, überwiesen und gestraft werden. Da das ganze Korpus der gesetzgebenden Macht weder richten noch strafen, und die ausübende nichts unternehmen kann, bis jene einen Ausspruch gethan hat, so haben die Gesetze die weise Einrichtung getroffen, daß der gesetzgebende Theil des Volkes vor dem gesetzgebenden Theil des Adels Klagen anbringen *), und seinen Mitbürgern das Recht nicht anders, als von ihres Gleichen gerichtet zu werden, bestätigen kann. Diese Freiheit setzt jeden Angeklagten in den Fall gerichtet zu werden, wie diese selbst einst

*) Geist der Gesetze, Buch 1 Kap. 3. Blackstone, Buch 1. Kap. 7. Von Olme, Kap. 8.

können oder sollen gerichtet werden, und legt ihnen die Nothwendigkeit auf, keine ungerechte Aussprüche zu thun, wodurch sie sich ihr eignes Verdammungsurtheil sprechen würden.

Der gesetzgebende Körper ist also aus zwei Theilen zusammengesetzt, welche durch ihre verneinende Gewalt einander wechselsweise in Schranken halten. Eine bloß bei dem Unterhause eingebrachte Bill bleibt also nichtig, wenn sie nicht in dem Oberhause durchgeht. Eben so verhält es sich, wenn eine in dem Oberhause eingebrachte Bill von der untern nicht bestätigt ist *), beide erhalten erst durch die Beistimmung des Königs Gesetzkraft. Beide Mächte sind also durch die ausübende Macht gebunden, die es ihrer Seits wiederum durch die gesetzgehende ist. Da die erste nur verhindern, keinen Vorschlag thun, noch etwas festsetzen darf, so wird sie auch nicht zu den Berathschlagungen zugelassen; sie nimmt an, sucht an, und kann weder zerstören noch aufbauen. Das Parlament

---

*) Olme, Kap. 33. Geist der Gesetze, ebend. Blackst. Buch 2, Kap. 2.

ment verordnet von einer Sitzung zur andern
über die Hebung der Einkünfte nach den Zeitum-
ständen. Ohne diese Hebung würden die wichtigsten Vorrechte des Königs unnütz seyn. Er
hat feste auf die Taxen, Steuern und Abgaben
von verschiedenen Gegenständen angewiesene Einkünfte, (welche zu Elisabeths Zeit sechs Millionen Sterling betrugen) und da die Kosten seines
Hauses und der Aufwand, den die Ehre und der
Glanz der Nation zuweilen nothwendig macht,
aus diesen Einkünften bestritten werden, so
braucht er nur für die Bedürfnisse des Staates
Gelder zu erheben. Zur Unterhaltung einer
Armee kann er sie nicht entbehren, und das Recht
sie ihm zu bewilligen kömmt bloß der gesetzgebenden Macht zu; denn Geldbewilligungen können
nur von dem Unterhause gegeben werden; und
dieses erlaubt nicht einmal den Gliedern des
Oberhauses die geringste Veränderung darinn
zu machen. Es verlangt von ihnen, diese Bills
genau so wie sie sind anzunehmen oder zu verwerfen *). Diese Vorrechte des Parlaments

*) Von Olme Cap. 5.

sind durch die älteſten Geſetze beſtimmt; aber
ehe dieſe Geſetze durch die Einwilligung des
Volks beſtätigt, und dadurch der Gewalt des
Königs, oder der Ausübung der Hoheitsrech=
te Gränzen geſetzt waren, hatte der König eine
entſchiedne Ueberlegenheit, ſobald er es vor=
theilhaft fand, dieſe Hoheitsrechte zu erwei=
tern, und wirkſam zu zeigen. Man wußte da=
mals nicht, man dachte nicht über die Wahrheit
nach, daß das was Prärogativ genannt wird,
in der Macht beſteht, in Fällen, welche die Geſe=
tze nicht beſtimmt haben, oder wo gewiſſe Um=
ſtände die Befolgung ihrer Vorſchriften hindern,
mit Vorſicht zu dem allgemeinen Beſten zu han=
deln, oder um deutlicher zu reden, daß es nur
das Recht iſt, das gegenwärtige Wohl des
Staats ohne Verfügungen und ohne Geſetze zu
machen *). Vor der Revolution erſtreckte ſich alſo
die königliche Prärogative auf vier Gegenſtände,
wovon die meiſten ihr durch die Geſetze entzogen,
und die andern mehr beſchränkt worden ſind. Ehe
das Haus Tudor den Thron beſtieg, hatte man

*) Locke, über die bürgerliche Regierung Kap.
 13. Blackſt. Buch 1, Kap. 7. S. 239.

die Natur und den Umfang der königlichen
Macht niemals auseinandergesetzt. Unter
Heinrich VII., einem geizigen Fürsten, dessen
Ehrsucht sogar seinem unersättlichen Durste nach
Gold unterworfen war, schienen alle Mittel,
dasselbe zu erwerben, rechtmäßig; und da die
Gierigkeit der Minister sich mit der Habsucht des
Monarchen vereinigte, sah das Volk von neuem
Tyranneien ausüben, wovon es sich befreit geglaubt hatte. Trotz der von seinen Vorgängern
bestimmten, und auf Vernunft und Einsicht gegründeten Gesetze, welche das funfzehnte Jahrhundert von den barbarischen Jahrhunderten auszeichnen, wurden durch die Ausübung der königlichen Prärogative Geldstrafen aufgebracht, und
Güter und Ländereyen eingezogen. Begnadigun-
gen bey den größesten Verbrechen, die Gunst des
Königs, die mittelmäßigsten Aemter, die niedrigsten Stellen, die Verzeihung der leichtesten Fehler, alles wurde verkauft; kein Statut wurde
abgeschafft, kein Gesetz gegeben oder modificirt,
das nicht mittelbar oder unmittelbar auf die Vermehrung der königlichen Einkünfte abgezweckt
hätte *).   G 2

*) Blackstone, Buch 4. Kap. 33. S. 422.

Unter Heinrichs VIII. und seiner Kinder Regierung waren die mit der geistlichen Verfassung vorgenommenen Veränderungen um desto auffallender, weil sie plötzlich, ohne Stufenfolge geschähen, und einen solchen Kontrast mit der Lage der andern europäischen Reiche machten, daß kein einziges unter ihnen war, welches nicht die Würkung davon empfunden hätte. Der englischen Gesetzgebung schienen unter einem despotischen, von Leidenschaften beherrschten Fürsten, nachtheilige Veränderungen bevorzustehn. Dennoch aber machte seine Civil=Verwaltung, nach der Meinung der berühmtesten Englischen Rechtsgelehrten, eine merkwürdige Epoche in der Gesetzverbesserung *), und er hat die Rechte der Bürger durch verschiedene Statuten gesichert.

Die Erbschaftsgesetze, die Gesetze gegen die Bankerottierer, welche den Negocianten durch die unausbleibliche Strafe des Schuldigen schützen; diese Gesetze Englands verdankt es Heinrich VIII. und sie könnten allein das Andenken seiner Staatsverwaltung daselbst erhalten. Die

*) Ibid. S. 424,

Einverleibung des Fürstenthums Wallis, und
die durch die Aufhebung der Pfalzgrafen und
ihrer Privilegien in die bürgerliche Verfassung
gebrachte Uebereinstimmung, gaben der Monarchie eine innere Kraft, welche in der Folge auch
ihre Macht erweitern mußte. Freilich sah man
neben diesen heilsamen Einflüssen, welche die
Frucht einer richtigen und gemäßigten Denkungsart zu seyn schienen, die königliche
Prärogative bis zur höchsten Tyrannei getrieben,
und ihr vermehrtes Ansehen unter dem Schutze
des Parlements, durch die Gesetze bestätigt.
Dieß Parlament befleckte sein Andenken durch
die Bekräftigung eines Statuts, welches dem
bloßen Willen des Königs die Kraft des Gesetzes und der Parlamentsakten zugesteht. Mit
Entsetzen sieht man neue, bis dahin unbekannte
Klagepunkte für die Verbrechen des Hochverraths und der Felonie erscheinen *). Auf der
einen Seite die weisesten und dem allgemeinen
Besten vortheilhaftesten, auf der andern die un-

G 3

*) Blackst. Buch 4 Kap. 33. S. 424. f.

sinnigsten Gesetze, die keinen andern Zweck hat=
ten, als einem schlechten Fürsten eine willkühr=
liche Gewalt einzuräumen, und von einem nie=
derträchtigen bestochenen Parlamente bestätigt
wurden. Eduard VI, oder wenigstens die wei=
sen Verwalter seines Reichs, zerstörten diese
Denkmähler des Stolzes und der Schmeichelei;
und wenn die Geschichte, des Abscheus ohnge=
achtet, welchen der Nahme seiner Schwester
Maria erregt, ihre Staatsverwaltung unpar=
theiisch beurtheilen will, muß man eingestehn,
daß sie viele vortheilhafte Gesetze für das Volk
gegeben hat.

Aber diese königliche Prärogative, welche
nach der Eroberung so furchtbar geworden war,
daß ein berühmter Schriftsteller sie mit den My=
sterien der guten Göttin vergleicht, in die kein
Ungeweihter eindringen durfte, wurde von Eli=
sabeth nachdrücklich behauptet, und unter ih=
rer Regierung sehr weit getrieben. Sie unter=
sagte sogar ihrem Parlamente alle Untersuchun=
gen über Staatssachen; sie erklärte, daß diese
Versammlung sich auf keine Art in etwas, das
die königliche Prärogative anginge, mischen,

noch darüber urtheilen dürfte *). Allein was für eine Sprache auch immer diese Fürstin und ihre Vorgänger und Nachfolger geführt haben, so war es doch nie die Sprache der alten Reichsgesetze. Die Beschränkung der königlichen Macht war ein wesentlicher Grundsatz in der Regierungsverfassung der Gothen, als sie ihre Herrschaft in Europa gründeten **); und hat gleich ein Rechtslehrer unter Karl I. in sehr emphatischen Ausdrücken davon geredet, so hat er doch auch folgende hinzugesetzt. „Das Hoheitsrecht darf sich nur auf Dinge erstrecken, die dem Unterthan nicht nachtheilig sind: denn man muß sich stets errinnern, daß das Vorrecht des Königs sich nie so weit ausdehnen darf, das es zu irgend jemandes Schaden gereichen könnte, *nihil enim aliud poteſt rex, niſi id ſolum, quod de iure poteſt.*“ ***). Aber

G 4

---

*) Blackſt. Buch 1. Kap. 7. S. 238.

**) Eben daſ. Blackſt. Buch I. Kap. 7.

***) Ebend. Bracton Buch 3, Kap. 9. Das 24ſte und 25ſte Statut Heinrichs VIII. erklären aus-

zu Elifabeths Zeit exiftirten diefe Statuten noch
nicht. Wenn fie weife weife genug dachte, den
Umfang diefes Vorrechts einzufchränken, fo
ftand es doch in ihrer Gewalt, es fo weit zu
treiben, als fie wollte; und zuweilen gebrauch=
te fie daffelbe auf eine nach den jetzigen Gefe=
tzen, welche die Beftätigung des Parlaments
zu allen königlichen Verordnungen nothwendig
gemacht haben, unerlaubte Art. Diefes giebt
dem Parlament einen fo hohen Grad von Wür=
de und Macht im Staate, daß man mit dem
Oberfchatzmeifter Burleigh und Montesquien
fagen kann: England wird nie anders, als durch
ein Parlament zu Grunde gerichtet werden *).

brücklich, der König fei in bürgerlichen und kirch=
lichen Angelegenheiten das höchfte Oberhaupt des
Reichs, ftehe folglich keinem Menfchen auf
der Welt im Range nach, fei von keinem
Menfchen abhängig, und keinem Menfchen
Rechenfchaft fchuldig. Blackft. Buch 1, Kap. 7.

*) Blackft. Buch 1, Kap. 2. „Rom, Sparta und
Karthago find untergegangen; England wird un=
tergehen, wenn die gefetzgebende mehr als die
vollziehende Macht verdorben feyn wird. Geift
der Gefetze, Buch 2, Kap. 6.

Die Conseils des Königs sind dem großen
Conseil der Nation, das heißt, dem Parlamente, untergeordnet. Die Pairs des Reichs
sind durch ihre Geburt erbliche Räthe der Krone, und können während oder nach der Vereinigung des Parlaments vom Könige gerufen
werden. Die Gesetze haben sie zu zweierlei Absichten ernannt, *ad consulendum, ad defenden-
dum regem*, um dem Könige zu rathen und ihn
zu vertheidigen. Als die Parlamenter noch
nach Gutdünken des Königs zusammen berufen
wurden, waren die Versammlungen der Pairs
häufiger, das dreijährige Statut aber hat
sie abgestellt *). Der zweite vom Könige ab-
hängige Rath besteht aus den Richtern der Gerichtshöfe **). Der dritte ist der geheime Rath,
das vornehmste Conseil des Monarchen, welches
von ihm abhängt, und dessen Glieder von ihm ohne Patent der Nationalversammlung ernannt
werden. Ein dem Monarchen abgelegter Eid
macht sie, so lange er lebt, zu seinen geheimen

G 5

*) Cokes Instit 110.
**) Cokes Instit. 53.

Räthen; inzwischen behält er das Recht sie abzusetzen. Sie sind verbunden, der Nation und dem
Könige, als Staatsbürger und Mensch betrachtet, treu zu dienen *). Sie haben gegenwärtig
die Gewalt, Erkundigung über alle gegen die
Regierung begangne Verbrechen einzuziehn,
und die Verbrecher in sichre Verwahrung zu
bringen, damit die Gerichte ihnen den Prozeß
machen können: denn ihre Gerichtsbarkeit geht
nicht so weit, die Verbrechen zu strafen; und
Personen, welche sie anklagen, sind in dem
Besitz ihres *Habeas corpus*, nach dem 16ten Statut Karls I. Kap. 10, als wenn sie vor einen
Friedensrichter geführt wären *).

Die verschiedenen Gerichtshöfe des Reichs
sind in Gerichtshöfe des gemeinen Rechts und

---

*) Blackst. Buch 1. Kap. 5. S. 230.

**) Eben dies Statut hob die Sternkammer (stair-
chamber) und die Requeten-Kammer auf, welche
vormals aus den Gliedern des geheimen Raths
bestanden. Ihnen wurde damals alles richterliche
Erkenntniß in Sachen, die das Eigenthum der
Unterthanen des Königreichs betreffen, genommen. Blackst. ebend. S. 230. f.

der Billigkeit abgetheilt. Dieser Unterschied
zwischen dem Gesetz und der Billigkeit ist in kei=
nem andern Staate bekannt, noch bekannt ge=
wesen. Das *jus praetorium*, oder das Recht
der Prätoren bei den Römern, war von dem ei=
gentlichen gesetzlichen oder buchstäblichen Rechte
unterschieden, war aber einer und derselbigen
Gerichtsperson überlassen. Wir wollen zuerst
die Errichtung dieser Gerichte untersuchen. Die
aula regis, das höchste aus dem Monarchen und
den ersten Kronbedienten bestehende Ge=
richt, war seit der Eroberung an die Stelle des
Wittenagemots der Sachsen getreten. Der
Reichskonstabel und der Obermarschall hatten in
demselben den Vorsitz bei allem, was die Ehre
und die Wappen betraf, dem Kriegsrechte und
dem Rechte der Nationen oder öffentlichen Rech=
te gemäß: dann kam der Großhofmarschall von
England, der Oberkammerherr, der Großhofmar=
schall des königlichen Hauses und der Kanzler,
dessen Geschäft darinn bestand, die Ausfertigun=
gen unter dem großen Siegel zu besorgen, und
die unter königlicher Autorität gegebnen Edik=
te, Vergünstigungen, und Briefe zu untersu=

chen. Nach diesen saß der Schatzmeister, welcher alle die Einkünfte der Krone betreffenden
Angelegenheiten besorgte. Diesen Ministern
waren noch unterrichtete Männer zur Seite gesetzt, welche man die Richter des Königs nannte, und die großen Barone, welche man zu der
aula regis als einer Art von Oberappellations-
Gericht berief, und welche in schwierigen Fällen ihr Gutachten geben mußten. Diese Magistratspersonen sprachen in bürgerlichen und
peinlichen Sachen: der Vorsitzer des Gerichts,
führte den Titel, Oberhaupt der Justiz, er war
auch der vornehmste Staatsminister, nach dem
Range der zweite Mann im Reiche, und kraft
seines Amts in Abwesenheit des Königs Regent. Die Macht dieses Gerichtshofes ging
so weit, daß es dem Volke und der Regierung gleich drückend ward. Der König Johann bestimmte seinen Sitz zu Westminster; die
aula regis ward nun stetig, und die Richter
wurden es gleichfalls. Es wurde ein anderes
Oberhaupt der Justiz ernannt, und ein anderer Gerichtshof für die gemeinen Sachen,
(common-pleas) errichtet, welcher alle Civil-

Klagen von Unterthan gegen Unterthan anhören und schlichten mußte. Bald veranlaßte
dieser nach den gemeinen Rechten sprechende
Gerichtshof, durch den Ort seines Sitzes und
die damaligen Zeitumstände, einige Schulen
der Rechtsgelehrsamkeit, welche in der Nach-
barschaft angelegt wurden. Alle Rechtsgelehr-
te zogen sich dahin zusammen, und gaben dem
Gesetze selbst Stärke genug, um alle Anfälle
der Canonisten zurückzutreiben. Da die aula
regis auf diese Art ihrer großen Vorrechte beraubt
war, und das Oberhaupt der Justiz ebenfalls
seine ungemessenen Rechte verlohren hatte, so kamen sie biß zu Eduards I. Regierung immer mehr
herunter. Dieser theilte den höchsten Gerichtshof in mehrere Gerichtskollegien. Er errichtete
ein Ritterschafts = Gericht, worinn der Konstabel und und Großmarschall den Vorsitz hatten.
Der Großhofmarschall von England und die
Barone machten ein eignes Tribunal für die Prozesse der Pairs aus, und die im Parlament sitzen-
den Barone behielten sich das Recht vor, die in
den andern Gerichtshöfen abgeurtheilten Sachen
in der letzten Instanz nachzusehen und zu unter-

ſuchen. Die Verwaltung der Gerechtigkeit zwiſchen den Individuen wurde auf eine kluge und ſichre Art eingerichtet. Die common - pleas hatten nur die Streitigkeiten der Unterthanen zu unterſuchen. Das Exchequer oder die Schatzkammer verwaltete bloß die Einkünfte des Königs: der Kanzler verwahrte das Siegel, und beſorgte was davon abhängt. Endlich vor das Gericht der königlichen Bank gehörte alles, worüber die andern keine Gerichtsbarkeit hatten. Als Oberappellationsgericht hatte es den Rang über alle die übrigen, und unterſuchte allein alle Reichshändel der Krone, das heißt, wo es auf unerlaubte Handlungen oder Verbrechen ankam, durch welche der König ſelbſt als ein Theil des Publikums verletzt iſt. Dies Gericht ein von der vormaligen aula regis abgeriſſnes Stück, iſt der höchſte nach allgemeinen Rechten entſcheidende Gerichtshof; *) er iſt über alle an-

*) Nachdem die aula regis aufgehoben war, ſaß Eduard I. oft ſelbſt im Gerichte der königlichen Bank. Auch König Jakob ſaß darin; aber das erſtemahl da er erſchien, ſagten ihm die Richter, daß er hier keine Stimme hätte. Blackſt. Buch 3, Kap. 4. S. 41. Note (p.)

dre Gerichtshöfe, alle Communitäten hangen
von ihm ab; er schützt die Freiheit der Unertha-
nen, zieht bürgerliche und peinliche Sachen zu
seiner Untersuchung ꝛc. Es ist ein Appellations-
gericht, an das man sich von dem Gerichtshofe
der gemeinen Prozesse und allen Untergerichten
mit einem writ of error *) wenden kann: aber
er spricht nicht in der letzten Instanz, von seinen Aussprüchen findet noch die Appellation an
das Oberhaus oder an die Kammer des Erchequers Statt.

Diese, welche nicht allein die königliche Bank
sondern auch den Gerichtshof der gemeinen Prozesse über sich erkennen muß, spricht indeß
nach den gemeinen Rechten und nach der Billigkeit. Es ist ein sehr alter von Wilhelm den
Eroberer als ein Theil von der aula regis errich-
teter Gerichtshof, und wurde in der Folge von
Eduard dem Ersten verbessert, und auf den ge-

*) Appellation, welche mit dem französischen apel
comme d'abus übereinkömmt.

*) Der Errichtnngsbrief K. 13, spricht von den Baro-
nen des Exchequers. Bracton, B. 3. K. 1. S. 3.
Blackst. B. 3. K. 4. S. 44.

genwärtigen Fuß eingerichtet. Seine Haupt=
geschäfte waren immer die Ordnung und Ver=
waltung der königlichen Einkünfte. Diejenigen
Obliegenheiten, welche er als Gerichtshof
der Billigkeit hat, verdienen, da sie weniger
gewöhnlich und weniger gemein sind, ausein=
andergesetzt zu werden. Diese Art von Gerich=
ten haben zum Zweck die durch die Schikane
verursachten Verzögerungen und Dunkelheiten
zu vermeiden, und die Rechtsstreitigkeiten
schleunig nach dem Sinn des Naturrechts abzu=
machen. Der Kanzler ist der vornehmste Bil=
ligkeitsrichter. Er hat die Gewalt, das ge=
schriebne Gesetz zu modifiziren, zu mildern, und
sie den Regeln seines eignen Gewissens zu un=
terwerfen. Die Billigkeitsrichter müssen für
die unvorhergesehenen Fälle zusehen, für die
das öffentliche Wohl schleunige Mittel fodert,
und bei denen die nach den gemeinen Rechten
sprechenden Gerichte dergleichen erst nach einer
schädlichen Verzögerung anwenden können, weil
sie durch Formalitäten eingeschränkt sind *).

Nach

*) Von Olme, Kap. 11. Blackst. B. 3. K. 4. S. 49 f.

Nach dem 31sten Statute Eduards III. K. 12
wird von dem Billigkeitsgerichte eben dieses
Erchequers gerade an das Parlament, von dem
Gerichte des gemeinen Rechtes aber erst an das
Billigkeitsgericht, und dann an das Oberhaus
appellirt.

Der Gerichtshof der Kanzlei besteht gleich=
falls aus einem Gerichte des gemeinen Rechts
und einem Billigkeitsgerichte; der Präsident
desselben ist der Kanzler des Reichs.   Er hat
von jeher die Untersuchung der Freiheitsbriefe,
der Patente, und anderer von der Krone zuge=
standnen Rechte gehabt, und ist immer der Be=
wahrer des großen Siegels *).   Dieser Ma=
gistrat ist Mitglied des geheimen Conseils, wozu
ihn seine Würde eignet, und Sprecher vom

---

*) Das 5te Stat. der Königin Elisabeth erklärt das
   Amt eines Kanzlers und Siegelbewahrers für eins
   und eben dasselbige. Er hat, wo es auf den Vor=
   sitz und die Anciennität ankömmt, den Rang
   vor allen weltlichen Richtern und Magistratsper=
   sonen. 31stes Stat. Heinrichs VIII. K. 10. Blackst.
   Buch 3. Kap. 4, S. 49.

Oberhauſe. Er ſteht an der Spitze aller Friedensrichter im Reiche, aller Hospitäler und
anderer öffentlichen milden Stiftungen. Alle
teſtamentliche Sachen, die Vormundſchaft für
alle Kinder ohne natürlichen Vormund gehören
vor ſein Forum. Dieſer Gerichtshof unterſucht
die Rechtsfragen zwiſchen dem Könige und ſeinen Unterthanen, wo durch den Gebrauch der
königlichen Gewalt, oder durch Beſitzungen und
Erwerbungen des Königs das Recht des Volks
gefränkt werden kann *) Sollte aber ein Zwiſt
unter den Partheien entſtehen, ſo kahn er den-
ſelben nicht entſcheiden, weil er nicht die Geſchwornen berufen kann; er verweiſt alsdenn
die Unterſuchung an den Gerichtshof der königlichen Bank, an welchen von ſeinen Ausſprüchen
die Appellation ſtatt findet. Allein dieſer Fall
iſt ſo ſelten, daß ſeit dem vierzehnten Jahre
der Königin Eliſabeth 1571 kein Exempel davon
vorkömmt. Die Vollkommenheit, zu der das
Billigkeitsgericht dieſer Kammer gelangt iſt,

*) 23ſtes Stat. Heinrichs VIII, K. 6. 43. Stat.
    der Königin Eliſab. K. 4. Blackſt. B. 3. K. 4.
    S. 48.

hat es erst nach der Zeit, von der wir hier
reden, erhalten: unter Karl I. bekam es seine
gegenwärtige Verfassung *).

Die durch das 31ste Statut Eduards III. K.
K. 12. errichtete Kammer des Exchequers be=
stimmt das Urtheil nach den Appellationen von
demjenigen zu dem Exchequer gehörigen Ge=
richtshofe, der sich nach den gemeinen Rechten
richtet; unter der Königin Elisabeth, Stat.
27. K. 8. wurde noch eine andere zum Gerichts=
hofe des Exchequers gehörige Kammer errichtet,
welche aus dem Hofe der gemeinen Prozesse
und den Baronen von dem Exchequer besteht,
um an dieselbe von der Bank des Königs zu
appelliren. Von allen diesen Zweigen des Ge=
richtshofes der Schatzkammer wird gerade=

H 2

*) Blackst. ibid. S. 49 f. Untersuchung über die
Gerichte nach gemeinen Rechten und nach der
Billigkeit. Von allen diesen Gerichtshöfen wird
an den König und das Parlament appellirt. 37stes
Stat. Heinrichs VIII. K. 4. Blackst. B. 3. K. 27,
S. 455.

zu an die Pairs oder an das Parlament appellirt *).

*) Zu diesen Gerichtshöfen, wohin, der Natur ihrer Verrichtungen zufolge, alle bürgerliche Sachen gehören, woraus Streitigkeiten zwischen Bürger und Bürger, oder dem Souverain und dem Unterthan entstehen können, sind noch die Assisen hinzuzusetzen. Diese bestehen aus einem oder mehrern Kommissarien, welche im Namen des Königs jährlich zweimal in die Provinzen geschickt werden; (ausgenommen nach London und Middlesex, welche verschiedene Privilegien haben) und durch ein Justiztribunal alle aus Handlungen entstandene Rechtssachen, welche vor die Westminster Gerichte gebracht werden, untersuchen zu lassen. Diese Richter werden de nisi prius benannt; sie wurden zugleich mit den umreisenden Gerichten 1176, im zwei und zwanzigsten Regierungsjahre Heinrichs II mit einer Vollmacht von der aula regis eingesetzt. Die magna Charta, K. 12 bestätigte diese Anordnung, und jetzt existiren sie vermöge des 13ten Statuts Eduards I. K. 30, welches durch andre Akten, unter andern durch das 14te Statut Eduards VI K. 16 erklärt ist. Kein Gesetzverständiger kann in seiner Provinz Richter bei den Assisen seyn. 4tes Stat. Eduards III. K. 2. 8tes Stat. Richards II. K. 2. 33stes Stat.

Es giebt noch andere geistliche, militärische und Seehandlungsgerichte, welche alle Rechtssachen, Beleidigungen, vorsetzliche Verbrechen Vergehungen, Veletzungen an Rechten und am Eigenthum untersuchen und gerichtlich darüber erkennen. Vordem war der Unterschied zwischen weltlichen und geistlichen Gerichtshöfen völlig unbekannt. Aber dieser vernünftige, und der Weisheit Alfreds würdige Plan konnte gegen die Ehrsucht der Päbste nicht bestehen. Heinrich I. versuchte es vergebens, diese wichtige Vereinigung wieder herzustellen *); es giebt

H 3

Heinrichs VIII. K. 24. Ein übrigens in dem Civilrechte so angenommenes Axiom, daß es für einen Engländer eine Art von Sakrilegium seyn würde, in der Grafschaft, wo er geboren ist, oder wo er bürgerliches Eigenthum besitzt, Statthalter zu seyn. Blackst. Buch 3. K. 4. S. 57. f. Von Olme a. a. O. Spelmann. cod. 429.

*) Hales Gesch. c. 1. S. 102. Spelmann cod. 301. Blackstone verweist, wegen der Geschichte der kirchlichen Usurpationen in dieser Art, auf Burn's ecclefiastical law, auf Wood's institute of the common law, und auf Oughton's ordo judiciorum. Blackst. B. 3. K. 5. S. 651 Note (1)

ihrer sechs. Der Gerichtshof des Archidiako-
nus, von welchem an das Gericht des Konsi-
storiums appellirt wird; dieses hält der Bischof jedes Kirchsprengels für alle kirchliche Sachen, die aus seiner Diöces vor ihn gebracht werden. Die Appellation geht, wie
von dem ersten, kraft Heinrichs VIII vier und
zwanzigsten Statuts, K. 12, an den Erzbischof
jeder Provinz oder die arches - court, welche die
writs of error von allen Untergerichten annimmt; und von dieser wird an die königliche
Kanzlei appellirt. Dieser letzte Gerichtshof,
so fern er über geistliche Rechtssachen entschei-
det, besteht aus Kommissarien, welche unter
dem großen Siegel des Königs als des Ober-
hauptes der englischen Kirche, wie dasselbige 24ste
Statut Heinrichs VIII erklärt, ernannt werden.
Das Gericht der peculiairs oder der privilegir-
ten Pfarren, ist ein mit der arches court ver-
bundener Zweig; es wird von demselben seit
Heinrich VIII (Stat. 24. K. 19) gleichfalls an
das Kanzleigericht appellirt*).

*) Blackst. ibid. S. 64.

Der Gerichtshof der Prärogative entſcheidet
alle Teſtamentsſachen, und es wird gleichfalls
nach dem 24ſten Statut Heinrichs VIII. von
demſelben an die Kanzlei appellirt. Es giebt
andre kleine Tribunäle für unbedeutende Streit-
händel, und welche mit Schadenerſetzungen
und Beſtrafung der Verbrechen nichts zu
thun haben. Aber Oberappellationsgericht
in allen geiſtlichen Sachen verdient einen
Augenblick Aufmerkſamkeit. Dies iſt das
Gericht der Delegirten, judices delegati, welches durch einen königlichen Kommiſſar unter
dem groſſen Kronſiegel ernannt und errichtet
wird, welcher die Perſon des Souverains vor-
vorſtellt, und in Kraft deſſelbigen Statuts
Heinrichs VIII. alle an ihn gerichtete Appellationen annimmt, ob ſie gleich vorher vor dem
Gerichtshof als einer Kommiſſion des päpſtlichen Stuls angebracht wurden. Aber in dem
Fall, daß der König ſelbſt einen Prozeß in geiſtlichen Sachen hätte, würde es vernunftwidrig
ſeyn, von dieſem Gerichte an den Hof der Kanzlei zu appelliren; dann geht nach dem 24ſten
Stat. Heinrichs VIII. die Apellation an alle

Bischöfe des Reichs, welche dazu in dem Ober=
hause zusammenberufen werden. Bisweilen er=
nennt der König eine Revisionskommiſſion, um
die Urtheile des großen Gerichtshofes der Dele=
girten zu unterſuchen. Er kann dieſe Gunſt
zugeſtehen, ob ſie gleich durch die beiden Statu=
ten Heinrichs VIII. für entſcheidend erklärt iſt,
weil der Papſt ſie vordieſem in gewiſſen Fällen
erlaubte, und dieſes Recht durch das 26ſte Sta=
tut Heinrichs VIII. und das erſte der Königin
Eliſabeth mit der Krone verbunden iſt. Durch
daſſelbige Statut errichtete dieſe Fürſtin ein hohes
königliches Commiſſionsgericht in geiſtlichen
Sachen, welchem ſie eine weit ausgedehntere
Gewalt beilegte, als der Papſt je gehabt hatte.
Verhaftnehmung und Verurtheilung waren in
dieſer ſonderbaren Gerichtsbarkeit willführlich,
oft dienten die Anklagen wegen Ketzerei und Glau=
bensirrthümer bloß zum Vorwande zu unge=
gründeten und noch ſchlechter bewieſenen An=
klagen und ungerechten Verurtheilungen. Sie
wurde durch das 16te Statut Karls I K. 11
abgeſchafft. Der König Jacob bemühte ſich
nachher vergebens ſie wieder herzuſtellen; dieſer

unnütze Versuch diente zu nichts, als seinen Untergang zu beschleunigen *).

Das Ritterschafts - oder militärische Gericht hatte gleich bei seinem Entstehen den Großmarschall und den Konstabel von England zu Vorsitzern, und erhielt durch das 13te Statut Richards II. K. 2. das Recht über alles, was den Krieg innerhalb und ausserhalb des Reiches anging, zu erkennen; man appellirte von demselben gerade an den König. Nachdem Heinrich VIII. die Bedienung eines Konstabels nach dem Tode des Herzogs von Buckingham abgeschäft hatte, blieb nur noch der Großmarschall Präsident des Kriegsgerichtshofes. Jetzt bedeutet er sehr wenig, und gehört nicht einmal zu den Obergerichten.

Die Seehandlungsgerichte sind der Admiralitätshof mit seinen Appellations - Gerichten. Der erstere wurde unter Eduard III. eingesetzt. Er verfährt nach dem bürgerlichen Rechte, wie der geistliche Gerichtshof, gehört

H 5

*) Coke, Instit. 341, 324, 125. Blackst. B. 3. K. 5. S. 67. f.

aber auch nicht zu den Obergerichten, und es
wird von seinen Aussprüchen an die Großkanz=
lei appellirt. Dies geschieht vermöge des 28sten
Statuts der Königin Elisabeth, worinn ver=
ordnet wird, daß nach der an diesen Gerichts=
hof ergangenen Appellationen der Ausspruch
der Kommissarien die Sachen auf immer ent=
scheiden soll. So lange die englischen Besitzun=
gen in Amerika noch unter der Regierung von
England standen, gingen die Appellationen von
den dortigen Viceadmiralitätsgerichten an den=
selben; aber seitdem die dreizehn vereinigten
Staaten eine freie Republick ausmachen, und
das denkwürdige Exempel der vereinigten Pro=
vinzen und der dreizehn Kantons erneuert ha=
ben, wird man ohne Zweifel gegen sie das Völ=
kerrecht beobachten, und diese Gesetze wer=
den die Zwistigkeiten über weggenommene Schif=
fe oder andere Vorfälle, auf die sich die Muni=
cipalrechte nicht erstrecken können, entscheiden *).

Vor den größten Theil der hohen Gerichts=
höfe, sie mögen nach gemeinen Rechten oder

*) Blackstone. Buch 3 Kap. 4. S. 69.

nach der Billigkeit entscheiden, gehören die bürgerlichen und zugleich alle peinliche Rechtssachen in dem ganzen Königreiche. Es giebt noch
verschiedene besondere an verschiedenen Orten,
die in der Gerichtsbarkeit den großen Gerichtshöfen untergeordnet sind. Ihre Verrichtungen sind von denen der übrigen unterschieden,
und andern Formalitäten unterworfen, als die
bei den Prozessen nach gemeinen Rechten und
den Billigkeitsgerichten beobachtet werden *).

Das Parlament ist der höchste Gerichtshof
in peinlichen wie in bürgerlichen Sachen. Indeß kann kein Mitglied des Unterhauses wegen
Kapitalbeleidigungen, sondern nur wegen einer
Aufführung welche peinliche Strafe verdient,
vor den Pairs angeklagt werden **). Gegen

*) Ibid. K. 6. S. 71. f.

*) Als Eduard III. die Grafen, Barone und Pairs
des Reichs zusammenfodern ließ, um über Simon
von Bedford, welcher am Rogers Grafen von Mor-
timer Verrätherei Antheil genommen hatte, das
Urtheil zu sprechen: antworteten sie dem Parlament, Simon wäre nicht als ihres Gleichen anzusehn, und sie wären nicht verbunden, ihn als

einen Pair werden wegen jeder Art von ge-
setzwidriger Aufführung Anklagen angenommen
Wenn jemand, es sey ein Pair oder ein Mitglied des Unterhauses, angeklagt wird, so bitten die Pairs den König, einen Richter von ihnen zu ernennen, um den Vorsitz zu führen, obgleich diese Formalität nicht schlechterdings nothwendig ist. Sie nehmen darauf die Klage an, welche von dem Unterhause dem Gerichtshofe der
Pairs schriftlich übergeben wird. Diese werden,
wo es auf Treulosigkeit in der Amtsverwaltung

einen Pair von England zu richten. Durch die
Kundbarkeit und Kühnheit seines Betragens gezwungen ihn zu verurtheilen, protestirten sie,
daß sie bloß durch die Umstände wären gezwungen
worden, in dieser Sache zu erkennen, daß aber,
da die Pairs des Reichs nicht anders als gegen
ihre Pairs ein Urtheil sprechen dürften, jenes
Urtheil für die Zukunft keine Folgen haben, noch
die Pairs des Reichs jemals bey vorkommender
Gelegenheit der Verbindlichkeit unterwerfen könnte, ähnliche Fälle zu untersuchen, und zu entscheiden. 4tes Parl. Eduards III. N. 2 und 6. Brady, Gesch. 190. Selden ind. in parl. K. I. Blackst
B. 4. K. 19. S, 257. Anm. (b).

ankömmt; nicht allein als ihre eignen, sondern
auch als die Pairs des ganzen Königreichs an
gesehen. Diese Gewohnheit kömmt von den alten
Deutschen her *), und hat in der englischen Verfassung eine besondere Eigenschaft. Denn, obgleich überhaupt die Vereinigung der gesetzgebenden und vollziehenden Gewalt gefährlich ist, so
so kann es doch geschehen, daß ein Mann bei
Verwaltung der öffentlichen Angelegenheiten
in die Rechte der Nation Einbruch thut, und
sich solcher Verbrechen schuldig macht, welche
die ordentliche Obrigkeit weder untersuchen noch
bestrafen kann. Die Repräsentanten des Volks
können ihn nicht richten, da ihre Konstituenten
die klagende Parthei sind; sie können ihn bloß anklagen. Aber vor wem wollen sie die Klage anbringen? Doch nicht vor den ordentlichen Gerichte;
denn die in demselben sitzen, würden durch die
Furcht vor einem so mächtigen Ankläger zurückgehalten werden. Es will also die Vernunft,
daß derjenige Theil der gesetzgebenden Macht,

**) Licet apud consilium accusare quoque et discri-
men capitis intendere. Tacit de mor. Germ. c.
12. Blackst. B. 4. K. 19 S. 257.

der das Volk vorstellt, dieses Amt der Versammlung des Adels überlasse, welche weder dasselbige
Interesse, noch dieselbigen Leidenschaften hat,
als eine Volksversammlung *). Es ist eine
gute Einrichtung, daß der Adel Recht sprechen,
und dem Angeklagten sein Recht sichern kann,
und eben so gut, daß das Volk anklagt, und der
Republik das ihrige sichert.

Der Gerichtshof des Obermarschalls oder
Großseneschals von England ist errichtet worden,
um über die Pairs zu richten, die wegen Hochverraths, Felonie oder misprison of treason or
felony angeklagt werden; dies letztere heißt
so viel, daß sie um eins von diesen Verbrechen
gewußt und es nicht angegeben haben. Die
Bedienung eines Großseneschals ist sehr alt: sie
wurde anfänglich auf Lebenszeit gegeben, und seit
mehrern Jahrhunderten wird niemand mehr dazu gewählt, als wenn es die Umstände fodern,
und bloß zur Führung der Prozesse. Wenn eine
Klage vor die große Versammlung der Geschwornen in dem Gerichte der königlichen Bank, oder

*) Blackst. ebend. B. 1. S. 269. B. 4. K. 19.
S. 258. Geist der Gesetze, B. 11. K. 6.

vor die Richter of oyer and terminer *) gebracht
worden, so wird sie vermittelst eines writ of
certiorari vor das Gericht des Großseneschals gebracht, welches allein die Macht hat, die Sentenz
zu sprechen. Der König ernennt den Oberrichter in diesem Gerichte, welcher die Anklage
liest, und dem Gerichte Vollmacht giebt den
Prozeß zu untersuchen. Der Großseneschal
giebt einem Gerichtsdiener Befehl eine gewisse
unter den Pairs gewählte Anzahl von Richtern
auf einen festgesetzten Tag zu bescheiden **).

---

*) Ein von dem Könige gegebner Auftrag zur Un-
tersuchung der bürgerlichen und besonders der
peinlichen Rechtssachen; gemeinlich werden Richter aus den bürgerlichen Gerichten zu Westminster dazu genommen. Diese Sitzung wird jährlich zweimal in jeder Provinz gehalten, ausgenommen in den vier nördlichen Provinzen, wo sie
nur einmal, und zu London und Middlesex, wo
sie achtmal gehalten wird. Blackst. B. 1. K. 9.
S. 351. B. 3. K. 4. S. 58. B. 4. K. 19. S. 266.

**) Quand un *Seigneur* de parlament sera atteint de
treason ou félonie, le Roi par ses lettres patentes
fera un grand et sage *Seigneur* d'être le grand sé-
néchal d'Angleterre, qui doit faire un précept

Vordem war diese Anzahl unbestimmt, und der
Wahl des Großseneschals überlassen; eine Freiheit, die großen Mißbräuchen unterworfen und
und den Rechten der Bürger entgegen war.
Während den Parlamentssitzungen wird der
Prozeß geradezu vor das Oberhaus gebracht,
ohne daß von dem Gerichtshofe, der Bank des
Königs die Rede wäre. Wenn der Großseneschal ernannt wird, so ist das mehr in Eigenschaft eines Sprechers pro tempore, als in Eigenschaft eines Richters; denn die Pairs sind
alsdann zusammengenommen Richter, sowohl
nach den Rechten als in der That. Während
der Abwesenheit des Parlaments hingegen werden die Rechtssachen, da sie in England nie
Aufschub leiden, vor diesen Gerichtshof gebracht;
der Großseneschal ist alsdann der einzige, der
über das Gesetz und nach demselben den Ausspruch thut. Die übrigen Richter untersuchen das Faktum, und dürfen sich nicht in
die Verrichtungen des Seneschals mengen, so

pour faire venir XX. *Seigneurs* ou XXVIII. &c.
Stat. 13 Heinrichs VIII. K. 2. Blackst. B. 3. K.
19, S. 259.

wie er selbst sich nicht unter sie mischen kann,
um seine Stimme zu geben **).

Die königliche Gerichtsbank, deren Verrichtungen, insofern sie sich nach gemeinen Rechten und der Billigkeit richtet, schon erklärt
sind, ist zugleich ein Gerichtshof für peinliche
Fälle, von dem Verbrechen des Hochverraths
an bis auf die geringsten Vergehungen wider
die bürgerliche Ordnung. Alle Appellationen
von den Untergerichten werden vermittelst eines
writ of certiorari durch einen Geschwornen von
der Provinz, wo die Klage angebracht worden,
vor diesen Gerichtshof gebracht. Es ist, ohngeachtet der hohen Würde der beiden andern,
das vornehmste peinliche Gericht, welches die
ganze Gewalt der Sternkammer (chambre
étoilée, star-chamber) an sich gezogen hat. Dieses war ein alter Gerichtshof, welchen Heinrich
VII. durch sein 3tes Statut K. 1. und Heinrich
VIII. durch sein 21stes St. K. 20, wieder in Thä-

*) Blackst. ebend. S. 260. Star. trials Th. IV. S.
214. 232. f.

Gesch. Elisabeth. I. B.　　　J

tigkeit ſetzte. Er beſtand aus verſchiedenen
geiſtlichen und weltlichen Richtern, worunter zwei
nach gemeinen Rechten urtheilten, ohne Zuzie-
hung von Geſchwornen. Seine Gerichtsbarkeit erſtreckte ſich den Landesgeſetzen zuwider,
über alles. Von dieſer Sternkammer ſagte Lord
Clarendon: „daß ſie alle Verordnungen und
Befehle der Regierung unterſtützte, indem ſie
geſetzwidrige Kommiſſionen ernannte und die
Monopolien billigte; daß ſie alles, was ihr gefiele, für ehrenvoll, und alles, was ihr Nutzen
brächte, für gerecht hielt; Gerichtshof, wenn
bürgerliche Rechte zu entſcheiden waren, Fi-
nanzhof, wenn es darauf ankam, den königlichen
Schatz zu füllen; daß ſie Befehle bekannt machen ließ, um dem Volke Sachen als Pflicht
aufzuerlegen, die in den Geſetzen unterſagt,
und ihm andere zu verbieten, die durch dieſelben gebilligt wären, ohne darauf zu achten, daß
ſie ſelbſt zu denen nach gemeinen Rechten und
der Billigkeit entſcheidenden Gerichtshöfen gehörte; daß ſie durch Gefängniß, Gütereinzie-
hungen und Lebensſtrafen den Ungehorſam gegen
ungerechte Verordnungen ahndete; welche nach-

her jedes Mitglied in den übrigen Gerichtshöfen verdammte."*) Dieses Gericht, welches
unter der Königinn Elisabeth das höchste Ansehen erhielt, ist durch das 16te Statut Karls I,
zur allgemeinen Zufriedenheit der Nation, aufgehoben worden **).

Das Rittergericht sprach vordiesem über
alle peinliche Verbrechen, welche vor die ihr
eigne Gerichtsbarkeit gehörten; es hat aber seit
dem dreizehnten Regierungsjahre Heinrichs
VIII seine Autorität in bürgerlichen und peinlichen Sachen verloren. Auch das Admiralitäts-
gericht hat die seinige nicht erhalten, und nach
dem 28sten Statut desselbigen Monarchen nicht
anders, als durch Kommissarien, welche der
Kanzler ernennt, gesprochen: der Richter der
Admiralität präsidirt darinn, wie der Lord Mayor
in den Gerichtssitzungen von London. ***)

J 2

*) Clar. Hist. de reb. B. 13. Blackst. Buch 4, Kap.
19. S. 263.
**) Blackst. ebend. S. 264.
***) Die Sitzungen werden in den Grafschaften alle
drei Monate, und zu London alle sechs Wochen
gehalten. S. die folgende Anmerkung.

Es würde unnütz seyn, hier den Gang des
peinlichen Prozesses zu beschreiben, wo ich
nur eine Kenntniß von den Grundgesetzen
und dem Verhältniß der Tribunäle zu ein=
ander zu geben habe, die bestimmt sind
über die Beobachtung der Gesetze zu wachen,
und die Ehrerbietung gegen dieselben zu erhal=
ten. Eben so wenig darf hier von den Unter=
gerichten gehandelt werden, welche von den
fünf höhern Gerichtshöfen abhangen, deren
Verrichtungen, Einrichtung, Bestandtheile und
Beziehungen auf einander von mir angezeigt
sind. Eine genauere Kenntniß von der Ge=
richtsverfassung ist dem Leser einer allgemeinen
Geschichte selten nothwendig. Die Handlun=
gen, die den ganzen Staat angehen, sind hier
einzig wichtig, und sind gemeiniglich nicht von
der Beschaffenheit, daß sie in den Londoner
Gerichtssitzungen ausgemacht, oder bloß vor
die Friedensrichter gebracht werden *).

*) Doch von den Friedensrichtern ist hier ein Wort
zu sagen. „Die Art von untergeordneten Obrig=
keitspersonen, von denen ich hier zu reden habe,
sagt Blackstone, sind die Friedensrichter. Der

Aber die Errichtungen der verschiedenen Gerichtshöfe, zum Besten der Nation oder die neuen

J 3

vornehmste von ihnen ist der custos rotulorum,
welcher die Register der Grafschaft oder Provinz in Verwahrung hat. Das gemeine Recht
hat immer besonders für die Erhaltung des Friedens gesorgt, weil dieser der Endzweck und der
Grund jeder bürgerlichen Gesellschaft ist; — durch
den Ausdruck Friede ist hier die öffentliche Ordnung zu verstehen. Vor der Einsetzung der Friedensrichter waren durch das gemeine Recht gewisse besondre Beamte zur Handhabung der bürgerlichen Ordnung bestimmt. Einige hatten und
haben noch diese Gewalt, als ein an ihre besondern
Bedienungen geknüpftes Recht; andere hatten
kein anderes Amt als dieses zu verwalten; sie
wurden daher custodes oder conservatores pacis
genannt. Diese, welche man virtute officii so nannte, dauern immer fort: jenen sind in ihren Verrichtungen die heutigen Richter gefolgt.

Der König ist von Berufs wegen, und durch
seine königliche Würde der vornehmste Erhalter
des Friedens in seinem Reiche; er kann jeder andern Person den Auftrag zur Erhaltung des Friedens und zur Bestrafung der Friedensbrecher ge-

verbefferten Syfteme welche in diefelben eingeführt werden, find ein wichtiger Gegenftand für

ben; dies heißt in der gemeinen Sprache des Königs Friede. Die vornehmften Kronbedienten,
die vormals exiftirten, die Richter des königlichen
Bankgerichtes, waren, und find gegenwärtig Erhalter des Friedens im ganzen Reiche. Der Coroner,
der Sheriff find Erhalter des Friedens in den
Provinzen. Die Konftabel oder Kommiffarien,
die Auffeher der Zehntheile find beftändig zur Erhaltung des Friedens beftellt gewefen, und können
alle diejenigen, die die öffentliche Ordnung ftören,
in Verhaft nehmen, und fo lange gefänglich verwahren, bis fie Bürgfchaft geftellt haben.

Diejenigen, die vormals ohne irgend einige
Bedienung, unbedingter Weife Erhalter des Friedens waren, machten auf diefe Gewalt durch Verjährung Anfpruch, oder waren wegen ihres Güter-
befitzungen zur Ausübung derfelben verpflichtet,
oder wurden endlich von den Freimännern vor dem
Sheriff in der verfammleten *county - court* erwählt.
Der Wahlbefehl fing in dem letzten Falle mit diefen Worten an: *de probioribus et potentioribus
comitatus fui in cuftodes pacis.* Unter Eduard III.
St. 1, K. 16, verordnete das Parlament, daß in
jeder Provinz gute und gerechte Männer, die fich

den Staat; und die Geschichte muß ihn bemerken. Um den Geist der Englischen Gesetze völli-

J 4

keiner schlechten Sache annehmen könnten, und
keine Rechtsverdreher wären, zur Erhaltung des
Friedens sollten erwählt werden.

Damals wurde das Recht sie zu wählen dem
Volke genommen und dem Könige gegeben; ihr
Bestallungsbrief lautete auf königliche Kommission.
Stat. 4 Eduards III, K. 3, im 18ten Jahre seiner Regierung, Stat. 2. K. 2. Sie wurden immer Erhalter des Friedens genannt, bis auf das
34ste Stat. eben dieses Eduards, K, 1, welches
ihnen die Gewalt gab, die Felonie-Verbrechen
zu untersuchen; und damals erhielten sie den ed-
lern Titel der Richter. Anfangs gab es nur zwei
oder drei in jeder Provinz; nachher ward ihre Anzahl so groß, daß Richard II. sich genöthigt sah,
sie durch sein 12tes Statut. K. 10, und das 14te
K. 11, erstlich bloß auf sechs einzuschränken. Er
setzte nachher noch zwei hinzu. In dem 13ten
Statut desselbigen Fürsten wird verordnet, daß
sie aus den gesetzkundigsten Rittern, Esqui-
res und Gentlemen sollen gewählt werden.
Durch Heinrichs V. 2tes Statut wird ihnen auferlegt in ihren Gerichtsbezirken zu residiren. Da,

darzustellen, wollen wir noch von den beiden vornehmsten Akten reden, auf die die Nation.

dieser Verordnungen ohngeachtet, Leute von niedrigem Herkommen und von schlechten Vermögensumständen, welche eben deswegen leicht zu bestechen waren, sich in diese Bedienungen eingeschlichen hatten, so verordnete Heinrich VI in seinem 18ten Statut, K. 11, daß ein Friedensrichter eine jährliche Einnahme von 20 Pfund Sterling am Werthe haben müßte. Seit jener Epoke sind in dem Gehalte des Geldes verschiedene Veränderungen vorgegangen; daher wurde durch das 5te Statut Georgs II. festgesetzt, daß, diejenigen ausgenommen, denen das Gesetz selbst eine Ausnahme gestattet, jeder Richter, nach Abzug aller Abgaben, Taxen und Unkosten jeder Art, ein reines Einkommen von 100 Pfund Sterling jährlich haben, und kein Advokat, Rechtspraktiker, Sollicitant oder Prokurator fähig seyn sollte, das Amt eines Friedensrichters zu bekleiden.

Diese Dienste werden von dem Könige auf so lange Zeit verliehen, als es ihm gefällig ist. Die Pflichten derer, die sie verwalten, erstrecken sich eben so weit, als die der alten Friedenserhalter; sie vereinigen sich alle zusammen, die Streitigkeiten und Unruhen zu verhindern, alle

ihre Macht und ihre Freiheit gegründet hat, und dann von dem Gerichte der Geschwornen,

J 5

mögliche Sicherheitsmittel zur Erhaltung des Friedens zu brauchen, diejenigen, die der Felonie oder sonst geringerer Verbrechen schuldig sind, in Verhaft zu nehmen und zur Bürgschaftstellung anzuhalten: auch haben sie die Gewalt sich selb zwei oder mehrere zu versammlen, um über Felonie und andere Rechtsverletzungen zu entscheiden: dies ist der Gegenstand ihrer Gerichtsbarkeit in den so benannten Sessions. So sind sie durch die mancherlei Verrichtungen, die einem, zwei oder mehrern Friedensrichtern durch die verschiednen Statuten aufgetragen sind, mit so vielen und mancherlei Geschäften überhäuft, daß wenige Verlangen nach einem solchen Amte tragen, und wenige es übernehmen. Sie sind indessen für das Publikum so wichtig, daß das ganze Land einer würdigen Magistratsperson Dank schuldig ist, die sich zur Uebernehmung eines so mühsamen Dienstes versteht. Auch hat man, wenn ein gutgesinnter Richter in der Verwaltung seines Amtes etwas aus Mißverstand versieht, in den Gerichtshöfen eine große Nachsicht gezeigt, und es giebt verschiedne Statuten, die ihn auch

welches wegen seines Alters und wegen seiner
Wichtigkeit eine besondere Aufmerksamkeit.

bei der aus gerechten Ursachen geschehenen Absetzung von seinem Amte schützen. (7tes Stat. von
Jakob I. K. 5. 21stes Stat. K. 12. 24stes St.
Georgs II. K. 44). Unter andern Vorrechten,
deren diese Richter genießen, verbieten auch diese
Statuten, sie wegen irgend eines vorher began-
genen Fehlers zur Untersuchung zu ziehen, und
heben alle angefangene Prozesse, bloß auf das
gethane Anerbieten einer hinlänglichen Geldstrafe
auf. Hingegen ist jeder boshafte oder tyrannische
Mißbrauch ihrer Gewalt einer scharfen Bestrafung gewiß; und jeder der ein verdict (Ausspruch
der Geschwornen) wider den pflichtvergessenen Richter erhält, empfängt eine doppelte Geldstrafe zur
Entschädigung für den Schaden, der ihm zugefügt ist, (Blackst. B. 1, K. 9. S. 349 f.

Die Gerichte, die man quarter sessions nennt,
werden jährlich viermal in jeder Provinz gehalten. Durch das 2te Stat. Heinrichs V. K. 4.
sind die Sitzungen desselben auf folgende vier
Zeitpunkte festgesetzt: die erste Woche nach dem
Michaelisfeste, die erste nach dem Feste der drei
Könige, die erste nach den Pfingstferien, und
die erste nach dem Feste der Translation des heil.

verdient, welches weder die Eroberung noch die
in der Regierung vorgefallenen Revolutionen
haben verändern noch aufheben können. In
der magna Charta wird dieses Tribunals, als
das vornehmsten Bollwerks der Englischen Freiheiten, mehrmals gedacht, besonders im 29sten
Kapitel, wo von dem Rechte die Rede ist, welches jeder freie Mann hat, weder in seiner Person, noch in seinem Eigenthum beunruhigt
zu werden *).

Seit dem Jahrhunderte Alfreds bis auf das
das unsrige ist das Englische Gesetzsystem nach
dem einzigen und beständigen Zwecke ausgebildet worden, die bürgerliche Freiheit zu schützen,
welche jeden Unterthan Herr über seine eigne
Aufführung seyn läßt, ausgenommen in denjenigen Punkten, wo das öffentliche Wohl Einschränkungen verlangt. **). Die bürgerlichen

Beckets, oder der 7te Julius. Dies sind die Tri-
bundle, in denen, wie Blackstone oben bemerkte,
ein, zwei, oder mehrere Friedensrichter präsidiren.
(Blackst. B. 4. K. 19. S. 268.)

*) Blackst. Buch 3, Kap. 23.

**) Wo keine Gesetze sind, da ist keine Freiheit. Lo-
cke, über die bürgerl. Reg. S. 57.

Rechte, Freiheiten, und besondern Immunitä=
ten der Engländer bestehen in folgenden Haupt=
punkten: Recht der persönlichen Sicherheit,
Recht der Freiheit, und Recht des unverletzli=
chen Eigenthums. Das Recht der persönlichen
Sicherheit schließt den Genuß des Lebens, der
Gesundheit und des guten Namens in sich. Der
Todtschlag wird nach englischen Gesetzen niemals
verziehen, es wäre denn, daß er zur persönli=
chen Vertheidigung geschähe; in den Gesetzen
steht auf diesem Verbrechen die Todesstrafe, wie
auf dem Hochverrath gegen den König und den
Staat *). Die Freiheit ist nicht mehr noch we=

*) Blackstone Buch 4. Kap. 14, S. 204. Cokes
  Instit. 48. Aber die Gesetze unterscheiden meh=
  rere Fälle, in denen der Todtschlag nicht mit
  dem Tode bestraft wird, und sehr genau abgewo=
  gene und delikate Umstände, von der Menschlich=
  keit vorgeschrieben, die bei Abfassung der Gesetze
  auf die Gebrechlichkeit der menschlichen Natur,
  auf die Heftigkeit der Leidenschaften, auf das
  Unvermögen in gewissen Fällen dieselben zurück=
  zuhalten, und auf die verschiedenen Modifikatio=
  nen ihr Augenmerk richten muß, welche diese
  Leidenschaften durch die Furcht vor den verschiede=

niger unverletzlich als das Leben der Bürger;
Der große Freiheitsbrief Königs Johannes enthält ausdrücklich, daß kein freier Mann anders
als nach dem rechtlichen Urtheil seiner Pairs
oder nach den Landesgesetzen zu gefänglicher
Haft gebracht werden darf. Verschiedene Sta-

nen Strafen erhalten, um sie so zu lenken, daß
sie die möglich kleinste Unordnung in der Gesellschaft verursachen mögen. Die Vernunft muß
eben so wenig den Nutzen der bürgerlichen Gesellschaft außer Augen setzen. Dieser verlangt
nicht, zwei Unterthanen anstatt eines zu Grunde
zu richten, und besielt vielmehr der Gesellschaft
denjenigen, der ihr noch übrig geblieben ist, wie-
derzugeben, ihr einen Mitbürger zu erhalten,
den irgend eine Strafe, oder bloß der öffentliche
Tadel, Reue oder Gewissensvorwürfe zu einem
heilsamen Nachdenken bringen können, oder durch
gezwungene Arbeiten ihr ein schuldiges Mitglied
nützlich zu machen, dadurch dem ehrlichen Handwerker die Last dieser Arbeiten zu ersparen, der
niedrig und im Verborgnen lebt, oft vom Elende
verfolgt, und durch Auflagen und wider Willen
übernommene Arbeiten, welche ihm die Frucht
seiner Mühe und seines Schweisses rauben, zu
Boden gedrückt. Blackst. B. 4. K. 14. S. 276. f.

ſern Eduards III. verordnen, daß niemals jemand auf Anſtiften oder Begehren des Königs oder ſeines Conſeils verhaftet oder ins Gefängniß geſetzt werden ſoll, wenn er nicht nach gemeinen Rechten gerichtlich angeklagt oder ihm ein ordentlicher Prozeß gemacht iſt. Was die petition of right betrifft, ſo iſt im zten Statut Karls I. verordnet, daß kein freier Mann ins Gefängniß geſetzt oder gefänglich verwahrt werden ſoll, ohne hinlänglich erwieſenen Grund, auf den er nach dem Geſetze antworten kann; und unter dieſe Regierung gehört die berühmte Habeas corpus Akte, welche zur Zeit der Königin Eliſabeth noch nicht exiſtirte.

Es gab vor dieſem drei writs, welche eins wie das andre dazu dienten, den wider die Freiheit der Bürger unternommenen Gewaltthätigkeiten Einhalt zu thun. Die Schrift der Sicherheitsleiſtung (writ of mainprise) wurde an den Sheriff gerichtet, wenn jemand wegen einer Beleidigung eingezogen war, für die nur Bürgſchaft erfodert wurde, und dieſe war verſagt worden, oder wenn die geſchehene Beleidigung nicht einmal Bürgſchaftsſtellung, ſondern nur das Versprechen derselben verdiente; diese Schrift befielt alsdann dem Sheriff, sich die Sicherheiten zu verschaffen, die man mainpernors*) nennt, um den Angeklagten anzuhalten sich an dem bestimmten Tage zu stellen.

The writ de odio et atia wurde vor diesem an den Sheriff gerichtet, um Nachforschung anzustellen, ob jemand, der wegen Mordes gefänglich eingezogen war, auf simpeln Verdacht, oder bloß propter odium et atiam festgenommen wäre, und wenn sich wahre Gründe zum Verdacht hervorthaten, so wurde der Sheriff durch einen andern Befehl verflichtet, ihn zur Bürgschaft zuzulassen. Die Schrift de odio et atia konnte, zufolge der magna Charta und des Sta-

---

*) Zwischen dem, was im englischen mainpernor und dem was bail, heißt, ist dieser Unterschied. Die Bürgschaft (bail) verhindert nicht, daß jemand vor dem zur gerichtlichen Erscheinung anberaumten Tage nicht sollte ausgeliefert und gefangen gesetzt werden können; allein beides wird durch das erstere verhindert, es ist eine Sicherheitsstellung, die bloß für diesen Tag gilt. (Blackst. B. 3. K. 8. S. 129.

tuts von Weſtminſter, Eduards I. 13tes, K.
29, in keinem Falle jemanden verſagt werden.
Aber das Statut von Gloceſter, Eduards II.
6tes Stat. K. 9. ſchränkte dieſes Recht auf den
Fall der Nothwehr ein, und das 28ſte Stat.
Eduards III. hob es gänzlich auf. Indeſſen,
da das 42ſte Statut deſſelbigen Fürſten alle da=
malige Akten, welche der magna Charta entge=
gen ſtehen konnten, widerrief, ſo iſt zu vermu=
then, daß die de odio et atia wieder hergeſtellt
wurde *)

The writ de homine replegiando war der
Loßlaſſungsbefehl für jemanden, der im Gefäng=
niß oder ſonſt unter ſicherer Verwahrung gehal=
ten wurde, gegen die Sicherheit, daß der An=
geklagte vor dem Sherif erſcheinen würde, um
auf die wider ihn angebrachten Klagen zu ant=
worten; und wurde dieſer aus dem Gerichtsbe=
zirk des Sheriffs gebracht, ſo konnte der She=
riff ſeinen Gefangenen zurückfodern, und den

Bürgern

*) Cokes Inſtit 43, 55, 315. Blackſt. B. 4. K. 8.
S. 129.

Bürgen selbst, ohne writ ofbail oder mainprize
ins Gefängniß setzen, bis er seinen Klienten
stellte; dies hieß der retourn des Sheriffs. Es
fanden aber bei diesem Artikel so viele Einschränkungen statt, daß kein wahres Gegenmittel gegen die Mißbräuche darin zu suchen war, besonders wenn die Rechte der Krone in Gefahr
geriethen *), und man also gezwungen war, um
gesetzwidrige Gefangennehmungen zu verhindern, zu dem Habeas corpus seine Zuflucht zu
nehmen. Es giebt verschiedene Arten solcher
Befehle, wovon der vornehmste derjenige ist,
der sich mit den Worten Habeas corpus ad sub-
jiciendum anfängt. Hierinn wird demjenigen,
der einen andern gefangen hält, befohlen, die
Person seines Gefangenen zu stellen, und den
Tag und die Ursache seiner Gefangennehmung

*) Nisi captus est per speciale praeceptum nostrum,
vel capitalis justiciarii nostri, vel pro morte ho-
minis, vel pro forestra nostra, vel pro aliquo ret-
to, quare secundum consuetudinem Angliae non
fit replegiabilis. (Regist. 77. Blackst. ibid, pag.
129. N. (n).

Gesch. Elisabeths. I. B.　　K

anzugeben, ad faciendum, ſubjiciendum et recipiendum; zugleich wird dem Richter oder dem Gerichtshofe, ohne Unterſchied zu welcher Klaſſe beide gehören, auferlegt, ſich dieſer An= weiſung zu unterwerfen und nach dem writ zu verfahren. Dieſe Verordnung war anfangs von ſehr großer Wichtigkeit, doch aber außer= ordentlichen Mißbräuchen unterworfen; und die Ausnahmen zu Gunſten des Königs, ſeines geheimen Conſeils, verſchiedener Mitglieder deſſelben ꝛc., vervielfältigten ſich ſo ſehr, daß Selden Beiſpiele davon anführt, die er, obgleich nach Verlauf von achtzig Jahren, nicht ohne Unwillen in Erinnerung bringen kann*). Die= ſe beſtändigen Einbrüche in die Rechte der Bür-

---

*) Etiam judicum tunc primarius, niſi illud facere-
mus, reſcripti illius forenſis, qui libertatis per-
ſonalis omnimodae vindex legitimus eſt fere ſolus,
uſum omnimodum palam pronunciavit (ſui ſem-
per ſimilis) nobis perpetuo in poſterum denegan-
dum. Quod, ut odioſiſſimum juris prodigium,
ſcientioribus hic univerſis cenſitam. Vindic. mar.
lauſ. Edit. A. D. 1653. Blacſt. ibid. pag. 134.
nota (n).

ger und der Geſeße, die dieſelben ſchüßen konnten,
veranlaßten endlich das 16te Statut Karls I.
K. 10. §. 8, welches verordnet: wenn jemand
auf Befehl des Königs, ſeines geheimen Conſeils oder eines Mitgliedes von dieſem Conſeil
in Verhaft genommen worden, ſo ſoll ihm ohne
Aufſchub und irgend einigen Einwand, auf
Anſuchen bei dem königlichen Bankgerichte oder
dem Gerichtshofe der gemeiuen Prozeſſe, ein
Habeas corpus zugeſtanden werden; und dieſe
Gerichte ſollen, drei Tage nachdem dies geſchehen,
die Rechtmäßigkeit der Verhaftnehmung unterſuchen, und den Gefangnen befreien, oder
zur Bürgſchaft zulaſſen, oder ſeine Gefangen-
ſeßung nach den Rechten veranſtalten. Andre
Mißbräuche verhinderten wieder das Gute, das
dieſe Akte hätte ſtiften können. Durch Nachſicht der
Richter konnte derjenige, der jemanden einziehen ließ, einen zweiten und dritten Befehl, alias
et pluries *) genannt, erwarten, ehe er den

*) Es iſt ein Exempel von pluries unter dem drei
  und vierzigſten Regierungsjahre der Königin

Angeklagten stellen durfte; dieses, nebst andern Prätexten zu Bedrückungen, war Ursache, daß oft Staatsgefangene ungerechter Weise im Gefängnisse gehalten wurden; aber der aufs höchste getriebene Mißbrauch der Gewalt hat in England beständig eine Gegenwirkung gegen diese Gewalt hervorgebracht, wodurch die öffentliche Freiheit in ihre ursprünglichen Rechte wieder eingesetzt wurde. Die Unterdrückung einer Person von niedrigem Stande gab die Gelegenheit zu der letzten und berühmten Habeas corpus-Akte, 13tes Statut Karls II. K. 2, welche die Engländer als einen zweiten großen Freiheitsbrief des Reichs ansehn.

Die vornehmsten Artikel dieser Akte bestimmen zuvörderst die verschiednen Termine in denen ein Gefangner gestellt werden muß. Diese Termine sind nach der Entfernung der Oerter abgemessen, und keiner darf den Zeitraum von zwanzig Tagen überschreiten.

Zweitens, jeder Gefängnißaufseher oder Stockmeister, der einen Gefangnen zu einer ge-

Elisabeth vorhanden (Blackst. ebend. S. 131. Note (t). De Lolme, K. 10. S. 139).

wissen bestimmten Zeit nicht stellt; oder ihm selbst oder seinem Bevollmächtigten nicht sechs Stunden nachdem sie verlangt worden, eine Abschrift von dem Verhaftsbefehl mittheilt, oder den Angeklagten ohne eine von den, in der Akte angegebnen Ursachen, aus einem Gefängniß in das andre bringt, soll das erstemal hundert Pfund Sterling bezahlen, und das zweitemal doppelt soviel erlegen, und seines Amts verlustig seyn.

Drittens, niemand, der auf ein Habeas corpus ausgeliefert ist, darf desselbigen Verbrechens wegen wieder eingesetzt werden, bei Strafe von fünfhundert Pfund Sterling.

Wenn jemand, der für Hochverrath oder Felonie im Gefängnisse sitzt, und in der ersten Woche eines Gerichtstermins oder an dem ersten Tage einer Sitzung verlangt, an diesem Termin, oder in dieser Sitzung vor Gericht gestellt zu werden: so soll ihm sein Verlangen zugestanden seyn, es wäre denn, daß die Zeugen in der Zeit nicht aufgeführt werden könnten.

Fünftens, wenn jemand von den zwölf Richtern der großen jury (Oberrichtern) oder

K 3

der Kanzler, auf Vorzeigung des Verhaftsbefehls, oder auf eidliche Versicherung, daß derselbe verweigert sei, kein Habeas corpus ausfertigen wollen, so soll jeder dem beleidigten Theil eine Geldstrafe von 500 Pfund Sterling erlegen.

Endlich, kein Einwohner von England, ausgenommen gerichtlich überführte Verbrecher, die um Transportirung bitten, soll nach Schotland, Irland, Jersey, Guernsey oder sonst nach andern Oertern über See geschafft werden. Diejenigen, die auf solche Art jemanden seine Freiheit nehmen, Richter, Rathgeber, Mitschuldige und Helfershelfer, sollen zu einer Strafe von 500 Pfund Sterling zum Besten des beleidigten Theils verurtheilt seyn, und die Kosten dreifach bezahlen; sie sollen ferner unfähig erklärt werden, irgend einen Posten zu bekleiden, in alle Strafen des praemunire verfallen seyn, und nie soll ihnen königliche Begnadigung zu statten kommen können *).

*) Von Olme, K. 10. S. 139 f. Blackst. B. 1, K. 1. S. 137. B. 3, K. 8, S. 136.

Der Urſprung der Strafe des praemunire
fällt unter die Regierung Eduards I. welcher
diejenigen ſeiner Unterthanen, die durch ihren
Gehorſam die Uſurpationen des Papſtes unter=
ſtützten, mit entehrenden Strafen belegen woll=
te *). Dieſer Akte folgten in verſchiedenen
Zeiten mehrere ähnliche, daher Martin V. das
praemunire ein verfluchenswürdiges Geſetz
nannte. Die Verbrechen, deren Strafen in
dieſen Akten beſtimmt waren, wurden nach dem
Worte praemunire benannt, weil die Akte ſo
anfing; Praemunire facias. Man verſtand dar=
unter überhaupt jedes Verbrechen, welches
dahin ging, ein imperium in imperio, einen Staat

K 4

---

*) Die erſte praemunire Akte iſt vom 35ſten Regie=
rungsjahre Eduards I. (Cokes Inſt. 553). Eduards
III. Stat. wider die Proviſoren, d. i. diejenigen,
die von dem Papſte Anwartſchaftsbriefe zu ihren
Pfründen genommen hatten, iſt äußerſt ſtrenge.
6tes Stat. Eduards III. vom 25ſten Jahre; 1ſtes
Stat. vom 27ſten Jahre, K. 1; des 38ſten Jah=
res 1ſtes Stat. K. 4. und 2tes, K. 1, 2, 3, und
4. Blackſt. B. 4, K. 8. S. 109. f.

im Staate zu errichten, und da man bei den
päpstlichen Unternehmungen eine Unterwerfung
zeigte, welche nur dem Könige gebührt. Die
hierauf gesetzte Strafe wurde gleichfalls praemunire genannt *). Eduard III., Richard II.,
Heinrich IV., Heinrich IV., Heinrich VIII.,
Eduard VI., Maria und nachher Elisabeth erneuerten diese Akte, und von einigen dieser
Monarchen wurde sie noch geschärft. Jetzt
werden verschiedene bürgerliche und andere Verbrechen mit derselbigen Strafe belegt, als die,
worauf eigentlich die praemunire Akte geht. Elisabeth unterwarf derselben, durch ihr 13tes
Statut, K. 10, die Mittelsleute bei Wucher-

---

*) Stat. 3. K. 3, und St. 7, K. 12; St. 13, K.
15; 2tes St. des 13ten Regierungsjahres Richards II. K. 2. und 16tes St. K. 15. Heinrichs
IV. 2tes St. K. 3. und verschiedne folgende. 5tes
St. der Elisabeth, K. 1. 13tes, K. 2. 27stes,
K. 2. Man findet sogar unter Philipp und Maria
daß es ein praemunire Verbrechen ist, die Besitzer der von Heinrich VIII. und Eduard VI. ver-
verliehenen Abteien zu beunruhigen. Blackst.
ebend. S. 111. 114.

Kontrakten über zehn Prozent Zinsen, und ihre
Nachfolger haben sie noch auf andre Verbrechen
angewandt. Durch diese Strafe verliert der
Verbrecher den Schutz des Souverains, alle
seine Ländereien, Lehnbesitzungen und Güter
aller Art, welche der König einzieht, und wird
nach dem Gutdünken des Königs gefangen gesetzt *). Es ist ein Stück der königlichen Vorrechte, daß er diese Strafe ganz oder zum Theil
wiederherstellen kann, ausgenommen in dem
Fall eines Verstoßes gegen das Habeas corpus.
Derjenige, der die Strafe des praemunire verwirkt hatte, war vormals so verhaßt, daß er
von einem andern wie ein Vieh konnte todtge-
schlagen werden, ohne daß der Mörder die geringste Ahndung der Gesetze zu befürchten hatte.
Allein das Völkerrecht, das Gesetz der Menschlichkeit, kann den Todtschlag, selbst zwischen
Feind und Feind nicht gut heissen, wenn er
nicht im öffentlichen Kriege oder zur Nothwehr

K 5

*) Cokes. Inst. 129, Blackst. ebend. Seite 117.
Note (s).

geschieht. Elisabeth wollte dies barbarische Vor=
urtheil zerstören, und erklärte daher in dem
5ten Statut K. 1., daß es ins künftige nicht
mehr erlaubt seyn sollte einen Menschen zu töb=
ten, der in die Strafe des praemunire verfallen
wäre, was auch immer für Gesetze, Erklärun=
gen der Gesetze und entgegenstehende Meinun=
gen angeführt werden möchten. Demohngeach=
tet kann ein solcher Verbrecher, obgleich auf
diese Art wider öffentliche und Privatverbrechen
geschützt, doch wegen keiner Beleidigung, so
schwer sie auch seyn mag, gerichtliche Klage
führen *).

Das Recht des Eigenthums wird nicht we=
niger als die persönliche Freiheit durch die Eng=
lischen Gesetze geschützt. Niemanden kann ir=
gend ein Eigenthum genommen werden, als
nach dem Ausspruch seiner Pairs. Jedes an=
dre Urtheil ist gesetzwidrig, muß nichtig seyn,
und als nichtig angesehen werden. Der große
Freiheitsbrief, welcher der Englischen Freiheit
die ganze Ausdehnung giebt, die sie nach dem

*) Blackst. ebend. S. 117.

Rechte der Natur und nach der Vernunft haben kann, nachher alle die Akten weiser Regenten, welche die Rechte der Menschheit zu handhaben suchten, haben den beleidigten oder den
angeklagten Partheien eine so schleunige als gerechte Justiz versichert; denn ein langwieriger
Prozeß ist nicht weniger Ungerechtigkeit, als
ein Urtheil, gegen dessen Billigkeit Zweifel statt
finden könnten. In dem 13ten Statut Eduards
III. und dem 2ten Richards II. wird erklärt,
daß kein Befehl, oder Brief, er möge unter
dem großen oder kleinen Siegel ausgefertigt
seyn, kein Hinderniß und keinen Aufschub in
der Verwaltung der Gerechtigkeit nach den Landesgesetzen verursachen, und die Richter nicht
abhalten darf, ihre Verrichtungen bey Rechtssachen fortzusetzen, wenn nur die Unterthanen
nicht die öffentliche Ruhe und Sicherheit stören *). Jeder Unterthan hat das Recht, eine
petition oder Vorstellung zu übergeben; nur

*) Dies ist eine Verordnung der magna Charta, auch
des 1sten Statuts von Wilhelm und Maria. B. 1,
K. 1. S. 142 f.

nur muß es mit den in den Gesetzen vorgeschrie=
benen Formalitäten geschehen, und dann
darf er deswegen nach den Gesetzen weder
gefangen gesetzt, noch zu gerichtlicher Un=
tersuchung gezogen werden *). Allein dies lez=
te Statut existirte noch nicht unter der Königin
Elisabeth, und eben so wenig dasjenige,
wodurch erlaubt, wird Waffen im Hause zu
haben. **).

*) Eine solche an den König oder die beiden Par=
lamentshäuser gerichtete Akte oder Vorstellung,
Veränderungen in der öffentlichen Verwaltung in
Staats = oder Kirchensachen betreffend, muß von
zwanzig Personen unterschrieben seyn, wenn an=
ders der Inhalt derselben nicht von drei Friedens=
richtern, oder vor dem größten Theil der great
jury in dem Distrikte der Gerichtsbarkeit,
und zu London von dem Lord Mayor, Al=
dermann und dem Stadtrathe oder dem Parla=
mente gebilligt ist. Keine Bittschrift darf von
mehr als zwei Personen auf einmal übergeben
werden. 13. St. Karls II. K. 5. 2tes St. von
Wilhelm und Maria, K. 2. Blackst. B. 4. K.
K. 11. S. 147.

**) Ebend. S. 142. 1stes St. Wilhelms und Ma=
riens K. 2.

Diese Beobachtungen über das Alterthum
der perſönlichen Rechte der Freiheit und des Eigenthums in England führen uns zu der Errichtung des Tribunals der Geſchwornen, welches eine Folge davon iſt, und ſchon unter den
Königen der ſächſiſchen Heptarchie beſtand*).
Die erſte Spur, die von dieſem Gerichte nach
der Eroberung gefunden wird, iſt das von Heinrich II. errichtete große Landgericht (grande aſſi-
ſe), wodurch den ſtreitenden Partheien Gelegenheit gegeben wurde, ihre Händel durch den
Weg Rechtens auszumachen, anſtatt ſich des
barbariſchen Gebrauchs der Zweikämpfe zu bedienen. Damals wurde dem Sheriff ein Befehl de magna aſſiſa eligenda zugefertigt, um
vier Ritter einzuladen, daß ſie zwölf andere
ausſuchten und erwählten, mit denen ſie ſich
vereinigten; und alle zuſammen machten das
große Gericht der Geſchwornen oder great jury

*) Wilkins Angelſächſiſche Geſetze, 110. Die Geſe-
ze des Königs Ethelred erwähnen deſſelben, und
zwar auf eine Art, wie von Dingen geſprochen
wird, die nicht mehr neu ſind. Blackſt. B. 3.
K. 23. S. 349.

aus, welches in Rechtsfachen Urtheil sprach, und aus zwölf Mitgliedern bestand *).

Sobald jemand angeklagt ist, fertigt der Friedensrichter einen Befehl zu seiner Gefangennehmung aus. Er muß sogleich vor den Richter geführt werden; dieser ist gehalten ihn zu vernehmen, auf seine Fragen zu antworten, und von seiner Seite ihm Fragen vorzulegen. Hat der Richter keinen Grund ihn für schuldig zu halten, so muß er ihn ohne Verzug loslassen: hat er Ursache ihn für verdächtig zu halten, so muß er Bürgschaft von ihm verlangen, daß er erscheinen wolle, um auf die Anklage zu antworten, und falls auf dem Verbrechen, dessen er beschuldigt ist, Leibes= und Lebensstrafe steht, ihn bis auf die nächste Sitzung ins Gefängniß schicken. Aber das schon oben angezeigte Vorsichtsmittel, um zu verhindern, daß bei dieser Verhaftnehmung nichts gesetzwidriges, keine Gewaltsamkeit vorgehe, ist nicht das einzige, wodurch die Gesetze einen Angeklagten si=

*) Glanvil, Buch 2. Kap. 11. 21. Blackst. ebend. S. 331.

cher stellen. Die Anklage muß genau untersucht werden, ehe er den Gefahren eines
bürgerlichen oder peinlichen Prozesses ausgesetzt werden darf. Gleich beim Anfange der
Sitzung beruft der Sheriff die sobenannte große
Jury zusammen, diese muß aus mehr als zwölf
und wenigstens aus vier und zwanzig Personen
bestehen. An dem Tage, da das Tribunal versammlet ist, wird der Gefangene vor die Ge-
richtsschranken gebracht, und von dem Richter
gefragt, von wem er wolle gerichtet seyn? Von
Gott und meinem Vaterlande, antwortet der
Gefangene; das will so viel sagen als, er un-
terwerfe sich den Gesetzen, und erwarte von denselben die rechtlichen Mittel zu seiner Vertheidigung, die sie allen Bürgern zugestehen. Dann
bescheidet der Sheriff das kleine Gericht der
Geschwornen, petty jury; dieses besteht aus
zwölf Personen, welche zu der Grafschaft, wo
das Verbrechen begangen ist, gehören, und aus
Ländereien ein jährliches Einkommen von wenigstens zehn Pfund Sterling haben müssen *).

*) 27stes Stat. von Elisabeth. K. 6. Sie setzt es
   auf 4 Pf. Sterl. fest, so wie das 3te von Georg
   II. K. 25. Blackst. B. 3, K. 23. S. 362.

Dieſes Gericht entſcheidet, ob die Anklage falſch oder gegründet iſt.

Der Gefangene hat das Recht, ſeine Richter zu verwerfen, und die Anzahl dieſer zwölf erſten auf vier herunterzuſetzen *) nachdem er argwöhnt, daß der Sheriff feindlich gegen ihn geſinnt, ein Richter fremde iſt, oder nicht das erfoderliche Vermögen beſitzt, daß derſelbe kein freier Mann iſt, daß er ſchon für begangene Verbrechen, eine entehrende Stafe erlitten hat, oder wegen dergleichen in Verachtung ſteht, daß er ſein erklärter oder geheimer Feind, mit einem von ſeinen Feinden verwandt, Rathgeber oder Mittelsmann deſſelben, oder mit ihm von einer Gilde oder Zunft iſt; und um ſelbſt die Einbildungskraft eines Angeklagten zu beruhigen **), wird es ihm frei gegeben, noch

---

*) Daſſelbige 27ſte Stat. von Eliſab. ſetzt ſie ſogar auf zwei herab, und anullirt die Verordnung Heinrich VIII. welcher in ſeinem 35ſten Stat. K. 6, wie ſchon Eduard III. in den ſeinigen gethan, dieſe Anzahl auf 6 geſetzt hatte. Blackſt. ebend. S. 361. f.

**) Von Olme, Kap. 9. S. 120.

noch außer den vorigen zwanzig nach bloßer Willkühr zu verwerfen.

Endlich bei Eröffnung des Gerichts wird die Anklage vorgetragen, und der Kläger bringt seine Beweise bei. Die Zeugen legen ihr Zeugniß in des Angeklagten Gegenwart ab; er kann selber ihnen Fragen vorlegen, er kann Zeugen für sich stellen. Er hat einen gerichtlichen Beistand, der ihm nicht allein in den Formalitäten und in Rechtspunkten, die ihm unbekannt sind, sondern auch bei der Thatsache, wo er nicht weiß wie er antworten soll, zurecht hilft, ja dieser kann in Gegenwart des Angeklagten für ihn antworten *).

---

*) Diese schonende Rücksicht auf die Lage eines Mannes, der unter der Last einer schweren Anklage seufzet, ist bloß durch die Menschlichkeit der Richter eingegeben, und durch die Gewohnheit geheiligt worden, aber nicht durch das Gesetz befohlen. V. Olme. 3te Ed. im Engl. S. 147. Diese Anmerkung findet sich nicht in der französischen Ausgabe.

Wenn die strafbare That oder die Anklage auf Halsverbrechen geht, als Hochverrath, Felonie u. dgl. so kommen die Gesetze dem Angeklagten noch mehr zu Hülfe. Außer den Geschwornen, die er nach der obigen Bemerkung verwerfen kann, hat er dasselbige Recht in Absicht auf fünfund dreyßig Richter. Er hat zwei Sachwalter, die ihm beistehen müssen. Er ist berechtigt oder soll es seyn, alle rechtliche Zwangsmittel anzuwenden, um seine Zeugen vorkommen zu lassen, damit sie nicht entfernt werden können. Es muß ihm zehn Tage vor seinem Verhör, in Gegenwart von zwei Zeugen, für fünf Schillinge eine Abschrift von der Anklage (indictement) zugestellt werden, worin zugleich die angeführten Beweise, die Namen der Richter, Zeugen und Ankläger bemerkt sind. Endlich nach allen diesen Veranstaltungen, welche zusammen beitragen können, nicht zu beweisen, daß er schuldig ist, sondern alle Mittel zum Beweise des Gegentheils zu suchen, ihm zu eröffnen, anzugeben und zu verschaffen, geben seine Richter eine Erklärung (verdict). Diese geht sowohl auf das Faktum als auf den

Rechtsgrund, welcher dem erstern unmittelbar angehängt ist, das heißt, sie setzen die wirklich geschehene Vollbringung der That und den Grund fest, warum sie dem Gesetze zuwider ist. Das Gericht muß in diesem Ausspruch einig seyn. Wenn der Ankläger bemerkt, das die von ihm vorgebrachten Beweise nicht stark genug sind, so kann er sich, ehe das verdict gegeben ist, noch zurückziehen, und alsdann ist alles nichtig. Er kann nachher wieder auftreten, und den Angeklagten von neuem vorfodern. Haben hingegegen die Geschwornen einmal den Angeklagten für unschuldig erklärt, so kann er nicht zum zweitenmal vor Gericht gezogen werden. Wird er für schuldig erklärt, so tritt der Richter sein Amt als solcher an, und erkennt auf die Strafen, die das Gesetz für das Verbrechen, wovon die Rede ist, bestimmt hat. Aber nie darf ein Richter in diesem Fall nach Gutdünken sprechen; er muß sich genau an den Ausdrücken des Gesetzes halten, und darf es weder auf andre Fälle ausdehnen, noch interpretiren. So schwer auch immer ein Verbrechen seyn möchte, so würde es doch unbestraft bleiben, wenn das verdict nicht die Worte des Gesetzes, und gerade die, in denen das Verbrechen ausgedrückt ist, buchstäblich enthielte; weil die Straflosigkeit eines Verbrechers, über den die Obrigkeit wachen kann, in der Gesetzgebung keine so wichtige Folgen hat, als die Gefahr durch die Schranken zu brechen, von denen die Sicherheit jedes Bürgers abhängt*). Einem Richter, der anders als nach dem Inhalte des

---

*) Von Olme, ebend. Blackst. B. 3. K. 33, S. 334. f. Ist der Angeklagte ein Pair des Reichs, so genießt er gleichfalls des Rechtes von seinen Pairs gerichtet zu werden, es ist aber hierbei einiger Unterschied. Alle Pairs, die alsdann das Amt der Geschwornen verrichten, müssen zwanzig Tage vorher zu dem Gerichte beschieden seyn. Wenn das Gericht während Sitzung gehalten wird, so heißt es der Oberparlamentshof, und die Pairs sind Geschworne und Richter zugleich. Ist keine Parlamentssitzung, so ernennt der König einen Großseneschall oder Oberrichter, High Steward, und dessen Gerichtshof verwaltet das Richteramt. Endlich, es wird hier nicht durch Einhelligkeit, sondern durch Mehrheit der Stimmen entschieden. V. Olme, ebend.

Gesetzes gesprochen hätte, würde als des Mor=
des schuldig, der Prozeß gemacht werden *);
und damit er des Schicksals, das seiner war=
tet, gewiß sey, wenn er seinen Pflichten untreu
ist, so ist der Prozeß öffentlich, und die Richter
sind unter den Augen des Volks.

Bei solchen Einrichtungen kann niemand
den Gefahren eines ordentlichen Prozesses aus=
gesetzt werden, ohne durch die Erklärung von
zwölf Männern, die er fast allein gewählt
hat, für schuldig erklärt zu seyn. Wenn er
nach diesem Urtheil ins Gefängniß gesetzt wird,
so werden alle diejenigen zu ihm gelassen, die
ihm Rath, Beistand und Trost geben können;
er kann alles zu sich rufen, was er ihm günstig
glaubt. Seine Zeugen dürfen nicht anders als
in seiner Gegenwart abgehört werden; und da
ihm selbst die Freiheit, die Zeit und das Ver=
mögen gelassen wird, sie hinwiederum zu be=

L 3

*) Blackst. B. 4. K. 15. S. 218. K. 18. S. 251.
B. 3. K. 8. S. 127. B. 4. K. 8. S. 116. V. Ol=
me, S. 127.

fragen, so kann er die Verläumdung zum Schweigen bringen, und die falschen Zeugen schrecken. Wenn dem Richter ein schwieriger Fall vorkömmt, über den er nicht zu entscheiden wagt, so muß er sich auf die Seite der Gelindigkeit neigen, und wagt er keine Strafe darauf zu bestimmen, bloß über das Faktum urtheilen und den Schuldigen der Gnade des Königs empfehlen; dieses bringt beständig eine Milderung in dem Urtheil des obern Gerichtshofes zuwege. Wer einmal losgesprochen ist, darf nicht wieder wegen desselbigen Verbrechens gefangen genommen werden; man würde, wenn Vermuthung da wäre, daß auf falsche oder schwache Gründe wäre erkannt worden, einen neuen Prozeß mit Geschwornen anfangen *). Die Englischen Gesetze kennen weder den barbarischen Gebrauch der Folter **) noch

*) Blackstone, Buch 4. Kap. 27. S. 354. f.

**) Den Englischen Gesetzen ist sie immer fremde gewesen, und sie haben sie nie für irgend ein Verbrechen zuerkannt. Barbaren haben sie erfunden, Menschen von noch schwärzerer Seele haben diese

eine Strafe, die härter als die Beraubung des
Lebens ist. Wenn jemand etwas todeswürdi-
ges begangen hat, so sucht der Geschworne, der
die im Gesetze bestimmte Strafe neben die
That setzen muß, worüber er urtheilt, immer

£ 4

entsetzliche Probe nachgemacht und befolen. Seit
Heinrichs VII. Regierung wurde sie unter Elisabeth gebraucht. Aber endlich nach der Ermordung des Herzogs von Buckingham schlug das geheime Conseil vor, den Mörder auf die Folter zu
bringen, um seine Mitschuldigen zu entdecken.
Dasmal waren die Richter Menschen; sie erklärten auf ihre Ehre, und zur Ehre der Gesetze des
Reichs, daß diese Grundgesetze kein solches Verfahren zuließen. Blackst. B. 4, K. 25, S. 321.
B. Olme, S. 129. Dank sei es der Menschen-
liebe, die in dem Herzen des Königs von Frankreich herrscht, das jetzt aus unsern Gerichten dieser schreckliche Gebrauch verbannt ist, würdig diener wilden Gegenden, wo der Mensch keine Gesetze als den Instinkt des Viehes kennt, und einen Theil von der Wut der reissenden Thiere annimmt, gegen die er in den Wäldern einen beständigen Krieg führt. Wenn dergleichen Menschen
Gesetze machten, dies würde ihr Gesetzbuch seyn.

in der Art, wie das Verbrechen begangen ist, eine Entschuldigung; die den Schuldigen der Gnade des Königs empfehlen könne, wie in dem Fall, da sie sich nicht unterwinden ein Urtheil auszusprechen, welches ihnen zu gewagt scheinen könnte.

Diese Einrichtungen haben ohne Zweifel ihre Unvollkommenheiten, da sie das Werk der Menschen sind; von Menschen verwaltet, ist es unmöglich, daß nicht Mißbräuche sich darin einschleichen sollten; aber der Geist der Geseze stellt doch diesen Mißbräuchen alle Mittel entgegen. Die verschiednen Wege zu Bestechungen sind so viel möglich vermindert. Die verdächtigen Richter werden entfernt; diejenigen, die bleiben, werden von ihren Mitbürgern beobachtet, und es giebt ihrer wenige, denen das Schicksal eines Bürgers gleichgültig ist; die Ankläger und die Zeugen werden von den Angeklagten untersucht; eine völlige Unfähigkeit ist selten; die Erlernung der gemeinen Rechte ist für die Fassungskraft eines jeden, und macht einen Theil der öffentlichen Erziehung aus. Die den Schuldigen erlaubte Vertheidigung kann auch der Unwissen-

heit zum Unterrichte dienen. Es giebt Anordnungen, durch welche den Verbrechen zuvorge-
kommen, und über die Bürger gewacht wird.
Ein bloßer auf jemanden geworfener Verdacht
zieht ihm nicht die Strenge der peinlichen Gesetze zu; das Gesetz macht ihn hingegen aufmerksam, daß es da ist, und daß er sich durch Unter-
lassung des bösen, was er vorhat, vor seiner
Strenge sichern kann; er stellt für seine Aufführ-
rung Bürgschaft, und lebt, so lange er kein
Verbrechen begangen hat, unter den übrigen
Bürgern sicher *). Die Richterstühle sind nicht
sowohl der Bestrafung der Verbrechen, als der
öffentlichen Sicherheit geheiligt; und um diese
zu bewirken, muß nie der unschuldig Angeklagte mit dem überwiesenen Verbrecher verwechselt
werden. Bei der Vollziehung dieser Gesetze,
welche in ihrer Einrichtung so ganz das allgemeine Beste zum Endzweck haben, müssen wenige Versehen und wenige Ungerechtigkeiten vorkommen, da Menschlichkeit die Mittel zur
Vermeidung derselben vorgeschrieben hat; und

*) Blackstone, Buch 4, Kap. 18. S. 250.

wo dergleichen vorfallen, sind sie als unzertrenn-
lich von der Schwachheit der menschlichen Natur anzusehn.

Jetzt zur Vorstellung der königlichen Macht
in diesem zugleich monarchischen und republikanischen Staate; ein Gegenstand, der wohl verdient genauer auseinandergesetzt zu werden.
Wenn das Parlament ausgesetzt oder aufgehoben ist, so hört es auf zu existiren, und die Gesetze dauern allein fort. Der König hat, als
die erste obrigkeitliche Person *) in der Republik, die Vollziehung derselben zu besorgen;
und diese Gesetze verbinden ihn selbst nicht weniger, als die übrigen Staatsbürger. Er ist in
dieser Eigenschaft das höchste Oberhaupt aller
Gerichte. Die Urtheile aller Gerichtshöfe wer-

*) Von Olme, K. 4. Blackst. B. 1, K. 7. So fand
sich, bei der großen Revolution des Römischen
Reichs, die ganze obrigkeitliche Gewalt der Republik an der einzigen Person des Kaisers vereinigt.
In ejus unius persona veteris reipublicae vis atque majestas per cumulatas magistratuum potesta-
tes exprimebatur. (Gravinae Origines etc. I. §.
105.)

den mit seinem Siegel bezeichnet, und von sei=
nem Befehlshabern vollzogen. Er hat das Recht
zu begnadigen, kann aber seit der Revolution
keinem Verbrecher die Ersetzung, die derselbe
dem Beleidigten schuldig ist, erlaffen, und je=
der Nachlaß, den der König vor oder nach ge=
fälltem Urtheile bei solcher Gelegenheit zugeste=
hen wollte, würde schlechterdings ungültig seyn.
Er theilt Gnaden und Würden aus, macht
Pairs des Reichs, und besetzt gerichtliche Aem=
ter und andre Bedienungen. Vielleicht sollten
in einem Lande, wo der König nur ein collate=
raler Theil der Regierung und eine Obrigkeits=
person in der Republik ist, die Gnadenbezeu=
gungen der letztern vorbehalten seyn, da sie ei=
ne Belohnung öffentlicher Dienste sind, welche
dem Könige nur in sofern, als er zu den die Re=
publik ausmachenden Theilen gehört, erwiesen
werden; durch die einmüthige Stimme der bei=
den Parlamentshäuser würden sie ohne Zweifel
mit mehr Gerechtigkeit ausgetheilt werden. Da
dieser ganze Körper der höchste Gerichtshof im
Reiche ist, wenn Verbrechen bestraft werden
sollen, warum sollte er es auch nicht seyn, um

die Tugend zu belohnen? Gnadenbezeugungen
durch die Stimmen der Nation ertheilt würden
ohne Zweifel ehrenvoller seyn, vor einem solchen Tribunal würden Kunstgriffe und Schmeichelei verschwinden, welche auf den Geist eines
einzelnen so mächtige Einflüsse haben. Auf die
Handlungen würde bei Beurtheilung des Ver-
dienstes gesehen werden, und man würde bei dieser
Nation, die in ihren Gesetzen und der Vollziehung derselben so viel Einsichten und Weisheit
zeigt, die Ehrenstellen nicht als Belohnungen
des Lasters und als Preise der Bestechung ertheilt sehen.

Der König ist auch der Oberaufseher der Handlung; er bestimmt Gewicht und Maß; er allein hat das Recht Geld münzen zu lassen, aber
nicht den Münzfuß zu verändern, und fremdes
Geld kann er gangbar machen *). Er ist das

---

*) Blackst. B. 1. K. 7 S. 276. 1stes St. Eduards
III. vom 14ten Jahre, K. 12; vom 25sten Jahre
das 5te St. K. 10; Richards II. 16tes, K. 3;
Heinrichs VI. 8tes, K. 5; desselbigen 11tes St.
K. 8; Heinrichs VII. 11tes, K. 4. und Karls II.
22tes St. K. 2.

höchſte Oberhaupt der Kirche *) und ernennt in
dieſer Eigenſchaft zu allen geiſtlichen Aemtern;
er ordnet die convocation oder Verſammlung
der Geiſtlichkeit an, welche, wie das Parlament,
in das Ober= und Unterhaus abgetheilt iſt. Die
Erzbiſchöfe und Biſchöfe machen das Oberhaus,
und die Deputirten der Diöceſen und Stifter
das Unterhaus. Es werden darinn die kirchli=
chen Angelegenheiten entſchieden, allein in den
Geſetzen, Gebräuchen und Statuten des Reichs
darf daſelbſt nichts geändert werden **). Der
König iſt Generaliſſimus über die Land = und
Seemacht, hat allein das Recht, Truppen zu
werben, Flotten auszurüſten, Feſtungen anzu=
legen ***), offne und geſchloßne Häfen, An=
furten (quais), 2c. auszubeſſern und zu bauen,
um die Schiffe, das Anlanden, das Laden und

*) 26ſtes St. Heinrichs VIII, K. 1, 19, 20. 1ſtes
   St. der Königin Eliſab. K. I.

**) 25ſtes Stat. Heinrichs VIII, K. 19.

***) Blackſt. ebend. S. 262. V. Olme, ebend. Karl
   II. 13tes St. K. 6.

Ausladen der Waaren zu sichern *); allein er
darf keine Armeen, als auf Kosten des Staats
unterhalten, und die beiden Parlamentshäuser
können ihm das verlangte Geld zur Unterhaltung eines zweifelhaften Krieges abschlagen.
Als Karl II. seine Leibwache auf 4000 Mann
vermehrte, wurde dies für verfassungswidrig erklärt **); Jacobs Armee war eine von den Ursachen, daß er den Thron verlor. Man hat
nöthig gefunden die bestimmte Anzahl von 30000
Mann Truppen im Innern des Königreichs zu
unterhalten; indeß ist der Unterhalt dieser Armee nur auf ein Jahr festgesetzt, und am Ende
dieser Zeit muß sie jedesmal auf einstimmigen
Beschluß aller drei Theile des Staats wieder
errichtet werden, um destomehr, da die Bezahlung dieser Truppen nur auf eine Auflage eines
Jahrs angewiesen ist. Indessen wird die letzte
Revolution des nördlichen Amerikas in der Ge-

*) Heinrichs IV. Statut, K. 20. 2tes St. der K.
Elis. K. 11. Karls II. 13tes St. und 14tes K.
11, §. 14.

**) Von Olme, ebens.

schichte einen Beweiß abgeben, daß die Nation von ihren Rechten nachgelassen, und daß England, der durch seine Verfassung gesetzten Schranken ohngeachtet, durch seine Anhänglichkeit an die Gerechtsame der Krone einen Theil seiner Einkünfte und seiner Macht verloren hat.

In Rücksicht auf die fremden Nationen ist der König der Repräsentat des ganzen Englischen Volks. Er sendet und empfängt die Gesandten, schließt Bündnisse, hat das Recht Krieg anzukündigen, und Frieden zu schließen; auf welche Bedingungen es ihm gut deucht *). Endlich es giebt eine Grundmaxime des Reichs, und welche durch die Verfassung des Reichs auf eine sonderbare Weise festgestellt ist, eine Maxime welche große Vortheile haben, aber auch, der Bewunderung ohngeachtet, die sie den Engländern ziemlich allgemein einflößt, in einem republikanischen Staate zu großen Mißbräuchen Anlaß geben kann; es ist die, der König kann nicht unrecht handeln, the king kan do no wrong **). Die Erklärung, die ihr gegeben

*) Blackst. Buch 1 Kap. 7. S. 253, 257.
**) Blackst. Buch 1 Kap. 7. S. 246.

wird, soll die Erneuerung jenes Verfahrens
verhindern, das Karln I. sein Leben auf dem
Blutgerüste kostete; und den Fürsten vor den Strafen der Gesetze, nicht aber gegen den öffentlichen Tadel sichern. Seine Minister werden belangt, wenn die öffentlichen Gelder anders angewandt sind, als sie für das gemeine Beste gebraucht werden sollten, oder wenn ein Mißbrauch der königlichen Macht vorgegangen ist.
Das Volk, welches von dem Unterhause vor-
gestellt wird, klagt diejenigen, die dabei Rathgeber und die Werkzeuge des königlichen Willens gewesen sind, vor dem Gerichtshofe der
Pairs an; die Klagepunkte sind öffentlich
bekannt, der Prozeß wird durch den Druck bekannt gemacht. Der König kann das Verfahren der Richter bei dem Lauf des Prozesses nicht
annulliren, noch denselben aufhalten. Er ist
bloßer Zuschauer dabei, er hört öffentlich den
Antheil bekannt machen, den er an den Fehlern oder den Verbrechen seines Rathgebers gehabt hat, und in der Sentenz, die wider einen pflichtvergessenen Minister gefällt wird, sein
eignes Verdammungsurtheil aussprechen. So

ist das Volk, welches die Last des Uebels empfunden hat, Zeuge von der Bestrafung der Verbrecher und richtet dieselben selbst. So müssen die Blicke eines ganzen Volks den pflichtvergessnen Richter schrecken, sie müssen seine Zunge zurückhalten und erstarren machen, wenn er in dem Augenblick, da er ein Urtheil wider sein Gewissen aussprechen will, die Augen aufschlägt, die Ehrfurcht einprägende Majestät einer solchen Versammlung betrachtet, und das Gewicht der Verachtung und des allgemeinen Hasses fühlt, wenn er es wagt, an der Wahrheit zum Verräther zu werden. Und doch, wird ein so großes Vorrecht immer heilig gehalten? Wer zweifelt daran, daß Gunst, Gold, Versprechungen oder Furcht nicht bisweilen die Richter verführen, und selbst die Ankläger zum Stillschweigen bringen können? Diese Art von königlicher Macht ist von der in der Monarchie verschieden, und ist eben so wenig zur Magistratur zu rechnen. Sie ist nur das leidende Werkzeug der Gesetze einer andern Macht, welche indessen dieses Werkzeug nothwendig braucht, um ihren Gesetzen, die zur Vollziehung derselben nöthige Stärke

und Sanktion zu geben; den Gesetzen unter=
worfen, und immer vor ihren Strafen gesichert,
sieht sie sich durch die Bestrafung der übeln
Rathgeber in Schranken gehalten, ohne nur sich
der öffentlichen Schande auszusetzen, weil sie
dieselben, sobald sie angeklagt werden, ihrem
Schicksale überlassen kann. Eine obere Macht,
die nur durch die gesetzgebende Macht etwas ist,
und doch eine Menge von Gerech:samen in sich
vereinigt, deren sie mißbrauchen kann. Weit ein=
geschränkter als in monarchischen Staaten, würde
sie in einer eigentlichen Republick von zu gro=
ßem Umfange seyn. Sie versammlet um sich
her alles, was die Nationen entnerven kann,
den Luxus, die Weichlichkeit und den Müßig=
gang. Gunst und Gnadenbezeugungen sind in
ihren Händen Werkzeuge zu einem Verderbnisse,
welches sich stufenweise in alle Stände des
Staats einschleicht, und indem sie langsam und
unmerklich den Gesetzen entgegenwirkt, die Ge=
witter zusammenzieht, und die Revolutionen
vorbereitet, wo die vollziehende Gewalt, wie
unter den Regierungen der ersten Könige aus
dem Hause Tudor, despotisch wird. Durch

Mißbrauch der vollziehenden Macht wurde die
Sternkammer errichtet, welche seit Heinrichs
VII Regierung bis auf Karl I. gedauert hat.
Diese Macht wurde zur Unterdrückung der
Preßfreiheit gemißbraucht *); sie nahm es sich

M 2

*) Die Englische Preßfreiheit besteht nicht in der Er-
laubniß, wider jeden Privatmann ohne Unterschied
Schmähschriften zu verbreiten, den guten Namen
der Bürger zu beflecken, Erzählungen von menschlichen Schwachheiten, welche in dem Heiligthum der
Familien mit einem undurchdringlichen Schleier
bedeckt bleiben sollen, ungestraft zirkuliren zu lassen,
kurz, solche Schriften bekannt zu machen, die nur ein
Mensch ohne Ehre verbreiten kann, weil nur
Leute ohne Ehre den guten Ruf anderer, auf eine
leichtsinnige Weise antasten, Schriften, die ein
edeldenkender Mann nicht einmal des Anblicks
würdiget. Die Verfasser solcher Schmähschriften, sie mögen nur geschrieben, oder gedruckt
seyn, werden mit denen Strafen belegt, die in
allen Staaten darauf gesetzt sind, aber nur zu oft
nicht vollzogen werden. Der Geschmähte läßt hier
gleichfalls drucken, und fodert seine Ankläger zur
Antwort auf; derjenige, der aus Rache, Bosheit oder Mißgunst eine Schmähschrift bekannt ge-

heraus, Angeklagten das Verhör von Geschwornen zu versagen, und beim gerichtlichen Ver-

macht hat, wird erst vor das Gericht der Geschwornen gestellt, und dann wird ihm ein ordentlicher Kriminalprozeß gemacht. Das Gesetz erlaubt dem Schuldigen nicht einmal, die Thatsachen, die er behauptet hat, öffentlich zu beweisen;
aber die Geschwornen, denen bei ihrem Gutachten
kein Zwang angethan wird, sprechen bei Fällen,
die zur Begnadigung geeignet sind, die Fakta mögen falsch, oder aus Bosheit bekannt gemacht
seyn, entweder los, oder übergeben die Sache
den höhern Gerichtshöfen. Die Preßfreiheit ist
also nur in Absicht auf die Staatsverwaltung eingeführt, deren Operationen jeder Staatsbürger
öffentlich untersuchen und ihre Gründe und Wirkungen entwickeln darf. Z. E. während der Parlamentssitzung werden die täglichen Beschlüsse des
Unterhauses, und die interessanten in beiden Häusern gehaltenen Reden, unter öffentlicher Autorität gedruckt, und diese Papiere in dem ganzen
Königreiche, selbst auf dem Lande verbreitet;
der Landmann liest und untersucht dieselben, und
urtheilt, ob seine bürgerlichen Rechte, von den
Deputirten seines Fleckens, von dem für seine
Grafschaft erwählten Repräsentanten, gehandhabt
sind.

fahren allen Gesetzen entgegen zu handeln, sah
alle diejenigen, die dem Hofe mißfielen, als er=
klärte Verbrecher an, und brauchte wider sie
das verhaßte Mittel der Kommissionen, will=
kürliche Gefangennehmungen und geheime Exe=
kutionen. Mißbrauch dieser Macht war es,
der die Kriege zwischen den Häusern York
und Lancaster entzündete, das Ansehen des
Parlaments heruntersetzte, und so viel Blut=
vergießen unter Heinrich VII und seinem Soh=
ne anrichtete, die blutdürstigen Gesetze dieser
Fürsten und der verabscheuungswürdigen Maria
diktirte, unter diesen beiden Regierungen dem
Fanatismus zwei entgegengesetzter Religions=
partheien erlaubte, eine um die andre sich der
höchsten Gewalt anzumaßen, und England an
den Rand des Verderbens brachte*).

M 3

*) Wir wollen hier Montesquieus Worte wiederho=
len: „Rom, Karthago und Lacädemon sind unter=
„gegangen. England wird untergehen, wenn die
„gesetzgebende mehr als die vollziehende Macht
„verdorben seyn wird.“ Geist der Gesetze, B.
2, K. 6.

Die Verfassung hat sich seit dieser Epo=
ke vervollkommnet; sie ist aber, es sei mir er=
laubt, dieses gegen die Meinung verschiedner
berühmter Schriftsteller unter Engländern und
Franzosen zu behaupten, eines höhern Grades
von Vollkommenheit fähig. So wie sie immer
aus widrigen Vorfällen neue Hülfsmittel gezo=
gen hat, die Rückkehr derselbigen Uebel zu ver=
hindern, so könnte der unermeßliche Verlust,
den der Staat vor kurzem gelitten hat, irgend
eine glückliche Veränderung in dem politischen
Systeme rathsam machen, und es zu eben der
hohen Vollkommenheit bringen, zu der das
gerichtliche System gelangt ist: ein System,
welches mit so vieler Weisheit zur Erhaltung
der innern Sicherheit, des Glücks und der Frei=
heit der Bürger eingerichtet ist; ein System, wel=
ches, wenigstens auf lange Zeit, die Gränzen
der ausübenden Gewalt nicht überschreiten
kann, und dessen geringsten gesetzwidrigen Un=
ternehmungen das von seinen Rechten unter=
richtete Volk sogleich alle seine Kräfte entgegen=
setzen würde; ein System endlich, welches, oh=
ne der Strenge der Gesetze etwas zu nehmen,

durch seine Gelindigkeit und Menschlichkeit, die Ehrfurcht und Bewunderung des gegenwärtigen und der zukünftigen Zeitalter verdient.

Die Gränzen, in die die gegenwärtige Verfassung die Gewalt des Monarchen und der Parlamenter und die wechselseitigen Rechte des Volks, des Adels und der Großen eingeschlossen hat, waren vor der Regierung der Königin Elisabeth noch nicht durch dauerhafte und genau erwogene Gesetze, und Verordnungen bestimt. Diese lange und glückliche Regierung gewöhnte die Engländer an den regelmäßigen Gang der Gerechtigkeit, welche mehr in dem Herzen und dem Willen der Monarchin, als in den Gesetzen des Staats zu finden war. Ihre Nachfolger waren schwache Könige von eingeschränktem Geiste; welche gleich nach ihrer Thronbesteigung Despoten wurden; und diese Regierung, welche die Geschicklichkeit und die Klugheit einer großen Fürstin in den Schranken der gesetzlichen Gewalt zurückzuhalten gewußt hatte, erregte jetzt das Erstaunen und den Unwillen des Volks. Es sah ein, daß Gesetze nöthig wären, die von seiner Autorität herkämen, durch seine Einwil-

ligung gegeben würden, welche zum Schutz
aller seiner Rechte dienten, und auf ei=
ner Grundlage ruhten, welche der augen=
blickliche Wille eines Einzelnen nicht zerstö=
ren könnte, kurz, welche die Schranken,
die die weise Elisabeth ihrer eignen Macht
gesetzt hatte, auf immer sichern möchten. Auf
Karln I. fiel das ganze Gewicht der unweisen
Aufführung, wovon ihm sein Vater das Bei=
spiel gegeben hatte; und dieses selbige Volk,
das ihn das Blutgerüste besteigen ließ, war un=
ter Elisabeth weit entfernt, sich nur vorzustel=
len, daß es ihm je möglich seyn würde, eine
solche eigenmächtige That zu wagen. Obgleich
Karl II. gar nicht die einem Könige nothwendi=
gen persönlichen Eigenschaften besaß, besonders
um die Zügel einer Regierung zu lenken, die
von so großen Revolutionen beunruhigt war;
ob er gleich sein Glück der Usurpation und der
Grausamkeit Cromwells zu verdanken, und
wie Heinrich VII. die Stimmen, durch die er
die Krone erhielt, gekauft hatte: so war es
doch während seiner Regierung, daß die Eng=
lische Freiheit wieder in ihre Rechte eingesetzt

wurde. Die Verpflichtungen zu Kriegsdiensten, traurige Ueberbleibsel der normännischen Lehn-verfassung, verschwanden mit ihrem ganzen Gefolge. Dieß ist die Epoke, da die große Habeas corpus Akte gemacht, und die Vorrech-te der purveyance und preemtion *), und das writ de haeretico comburendo **), da die Akte

M 5

---

*) Blackst. B. 1, K. 8, S. 287. Die zur Erhe-bung der Taxen bestellten Beamten wurden zur Strafe des praemunire verurtheilt, wenn sie die-se letztern zu heben fortführen. 2tes Statut Karls II. K. 54. Blackst. B. 4, K. 8, S. 116.

**) Dieses sehr strenge Statut gegen die Ketzer wird in England für eben so alt gehalten, als das gemeine Recht. Die Vollziehung desselben hing von der willkührlichen Gewalt des Königs und seines Conseils ab. Es ist bald in seiner völligen Kraft gewesen, bald in Vergessenheit gekommen, bis auf Karl II, der es gänzlich aufhob. In dem 17ten Regierungsjahre der Königin Elisabeth wur-den zufolge des writ de haeretico comburendo zwei Anabaptisten hingerichtet, unter Jacob I. zwei Arianer. Blackst. B. 4, K. 4, S. 49.

von der dreijährigen Parlamentsſitzung *), der
teſt undl die Korporationsakte **) entſtanden,
wodurch die bürgerliche Freiheit geſichert und
die Landesreligion geſchützt wird. Damals wur=
de den Betrügereien und den falſchen Eidſchwü=

*) Blackſt. B. 1, K. 2, S. 153. 16tes Stat. Karls
II, K. 1, welches nachher durch das 6te Stat. von
Wilhelm und Maria beſtätigt wurde.

**) Der Zweck dieſer Akten war der, die Anglika=
niſche Kirche vor den Gefahren zu ſichern, dénen
von der Menge der Non = Conformiſten ausgeſezt
war. Der Korporationsakte zufolge, konnte nie=
mand zu einem bürgerlichen Amte in einer Stadt
oder bei einer Kommunität erwählt werden, der
nicht wenigſtens ein Jahr vorher die Kommunion
nach den Gebräuchen der Kirche empfangen hatte;
und ſeine Wahl war nichtig, wenn er nicht mit
dem Amtseide zugleich den Eid der allegiance und
ſupremacy ablegte. Der teſt verbindet alle Ci=
vil = oder Militärbediente, während der nächſten
Sitzung vor der königlichen Bank oder Kanzlei ſich
wider die Transſubſtantiation zu erklären, den Eid
der ſupremacy abzulegen, die Kommunion nach dem
Gottesdienſte zu empfangen, und über dieſe Zeremo=
nie einen von dem Pfarrer und dem Sakriſteibedien=
ten unterzeichneten Schein gerichtlich einzureichen,

ren eine Verordnung entgegengesetzt *), eine
wichtige und nothwendige Stütze des bürgerlichen Eigenthums; es wurde über die Verthei-
lung der Güter ab intestato verordnet; durch
ein Statut über die Versehen in Prozeßschriften
wurden die Subtilitäten der Schicane unter-
drückt; endlich, es wurden noch verschiedne
andre Akten gemacht **), welche die Beförderung
des Handels und der Schiffahrt, die Befreiung
von Taxen und vom Kriegsdienste, und andere
Vortheile zum Gegenstande haben, deren die
Nation genießt, oder wenigstens nach ihrer
Verfassung genießen kann. Also hat das Englische Volk, trotz seines freien und stolzen Charakters, dieses ihm von der Natur geschenkten,
und durch das Klima und die Lage befestigten
Charakters, gegen den die Tyrannei und der
Verkehr mit den übrigen Europäischen Völkern
bisher zu schwach gewesen sind, trotz der Kraft,

bei Strafe von 500 Pf. Sterl. und Verlust seines
Amtes (Blackst. B. 4, K. 4, S. 57.)

*) 29stes Stat. Karls II. K. 7.

**) Blackst. Buch. 4. Kap. 33. S. 432.

die einer Nation ein solcher Charakter gewährt,
hat doch dieses Volk nicht eher als in dem Zeit=
punkt, von dem wir itzt reden, angefangen,
von der seinigen Gebrauch zu machen, und das
Gleichgewicht zwischen seiner Freiheit und der
königlichen Gerechtsame ist erst unter Karln II.
durch die Gesetze bewirkt worden. Seit jener Zeit
genießt das Englische Volk ununterbrochen seiner
Rechte. Es hat nicht mehr nöthig eine schwache,
kurzdauernde Ausübung dieser Rechte von dem
Willen gerechter und menschlicher Könige zu er=
warten, dergleichen die Natur nach langen Zwi=
schenzeiten hervorbringt; es findet ein sicheres
Mittel dazu in der immer gleichen und beständi=
gen Macht der Gesetze, welche von niemanden
ungestraft angegriffen wird. Der Monarch der
es nach Karln II. versuchte, fand in derselben
ein unübersteigliches Hinderniß. Ruhig in Be=
sitze des Throns, und mächtig, wenn er gerecht
gewesen wäre, starb er arm und verbannt.
Aber fällt je diese Macht der Gesetze, so wird
sie das ganze Reich in ihrem Falle mit sich reissen.

Weiter wollen wir hier die Fortschritte der
Englischen Gesetzgebung nicht verfolgen. Unter

Elisabeth und bei ihrem Tode hatte sie diejenige
Stufe von Vollkommenheit noch nicht erreicht,
auf der sie gegenwärtig steht; erst ein Jahr=
hundert nachher ist sie so weit gekommen. Wer
bei Lesung ihrer Geschichte diese Wahrheit nicht
gegenwärtig hätte, der könnte leicht den ziemlich
allgemeinen und sehr großen Irrthum begehen,
nach der gegenwärtigen Verfassung der Gesetze
und der Regierung, über die Lage eines Staats
und die Handlungen eines Fürsten in weit frü=
hern und sehr verschiednen Zeiten zu urtheilen.
Eben so sehr ist ein anderer nicht weniger ge=
wöhnlicher Irrthum zu vermeiden, es ist der;
nach den Gesetzen, den Sitten und den Gebräu=
chen seines Vaterlandes von Begebenheiten zu
urtheilen, die bei einem andern Volke ganz ver=
schiedne und bisweilen entgegengesetzte Gebräu=
che zu Ursachen haben *). Aber wenn unter
Elisabeth die Freiheit nicht fest gegründet wur=

*) Die Ideen des Jahrhunderts, worinn man lebt,
auf entfernte Jahrhunderte übertragen, das ist
von allen Quellen der Irrthümer die fruchtbarste.
Geist der Gesetze, B. 30, K. 11.

be, so hat sie doch dieselbe vorbereitet; ihre ge=
rechte, regelmäßige und weise Regierung mach=
te ihren Unterthanen eine königliche Eigenmacht
unerträglich, brachte sie gegen eine gesetzwidri=
ge Autorität auf, weckte sie zu den stärksten Be=
mühungen sich davor in Sicherheit zu setzen,
und ließ sie zur Grundlage der öffentlichen Wohl=
fahrt jene auf das Naturrecht gegründeten Ge=
setze annehmen, durch die Elisabeth ein ganzes
Jahrhundert hindurch sie beherrschte. Sie
hatte Geist genug, um einzusehn, daß nur
die Herrschaft der Natur und der Vernunft
von Dauer ist.

Geschichte

Geschichte
der
Königin Elisabeth
von England.

Die Geschichte der Könige ist ein Theil der Geschichte der von ihnen beherrschten Völker. Gleich dem Gesetze, welches ohne Rücksicht auf Rang, Macht und Reichthum des Schuldigen, das Verbrechen straft, und die Unschuld beschützt, muß der Geschichtschreiber, frei von allen Leidenschaften, die auf sein Urtheil einen nachtheiligen Einfluß haben, Thatsachen sammlen, sie prüfen und sie ohne Haß und ohne Schmeichelei darstellen. Weder Eigenmuth noch Erkenntlichkeit soll ihn leiten; über Furcht erhaben, muß er nicht für sich, sondern zum Beispiele für Könige und für das Glück der Menschen arbeiten. Wenn die Fürsten, oft mehr mit dem Gedanken beschäftigt ihre Macht zu genießen, als

sie zum allgemeinen Besten anzuwenden, den Umfang derselben nur kennen, um ihn zu mißbrauchen,
so muß die Geschichte sie über das Schicksal aufklä-
ren, das sie erwartet, ihnen zeigen, wie sehr es
für sie selbst und ihre liebsten Vortheile verschieden
ist, die Liebe ihrer Völker zu verdienen, oder das
schmerzhafte Gefühl der Knechtschaft in ihnen zu erhalten.   Große Beispiele werden sie lehren, daß
Haß unmittelbar auf Furcht folgt; daß Haß und
Furcht weder den, der sie empfindet, noch den, der
sie einflößt, glücklich machen. Sie werden einsehen,
daß man Menschen auf einige Zeit in Furcht und
Zittern setzen, und das Gefühl ihrer eignen Kraft in
ihnen einschläfern kann; daß aber die Natur sie unaufhörlich zu dieser Empfindung zurückführt, so
wie sie nach großen Unordnungen, den ihr eignen
Gang wieder nimmt.   Es sei also aus der Geschichte eines Fürsten die blinde Ehrfurcht gänzlich
verbannt, welche die Größe schwachen Seelen einflößt, und nur dann sei er uns ein großer Mann,
wenn er Menschen glücklich machte, so wie
der niedrigste von allen, wenn er zu ihrem
Unglücke regierte. Das Gute werde erzählt, dessen
die Nationen genossen, und die Uebel, welche sie
erduldet haben. Es werde nicht vorausgesetzt, daß
eine so unglückliche Regierung statt finden könne,
wo

wo Menschen, von Liebe zur Menschheit begeistert,
ihre Gedanken nicht bekannt zu machen wagen.
Wahrheit ist derjenige den Menschen schuldig, der
auf ihre Aufmerksamkeit Anspruch macht *).

Englands Geschichte seit Elisabeths Geburt
stellt eine lange Kette großer Begebenheiten dar;
den gänzlichen Umsturz einer Religion, welche bis
dahin mächtiger in diesem Reiche, als im ganzen
übrigen Europa war; die Aufhebung der Mönchs-
Orden; die Zerstörung des Gehorsams gegen den
Pabst, in einem Jahrhunderte, wo das Volk göttliche und menschliche Stiftungen gleichmäßig verehrte; Krieg und Fanatismus, gleich verwüstende
Plagen des Menschengeschlechts, welche abwech-
selnd in England und in den andern Ländern Europas herrschten; fremde Kriege, durch die Rachsucht
der Päbste angestiftet, die ein großes Königreich
ihrer Herrschaft entgehen sahn; innere Kriege, durch
die Anhänger der römischen Kirche und ihre geheimen Beschützer genährt; die Eifrer für den römi-

*) Nur indem man die Menschen zu unterrichten
sucht, kann man diese allgemeine Tugend ausüben, welche die Liebe gegen alle in sich begreift.
(Montesquieu, Vorrede zum Geist der Gesetze.)

Gesch. Elisabeths. I. B.   N

schen Hof, zum Spielzeug der Großen geworden,
deren Ansehen sie auf den Untergang ihrer Feinde
gebaut hatten, und diese hinwiederum den härtesten
Behandlungen und der bittersten Verachtung ihrer
eignen Kreaturen Preis gegeben. Das Reforma-
tions-System wurde unter der Herrschaft eines
fremden Fürsten umgerissen, die alte Landesreligion
wieder hergestellt, ein Theil des Englischen Volks
gezwungen aus seinem Vaterlande zu fliehen, ohne
Hoffnung in Europa einen Himmelsstrich zu finden,
wohin nicht der Krieg mit Feuer und Schwerdt gedrungen wäre, und der Fanatismus nicht Blutgerüste erbaut, und Scheiterhaufen errichtet hätte.
Aller Handel war in diesen jammervollen Zeiten
unterbrochen, die Großen waren verbannt, der
Adel erniedrigt, das Volk im Elende; die Väter
zitterten, aus dem Schooße ihrer Familien gerissen
zu werden, und die Weiber, ihre Gatten zur Ge-
richtsstätte schleppen zu sehn; die Kinder sahen sich
von der Gefahr bedroht, der mütterlichen Fürsor-
ge beraubt zu werden, und sich nie in den Armen ihrer Eltern wieder zu finden. Glücklichere Zeiten
folgten auf Mariens und Philipps schreckliche Regierung. Elisabeth, von ihrer Geburth an großen Unglücksfällen ausgesetzt, siegt durch Standhaftigkeit und festen Muth über alle Gefahren; sie

besteigt unter diesen grausenvollen Zeitläuften den
Thron; erstickt die Faktionen, dämpft die innern
Kriege, trägt beträchtliche Vortheile über die mächtigsten Fürsten Europas davon, beherrscht auf gleiche Weise ihr Haus, ihren Hof, ihr Königreich,
ja gewissermaßen, fremde Staaten. Da scheint
Elisabeth einer uneingeschränkten Verehrung würdig; allein näher, und in Beziehung auf das Englische Volk betrachtet, regierte Elisabeth despotisch,
ohne auf die Reichsverfassung, auf die Freiheit und
Privilegien des Volks zu achten; sie verlangte eine
Gewalt ohne Gränzen, weigerte sich oft willkührlich, das zu thun, was sie in andern Umständen
als recht gethan hatte; sie suchte oft Luxus und
Vergnügungen auf, war eifersüchtig auf ihre Rei-
ze, von Liebe beherrscht, vom Zorne fortgerissen;
allein ihre großen Eigenschaften, ihr Genie, ihre
ausgebreiteten Kenntnisse, die Weisheit, und
die tiefen Einsichten, die sie in ihrer Staatsverwaltung zeigte, halten denen der Menschheit ankleben-
den Fehlern das Uebergewicht, und die strengsten
Richter werden ihre Regierung nützlich und glor-
reich für ihre Nation finden.

Da die Reformation der Englischen Kirche die
Quelle von diesen Uebeln, und von Elisabeths Gefahren und ihrem Ruhme ist, so wollen wir den

Urſprung einer ſo großen Begebenheit unterſuchen, und zu den erſten Regierungsjahren ihres Vaters zurückgehn.

1509 Heinrich VIII. verſprach anfangs ſeinem Volke friedliche Tage. Man bemerkte einen lebhaften und muthigen Geiſt in ihm; man ſchmeichelte ſich, daß die Jahre das Ungeſtüm ſeiner Leidenſchaften mäßigen, und die Rauhigkeit ſeiner Gemüthsart mildern würden; allein dieſe Fehler, durch die Ausübung einer unumſchränkten Gewalt geſtärkt, wurden Tyrannei und Grauſamkeit*). Die durch den Geitz Heinrichs VII. angehäuften Schätze, ließen hoffen, daß das Volk lange Zeit vor Auflagen, Steuern, und Erpreſſungen würde geſichert ſeyn. Der junge Fürſt ſchien die Geſetze zu ehren, und beſtrafte diejenigen, die ſie verletzt hatten. Empſon und Dudley, Günſtlinge ſeines Vaters, und die Hauptwerkzeuge ſeiner Tyrannei, wurden am Leben geſtraft *).

*) Geſch. Heinrichs VIII. von Lord Herbert von Cherbury. Godwins Annalen, Jahr 1509.

**) Ebend. Hollingſhed. Godwin, Jahr 1509. Herbert, S. 7, 10, 14.

Der Ritter Richard Empſon und der Esquire Edmund Dudley, wurden dem Volkshaſſe und dem Unwillen des jungen Monarchen aufgeopfert.

Er erfüllte, ohne Prüfung, seine mit Katha-1509
rina von Arragonien, der Witwe seines Bruders

N 3

Sie verdienten ein solches Ende, weil sie zu Ungerechtigkeiten, und zu Handlungen des Despotismus, des Geizes und der Grausamkeit die Hände geboten hatten; da sie aber die Befehle des
Königs für sich hatten, gab man, aus Schonung
für das Andenken ihres Herrn vor, sie wären
des Hochverraths schuldig; sie wurden angeklagt,
daß sie während der Krankheit dieses Fürsten eine
Menge bewafneter Leute vor den Thoren von London gehalten und den Plan gemacht hätten, sich
der Person des jungen Heinrichs zu bemächtigen,
und selbst den Thron zu besteigen. Es ist schwer
zu glauben, daß Leute, die niemals eine Parthey, niemals irgend ein Recht auf die Krone,
einen Vorwand darnach zu streben, oder irgend
ein Mittel, dazu zu gelangen, gehabt hatten,
ein so unsinniges Projekt sollten entworfen haben. Es ist traurig, daß eine übel verstand-
ne Ehrfurcht für die Fürsten, dazu nöthigt,
den ausschweifenden Mißbrauch der Gewalt, Verfolgungen und Bedrückungen, welche das Volk
zu Grunde richten, als Verbrechen zu betrachten,
die zu klein für die Ahndung der Gesetze sind.
Es scheint, daß es einen König nicht beleidigen

1509 eingegangne Verbindung. Man glaubte, oder
that als ob man glaubte, daß jener das Beilager
mit ihr nicht vollzogen hätte; das ganze Reich schien
dieser Meinung zu seyn. Der Pabst Julius II.
ertheilte dem jungen Könige die nothwendige Dispensation; die Vermählung wurde gefeiert, und Wahr-
ham, Erzbischof von Canterbury, Primas und
Kanzler des Reichs, war der einzige, der sich, wie-
wohl vergeblich, dagegen erklärte *).

England genoß des Friedens; durch die Hitze
und den Ehrgeiz eines jungen Fürsten wurde er
bald gestört. Ludwig XII. regierte in Frankreich,
und war der einzige mächtige Fürst, der Länder in
Italien besaß: seine Vermählung mit der Witwe
Karls VIII. hatte ihm die zu der Sicherheit seines

heißt, wenn man ihn so gut als andre Menschen fähig glaubt, sich durch den Schein betrügen zu lassen. Hingegen in einem solchen Fall
ihm auf eine niederträchtige Art schmeicheln, das
heißt den strafwürdigen Günstling schonen; und die
Bestrafung desselben ist alsdann kein warnendes
Beispiel mehr für die Verwegnen, welche ihm nachzuahmen im Stande sind.

*) Lord Herbert. Reymers Akten, im 13ten
Bande.

Reichs nothwendige Provinz Bretagne ver-1509
schafft. Spaniens Vereinigung unter eine einzige Macht war das Werk Ferdinands des Katholischen; er zeigte sich als einen geschickten Regenten.
Maximilian war Kaiser des deutschen Reichs. Dieser Fürst hatte die östreichischen Lande geerbt, und
hatte den deutschen Fürsten einen dauerhaften Ver-
theidigungs- und Vereinigungsplan anzunehmen
vermocht. Karl, Prinz von Castilien, Enkel Maximilians und Ferdinands, war bereits zum Erben
der reichen Besitzungen des Hauses Burgund erklärt worden. Das Glück hatte diesen jungen Prinzen mit seinen Gunstbezeugungen überhäuft. Maximilian, sein Großvater, Erzherzog von Oestreich,
Gemahl der Gräfin von Holland, hatte den Zepter dieser Provinz, seinem vierjährigen Sohne Philipp II. übergeben: denn nach den Bedingungen des
Ehekontraktes mit der Mutter desselben, konnte er
nur Vormund seines eignen Sohnes seyn *). Als

N 4

*) Es war in demselben festgesetzt, daß wenn einer
von beyden Ehegatten stürbe, der Ueberlebende
keine Ansprüche auf die Güter des Verstorbenen
machen könnte, welche sogleich dem rechtmäßigen
Erben zufallen sollten. (Philippe von Co-
mines).

1509 römischer König und Besitzer des Kaiserthrons, ließ
er Philippen, Grafen von Holland, im 17ten
Jahre krönen, und übergab ihm zugleich die Regierung seiner weitläuftigen Besitzungen in Flandern, Burgund und Deutschland. Die Folge der
Zeit und der Begebenheiten machte diesen Prinzen
noch mächtiger. Im Jahre 1496. heirathete er
des Kaisers Tochter Johanna II. und gab ihre
Schwester Margarethe dem Erben der spanischen
Krone Johann; dieser starb bald nach seiner Vermählung, und Margaretha, schon von Karl VIII.
König in Frankreich verstoßen, kam im Jahr 1498.
nach den Niederlanden zurück. Philipps Vermählung war glücklicher; Johanna brachte einen Sohn
zur Welt *), und der Untergang des Hauses Spanien versprach dem jungen Prinzen bald eine große
und weite Monarchie. Isabelle, Johanna's ältste
Schwester, hatte den König von Portugall, Don
Manuel geheirathet, und ihr Sohn Michael sollte
den Spanischen Thron erben. Der Tod raffte
beide Prinzen hinweg, und Johanna ward Erbin
aller Staaten, wozu ihre Schwester berufen gewesen war. Ferdinand ließ nunmehr seinen Eidam
und seine Tochter für seine vermuthlichen Erben

*) Den 25sten Febr. 1500.

erklären, und der Erzherzog Karl hatte also schon seg
die Aussicht, eine große Monarchie mit Philipps
reichen Besitzungen zu vereinigen.   Dieser Prinz
starb,   als er erst neun und zwanzig Jahre alt
war *). Karl hatte erst das sechste Jahr erreicht, und
seine Mutter war weder im Stande ihre Staaten
zu beherrschen, noch sich selbst zu regieren. Ihr Wahn-
sinn war schon deklarirt.   Ferdinand und Maximilian, Großväter des jungen Prinzen, theilten die
Vormundschaft: der erste bekam die Regierung über
Johanna's Staaten, und es wurde sogar ausgemacht, daß ihr Sohn erst nach ihrem Tode den Königs-
titel annehmen könnte. Maximilian übernahm wieder die Verwaltung der Niederlande, und vertrau-
te seiner Tochter Margaretha die Regierung derselben an.

Auf diese Art hätten England, Frankreich, Spanien und das deutsche Reich, beinahe von gleicher
Stärke, sich in glücklicher Ruhe erhalten können,
wenn nicht der unruhige Geist eines ehrsüchtigen
Papstes sie gegen einander aufgereizt hätte.   Ferdinand wünschte einige Städte an der Küste von

N 5

---

*) Mariana, Gesch. von Span. Band. V. Dieß
geschah 1566.

1509 Neapel, welche einst von seinen Vorgängern gegen geborgte Geldsummen verpfändet waren, der Republik Venedig wieder abzunehmen. Ludwig XII. wollte einen Theil des Meyländischen Gebiets, welches er in einem Traktate abgetreten hatte, sich wieder zueignen. Maximilian ging mit dem Vorsatze um, verschiedene Besitzungen wieder an sich zu bringen, welche seinem Vorgeben nach, einige Reichsfürsten unrechtmäßig an sich gerissen hatten. Der Pabst machte auf andere Provinzen als ehemalige Kirchengüter Anspruch und schloß mit Ferdinand, Ludwig XII. und dem Kaiser ein Bündniß gegen die Venetianer *). Man machte bekannt, daß man die Absicht hätte, die Mißhelligkeiten zwischen Karl und dem Grafen Egmond, Herzog von Gueldern, welcher mit Frankreich alliirt war, zu schlichten. Cambray wurde zu den Konferenzen gewählt, und die Sache zwischen Margarethen und dem Cardinale d'Amboise beinahe völlig in Ordnung gebracht.

1510 Durch Traktaten hielt sich Ferdinand wenig gebunden. Der Senat von Venedig, welcher durch

*) Im Jahr 1508.

**) Daniel Gesch. v. Fr. Band 5. Fleurys Kirchengesch. 25.

durch so viele vereinigte Mächte, vorzüglich durch die 1510
Tapferkeit der Franzosen *) sich sogleich zu Boden
gedrückt sah, bedachte sich nicht lange, sich mit diesem Fürsten zu vergleichen, und zog ihn von dem
Bündniß ab. Er bediente sich eben der Klugheit
gegen den Papst, dessen geistlichen Stolz er befriedigte **). Des Kaisers Foderungen waren allzu ungerecht, und der Senat beschloß, sich dagegen zu vertheidigen. England nahm noch zur Zeit keinen
Theil an diesen Streitigkeiten, Julius II. säumte
nicht, es hineinzuziehn. Da er nicht im Stande
war, seinen Ehrgeiz in Schranken zu halten, so
hatte er beschlossen, alle fremde Fürsten, und besonders Ludwig XII. aus Italien zu vertreiben.
Er erklärte dem Herzog von Ferrara, einem Bun- 1511
desgenossen von Frankreich, den Krieg, und mußte
den jungen Heinrich in seine Parthey zu ziehn, ob-

*) Ludwig XII. bemeisterte sich aller Städte, die
er zurück verlangte; so gar die, welche nach
dem Vergleich dem Kaiser zufallen sollten, öfneten
ihm die Thore. Ludwig, ein Sklave seines Worts,
befahl den Magistratspersonen, diesen Fürsten,
die Zeichen ihrer Treue aufzubehalten. (Mezerey
Chronol. Auszug der Gesch. von Fr. B. 2. S. 81).

**) Petrus von Angleria, B. I.

zugleich der Friede zwischen ihm und den Französischen
Gesandten aufs neue beschworen, durch einen Traktat unter seinen Augen im Jahr 1510 zu London geschlossen, und durch den Eid Ludwigs XII. bekräftigt war *). Er zog auch den König von Spanien
und einige Schweizer Cantone auf seine Seite.
Ludwig XII verließ den Herzog von Ferrara nicht;
aufgebracht über des Papstes Treulosigkeit, berief er
ein Concilium zu Pisa zusammen, allein ohne Erfolg. Julius II sprach den Bann über alle Städte
aus, die diesem Concilium, welches er schismatisch
nannte, Zuflucht verstatten würden; er entweihte
seinen Stand so sehr, daß er selbst seine Truppen
anführte, und anstatt sein Ansehen zum Friedenstiften
zu brauchen, durch Waffen Ruhm zu erwerben
strebte *). Heinrich VIII. stürzte sich mit aller Heftigkeit seines Alters und Geistes in seine Parthey;
er ließ die alten Erbprovinzen, Anjou, Guyenne
und die Normandie von Ludwig XII. zurückfodern.

*) Siehe die Beläge N. 1. Reymers Akten, B. 13.
   S. 270 Edikt. von 1712. Man kann auch den
   Allianz-Traktat S. 336, den Traktat gegen
   Ludwig VII. S. 343. und den mit dem Kaiser, S.
   344, nachsehen.

*) Guichardin, B. 9.

Dieß war eine förmliche Kriegserklärung. Die Engli-1511
sche Nation bewilligte ohne Anstand Subsidien zu
den Kriegsrüstungen gegen Frankreich. Inzwischen mußte sie mit Erstaunen die Schätze Heinrichs VII, welche zu den Kosten dieses Kriegs
hätten zureichen sollen, verschwendet sehen. Der Graf
von Surrey, Großschatzmeister von England, ein
schlauer Hofmann, aber schlechter Staatsbürger,
ließ der Prachtliebe des jungen Monarchen freien
Lauf. Fox, Bischof von Winchester und geheimer
Siegelbewahrer, war es müde, wider das große
Ansehen, worin Surrey bey seinem Herrn stand,
zu kämpfen, und glaubte, dasselbe zu vernichten,
wenn er ihm die Verschlagenheit eines Mannes entgegen setzte, den er für zu niedrig hielt, um ihn fürchten
zu dürfen; er irrte sich. Thomas Wolsey, sein Ver-
trauter, stürzte wirklich den Grafen von Surrey *),
allein er nahm selbst dessen Platz ein. Fox ver-

*) Thomas Wolsey, von der niedrigsten Abkunft,
war als ein Mann von außerordentlicher Thätigkeit von Heinrich VIII. hervorgezogen worden.
Er war Almosenier des königlichen Hauses, als
Fox seine Geschicklichkeit gebrauchte, um seinen
Feind zu stürzen. (Lord Herbert, Godwins Annalen.)

1511 lohr allen Einfluß, und Wolsey, zum Range eines
Rathgebers erhoben, schlich sich durch die niedrigste
Schmeichelei in die Gunst seines Herrn ein. Er
riß die Ausübung der königlichen Macht an sich,
indem er alle Arten von Vergnügungen, welche er
dem Fürsten verschaffte, mit ihm theilte, und da er
bald sein ganzes Vertrauen besaß, so entfernte er
sorgfältig alle diejenigen von Heinrichs Person,
die es hätten wagen können, die Wahrheit zu
sagen.

Der Ueberrest von Heinrichs VII. Schätzen,
und die von den Engländern bewilligten Subsidien
setzten den König in den Stand, eine große
Armee anzuwerben; allein zu eben der Zeit wurde
ein schottischer Seeräuber, der einige Englische
Schiffe geplündert hatte, von den Admirälen getödtet und sein Schiff die Themse hinaufgebracht, *).
Heinrich VIII. der die Strafe dieses Verwegnen
als eine gerechte Handlung betrachtete, weigerte
sich, Genugthuung dafür zu geben.

Einige Bewohner der schottischen Gränzen ergriffen diesen Vorwand, um in England einzufallen und Verwüstungen darin anzurichten. Heinrich ließ den Grafen von Surrey an die Gränzen

---

*) Herbert.

rücken; Jakob schickte Frankreich eine Flotte zu 1511
Hülfe *).

Der Tod übereilte den Pabst Julius II. mitten
im Laufe seines Glücks.   Johan von Medicis bestieg unter dem Nahmen Leo X. den päpstlichen
Thron.   Er war ein Freund der Wissenschaften und
ein Wohlthäter der Gelehrten; von sanftem Charakter und gefälligen Sitten; eben so fähig, große
Pläne zu entwerfen, als sein Vorgänger, und geschickter, sie auszuführen.   Seine Unterhandlungen
machten den Kaiser Maximilian bald von Frankreich
abtrünnig, und knüpften ihn an das Interesse Heinrichs VIII.   Margaretha, die Regentin der Niederlande, mit Recht über die Vortheile bestürzt, die
Karl von Egmond davon trug, drang inständigst in
den Kaiser, ihren Staaten zu Hülfe zu kommen. Leo
X. begünstigte sie in ihrem Vorhaben, und beide bewogen sie zu erlauben, daß Heinrich VIII Truppen
in den Niederlanden anwerben, und Holländische und Seeländische Schiffe in seinen Dienst
nehmen durfte **).   „Wenn Ludwig XII, sagte er,

**) Es scheint, daß dies die einzige Flotte ist,
welche Schottland jemals ausgerüstet hat. Godwins Annal.

**) Gesch. von Holl. B. 3.

1511 seinem Bundsgenossen, dem Herzoge von Gueldern hat beistehn können, ohne seinen Vertrag mit
dem Erzherzoge zu brechen, so kann ich ebenfalls Heinrich unterstützen, ohne mit Ludwig XII. zu brechen *). Ferdinands und Maximilians Gesandte
hatten diesen Traktat gegen Frankreich zu eben der
Zeit mit Heinrichs VIII Gesandten geschlossen, da
Ferdinand einen Waffenstillstand mit Ludwig XII.
unterzeichnete.

1513 Dieser Krieg hatte endlich den Ausgang aller
ungerechten und unweisen Unternehmungen. Keine
der kriegführenden Mächte zog Vortheil oder Ruhm
daraus; die Engländer, durch den ungestümen Geist
ihres Monarchen fortgerissen, erhielten ausser der
Eroberung von Tournay keinen Vortheil. Der
Krieg war durch geheime Intriguen angesponnen
worden, der Friede würde eben so geschlossen.
Heinrich VIII. gab seine Schwester Maria dem
Könige von Frankreich, gab ihm Tournay zürück,
und behielt sich bloß den Besitz von Boulogne am
Kanal

---

*) Briefe Ludwigs XII. Band 10. Reymers Akt.
Band 13. S. 336. Akte der Bulle, die der
Pabst denjenigen bewilligte, die wider den König
von Frankreich zu Felde zingen.

Kanal vor *). Sein Stolz war durch diese kleinen 1513.
Vortheile vermehrt worden: allein die Nation,

*) Ludwig XII. machte sich anheischig eine Million
Thaler zu bezahlen, sowohl für die Kosten des
Kriegs als für die Rückstände der nach alten Ver-
trägen schuldigen Summen; dergleichen war zum
Beispiel der zu Etaples von Karln VIII. unter-
zeichnete Traktat, und das von dem Herzoge von
Orleans der Herzogin von Salisbury, Heinrichs
Mutter, gemachte Anlehn. (Daniels Gesch. von
Frankreich B. 5). Ludwig XII. der die Absicht
hatte, seine Rechte auf Flandern und Artois wieder zu erneuern, rückte folgende Klausel in seinen Traktat mit Ferdinand ein: „dem Rechte der
höchsten Gewalt und andern dem allerchristlichsten
Könige zukommenden oberherrlichen Gerechtsamen
ohnbeschadet und unnachtheilig". (Protestat. für
Karl von Oestr. Briefe Ludwig XII.) Allein
die Regentin, eben so politisch als Ludwig, ließ
eine Protestation abfassen, vermöge welcher der
Erzherzog Karl dem Könige von Frankreich kein
Recht und keine Macht in seinem Reiche zugestand,
als die, welche er damals besaß. Der König
von England wollte noch weiter verlangen, daß
man ihm Richard von Poole, den Bruder Eduards
dem er den Kopf hatte abschlagen lassen, aus-

Gesch. Elisabeth. I. B.   O

1514 minder leicht zu verblenden, war immer überzeugt, daß der Krieg verderblich und ohne Nutzen gewesen sey. Der Tod des Königs von Schottland, der in der Schlacht bei Flouden blieb, war ein wichtigerer Vortheil. Das Ansehn dieses Monarchen war schon schwach, durch seine Unvorsichtigkeit verlor er es völlig. Von einer Engländerin bezaubert, die man zur Gefangenen in ihrem Schlosse gemacht hatte, verlor er neben ihr die Zeit, welche er zur Anführung seiner Armee hätte anwenden sollen; seine Soldaten, welche keine Kriegszucht kannten, verließen ihn; der Graf von Surrey trug einen leichten Sieg über die wenigen die bei ihm geblieben waren, davon, und der verzweifelnde König verlor sein Leben in der Schlacht *).

1515 Ludwig XII. starb drei Monathe nach seiner Vermählung mit der Englischen Prinzessin. Heinrich VIII. erneuerte den Traktat unter den nämli-

lieferte, allein Ludwig XII brach sein Wort nicht gegen einen Unglücklichen, der auf daffelbe in seine Staaten geflüchtet war. Herbert, Dan. Geschichte von Frankreich B. 5. Rapin Thoyras, B. 25. Briefe Ludwigs XII, Band 10.

*) Herbert, Godwins Annal. Polydor Virgil, Buch 27.

hen Bedingungen mit seinem Nachfolger *). Der 1514
Erzherzog Karl, der damals wichtige Verhandlungen mit Spanien pflog, und des Friedens bedurfte,
um seine Pläne zu verfolgen, sandte den Grafen
von Nassau und Michael de Cray nach Frankreich
ab; er verlangte seine Traktaten mit diesem Hofe
zu erneuern; seine Vermählung mit Renaten von
Frankreich zu vollziehn, einen Aufschub für die
Wiedergabe von Navarra, und den Beistand des
Königs, um die Staaten der Königin seiner Mutter in Besitz zu nehmen. Franz I. wünschte den
Frieden mit diesem Fürsten, um seine verderblichen
Unternehmungen in Italien fortzusetzen; er gestand
alles zu **). Da aber Ferdinand von dem jungen 1515

O 2

*) Rymers Act. Band 13.

**) Du Bellay Mem. B. 1. Der König von Spa-
nien nahte sich seinem Lebensende. Ob er gleich
seinen Schwiegersohn Philipp und seine Tochter
Johanna als Erben seiner Länder hatte anerkennen
lassen; obgleich ihre Verlassenschaft ihrem ältesten
Sohne gebührte, so erlaubte doch Johanna's
Wahnwitz ihr nicht, die Regierung für ihn zu
führen, und Karl wußte wohl, daß sein Großvater,
der seine Schwüre eben so leicht brach, als er sie

1515 Könige die Verzichtleistung auf das Herzogthum Mayland nicht hatte erhalten können, so machte der Souverain dieses Staats, der König von Spanien, der Pabst und die Schweiz zu eben der Zeit, da Franz I. sich anschickte nach Italien zu gehn, ein Bündniß gegen Frankreich.

ablegte, seinen Bruder, der an seinem Hofe erzogen war, ihm vorziehn würde. Er fürchtete, daß dieser junge Prinz eine Parthey gemacht hätte; er wußte, daß den Spaniern ein König lieber seyn würde, der bei ihnen residierte, und das Königreich keinen gierigen und mächtigen Ministern überließe. Der alte Monarch hatte bereits zu Gunsten des jungen Ferdinands ein Testament gemacht, worinn er ihm Castilien, und was davon abhing, Arragonien und Navarra ließ. Karl sandte seinen Lehrer den Cardinal Hadrian, als Gesandten mit der Vollmacht ab, sich im Namen seiner Mutter der Regierung der Staaten zu bemächtigen. Da es ihm gelungen war, Frieden mit Frankreich zu erhalten, wollte er den Grafen von Nassau belohnen, und erhielt für ihn die Prinzessin von Oranien, welche der König von Frankreich an seinem Hofe erziehen ließ. (Daniels Gesch. von Fr. Anton de Vera, Gesch. Karl V.)

Franz hätte für den Staat und für sich selbst 1515 keine schlimmere Wahl treffen können, als da er Karl von Bourbon zum Connetable und Anton du Prat zum Kanzler ernannte. Sie verriethen ihr Vaterland. Der erste focht gegen dasselbe, und der andre übertrat alle Gesetze. Dieser letzte bereitete das Unglück vor, worunter es in der Folge erlag, weil er die innern Kräfte schwächte, welche die wahre Stärke der Staaten gründen. Er machte die öffentlichen Aemter verkäuflich, vermehrte die Steuern, machte neue Auflagen, ohne nach den alten Gesetzen des Staats die Bewilligung der Stände zu erwarten*); schafte die Pragmatische Sanktion ab, und führt das Concordat ein. Eine harte und grausame Verordnung das Forstwesen betreffend, welche das Gepräge des Despotismus trägt, und die Armen den Bedrückungen des Adels preisgiebt, war ebenfals sein Werk. Franz I. fand bei dem Parlamente vielen Widerstand gegen diese tyrannischen Gesetze; diese große Versammlung that ihre Pflicht; du Prat verletzte alle die seinigen, und der König befahl die Regiſtrirung.

Q 3

*) Mez. Band 2,

1516 Bald darauf gab der Tod Ferdinands des Katholischen dem Grafen von Chievres, Hofmeister des Erzherzogs, Freiheit, die durch Ferdinands Verlust entstandnen Zwistigkeiten zum Vortheil des jungen Prinzen zu schlichten. Der Cardinal Ximenes bekam die Regentschaft, und alle Schwierigkeiten waren auf einmal gehoben, als man diesen eben so klugen als ehrgeizigen Prälaten diesen Vorzug bewilligt hatte. Der Erzherzog, dessen Wünsche, durch die Hindernisse angefeuert wurden, wollte nach Spanien gehn; allein da er sich zugleich fürchtete die Niederlande zu verlassen, ohne ihre Ruhe gesichert zu haben, sandte er den Grafen von Ravenstein zu Franz I. um einen neuen Traktat vorzuschlagen, welcher zu Noyon geschlossen ward*).

*) Karl sollte eine französische Prinzessin heirathen, jährlich hundert Thaler für ihren Unterhalt aussetzen, und Navarra binnen sechs Monaten seinem rechtmäßigen Besitzer wiedergeben, nach welchem Zeitpunkte es dem Könige frei seyn sollte. diesem Prinzen beizustehn. Dem Kaiser stand es frei, diesem Traktat beizutreten; und wenn er den Venetianern Verona herausgeben wollte, so erließ ihm Franz I. alle Summen, welche ihm Ludwig XII geliehen hatte. Maximilian, der des Krieges müde war, und die schmeichelhafte Hofnung

Dieser Monarch glaubte damals eine günstige 1516 Gelegenheit zu haben, seine Truppen in das Königreich Neapel rücken zu lassen; allein, wenn gleich der Kaiser nicht mehr nach Eroberungen strebte, so war er doch eifersüchtig auf die Unternehmungen anderer Mächte. Er, der Pabst, die Schweiz und die Medicis vereitelten die Hoffnung Franz I. Dieser Fürst, zu wenig mißtrauisch und zu leichtgläubig, verließ sich noch auf das Wort eines treulosen Bundsgenossen, Leo's X, den ein feierlicher Traktat mit Frankreich verband. Franz I. litt, daß der Pabst das Herzogthum Urbino Franz Maria della Rovera wegnahm, um es seinem Neffen, Lorenz von Medicis zu geben. Lorenz war nach Frankreich gekommen, woselbst er sich mit Margaretha von Auvergne vermählt hatte; der König hatte ihn seinen erstgebohrnen Sohn im Namen des

O 4

aufgegeben hatte, der Eroberungen zu genießen, welche er am Ende seiner Laufbahn noch machen könnte, übergab dem Grafen von Lautrec Verona, und ließ den Schweizercantons die Freiheit, sich sämmtlich mit Frankreich zu verbinden. (Mez. S. 841. Dan. Geschichte von Frankreich, B. 5.

1516 Papſtes zur Taufe halten laſſen. Vergebens hatte
ſich Maria della Rovera unter Frankreichs, Schutz
begeben; von Frankreich verrathen, in Gefahr
ſeinen Feinden in die Hände zu fallen, von
den Spaniern in die Enge getrieben, begab ſich
dieſer unglückliche Fürſt nach Mantua. Lorenz von
Medicis und ſeine Gemahlin ſtarben in demſelbi-
gen Jahre. Glücklich, wenn ſie nicht vorher Katharinen von Medicis, welche nachher in Frankreich re-
1517 gierte, das Daſeyn gegeben hätten!

Die Geſchichte iſt eine immerwährende Verkettung
von Verträgen, die geſchloſſen und gebrochen werden,
ohne daß die Nationen Antheil daran nehmen;
von Kriegen, deren Schlachtopfer ſie ſind, und die
ſich immer endigen, ohne ihnen irgend einen Vortheil verſchaft zu haben. England und Frankreich
erneuerten den Frieden, den Julius II. gebrochen
hatte, der durch des Kaiſers Tod und Karls V.
Ehrgeitz nachher von neuem gebrochen wurde. Dem
franzöſiſchen Volke wurden ſtarke Geldſummen ab-
gepreßt; die Engländer empfanden nicht die minde-
ſte Erleichterung dadurch, und wurden noch genöthigt die Koſten der neuen Kriegsrüſtungen zu tragen *).

*) Mez. S. 843. Bonnivet, der Bruder des Hofmeiſters
des Königs, Arthur von Gouffier-Boiſy, ſchloß

Um diese Zeit wurde Europa von Unruhen er-1518
schüttert, die von längerer Dauer als jene vorüber-
gehenden Kriege und von schrecklichen Folgen waren.
Der türkische Sultan Selim drohte, nachdem er
Syrien erobert, das Reich der Mamelucken in
Egypten und die Herrschaft des Sophi in Persien
zerstört hatte, Europa zu unterjochen. Leo X.
hatte drei große Fürsten bewogen *), sich Selims
schnellen Fortschritten zu widersetzen; er ließ um die
Andacht des Volkes zu erregen, damit er ihm All-
mosen ablocken könnte, in allen Ländern der Christenheit Ablaß predigen. Da die Erfindung der
Buchdruckerkunst, und die Wiederherstellung der
Wissenschaften, die Kenntnisse bis in das nördliche
Europa verbreitet hatten, so fingen die Regenten
und ihre Völker an, der Herrschaft der Päpste über-
drüßig zu werden; und der Geitz und Stolz der
Kirchenhäupter brachte es bald so weit, daß man
ihr Ansehn verachtete. Man hatte bisher nur we-

O 5

diesen Traktat zu London. (Lord Herbert, God-
wins Ann. Rapin Thoyras Gesch. von Engl.
Band 15 Buch 5. (Dan. Gesch. v. Frankreich,
Band 5.

*) Rapin. Thoyras, Band 15 Buch 5. Daniel
Band 5.

1518 nige Abschriften von den Werken der Kirchenväter
gehabt, welche in den Klöstern aufbewahrt wurden,
woselbst man sie nicht las; einige waren in den Händen unwissender Menschen. Durch die Buchdruckerkunst wurde die Bekanntschaft mit diesen Werken nunmehr ausgebreitet, und die unzähligen Mißbräuche, welche sich an dem römischen Hofe eingeschlichen hatten, die Sklaverei, worinn seine Habsucht ganze Völker gestürzt hatte, an den Tag gebracht. Diese Betrachtungen, natürliche Folgen
des Bestrebens nach Unterricht, würden keine so.
schnelle Würkung hervorgebracht haben, wenn nicht
ein Mann aufgetreten wäre, dessen Geist kühn genug war, um sie öffentlich zu verbreiten. Dies
war Martin Luther, Augustiner Mönch, Profes-
sor zu Wittenberg, und Unterthan Herzog Friederichs
von Sachsen. Die Philosophie hatte damals noch.
keine große Fortschritte gemacht, auch war es nicht
die Stärke der Vernunstgründe, welche Luthers
Unternehmungen einen so ausgebreiteten Erfolg ver-
schafte; der römische Hof trug selbst dazu bei. Er
hatte sich in Sachsen gewöhnlich der Mönche eben
dieses Ordens bedient, um den Ablaß anzukündigen. Leo X. zog zu diesem Geschäfte die Jakobiner
vor, auf das Vorwort des Erzbischofs von Mainz,
welcher es dem Pater Provinzial dieses Ordens,

Namens Tetzel auftragen, wollte.   Dieser gesellte 1518
sich alle seine Mitbrüder zu, das Volk gab reichlich,
und die neuen Sammler mißbrauchten sein Vertrauen ganz öffentlich durch einen schändlichen Le-
benswandel.   Luther war Augustiner; unterrichtet,
feurig, unerschrocken, empfindlich für denjenigen
Ruhm, den man sich durch Ausbreitung neuer Meinungen erwirbt, und unfähig sich zurückzuziehen,   machte er kühn seine Meinungen über die
Kirchenhäupter,   über die Geistlichkeit, über den
Glauben selbst und über die Kirchengebete,   welche
wie er sagte, in der Landessprache gehalten werden
müssen, öffentlich bekannt.   Wer nur lesen konnte,
verschlang gierig seine Schriften, die kühn und feurig,   obgleich   voll   roher   Beredsamkeit   waren.
Die Liebe zur Neuheit machte, daß man die von dem
römischen Hofe gemachten Neuerungen näher un-
tersuchte.   Man prüfte die alten Urkunden, und
glaubte daraus zu sehn, daß Luther die Wahrheit
unverfälscht vortrug.   Sein Lehrgebäude mißfiel
den Fürsten nicht, deren weltliche Rechte er sehr
geschickt zu schonen wußte.   Die schwelgerischen,
trägen und unwissenden Geistlichen ließen ihm Zeit,
seine Lehren zu verbreiten; er schrieb gegen den
ehelosen Stand der Priester, gegen die verdorbnen
Sitten und die unmäßigen Reichthümer des römi-

1518ſchen Hofes; ermahnte die ſouveränen Fürſten ſich
aller den Bißthümern, Abteyen, und Klöſtern
zugehörigen Güter zu bemeiſtern; er ſchlug vor,
ſtatt derſelben öffentliche Schulen, oder Hoſpitäler
zu errichten; einen Theil ihrer Güter zum Unterhalt
der Prediger und derjenigen, denen die Pfle-
ge der Armen, der Kranken und Waiſen aufgetragen war, und das übrige zu den Bedürfniſſen des
Staats oder zur Unterſtützung des Volks zu ver-
wenden. Tetzel, der ſich eine Abſchrift von Luthers Program über den Ablaß verſchafft hatte,
antwortete durch eine andre Schrift darauf, worin
er die Lehre der römiſchen Kirche auseinander ſetzte.
Er ließ Luthers Schriften verbrennen, und die Jünger des letztern verbrannten wieder die Schriften
ſeines Gegners. Ein Glück wär es geweſen, wenn
durch dieſes Gezänke nur Schriften den Flammen
geopfert und Menſchenblut geſchont wäre! Indeß
Deutſchland, Luther, der römiſche Hof und die
Miniſter deſſelben ſo gegen einander kämpften, be-
ſchäftigte das gegenwärtige Intereſſe, der alte
Groll und die Eiferſucht zwiſchen Frankreich und
Spanien die Aufmerkſamkeit der übrigen Fürſten
von Europa.

1519. Maximilians Tod eröfnete dem Ehrgeitze der
mächtigſten Fürſten ein weites Feld. Karl, König

von Spanien, Franz I. und sogar Heinrich VIII. 1519 stritten auf dem Augsburgischen Reichstage um die Kaiserkrone; jeder von ihnen suchte Unterstützung und kaufte Stimmen. Keiner war darauf bedacht, sich derselben würdiger als die andern zu machen, jeder suchte bloß seine Gegner an Schlauheit zu übertreffen *). Franz beneidete insgeheim das Glück seines Nebenbuhlers. Leo X. merkte es; er nützte diese Stimmung, um die Allianz dieses Fürsten zu suchen, und versprach ihm, Karln nicht als Kaiser zu erkennen, weil er sich hätte erwählen lassen, ohne die Stimme des Pabstes erhalten zu haben. Leo wollte den Kaiser furchtsam machen, und für sich selbst bessere Bedingungen erhalten, allein die Begierde nach Rache verblendete Franz I; er wurde von dem Pabste, und eben so von dem Könige von England hintergangen, dessen Beystand er bald nachher zu eben den Absichten suchte *).

*) Die Venetianer wollten die Könige von Frankreich und Spanien, als zu nahe und mächtige Nachbarn ausschließen; die Schweizer wollten auf dem Reichstage keinen andern Rath geben, als den, alle Bestechungen zu vermeiden, und dem Würdigsten frei die Stimmen zu geben. (Gesch. v. Frankr. Fra-Paolo, Gesch. der Tribentinischen Kirchenversammlung, B. 1.

*) Fra-Poole, B. 1.

1519 Franz hatte eine Zusammenkunft mit Heinrich gewünscht, als sie ihren Friedensvergleich geschlossen hatten; aber bisher hatte Heinrichs Günstling, der Cardinal Wolsey sie nicht bewerkstelligen können. Da die gegenwärtige Lage der Sachen das Verlangen des Französischen Monarchen nach einer solchen Zusammenkunft noch vermehrte, so wurde ausgemacht, daß sie zwischen Ardres und Guines vor sich gehen sollte. Der Cardinal Wolsey *) hoffte seinen Reichthum vor den Augen beider Höfe schimmern zu lassen. Der Stolz der andern Hofleute wetteiferte mit ihm. Viele haben ihr ganzes Leben

*) Wolsey hatte den Cardinalshut durch die Vermittelung des Königs von Frankreich im Jahr 1515. erhalten; er folgte dem Primas von England Warham in der Kanzlerwürde, welche dieser niederlegte. So viele zu gleicher Zeit auf das Haupt eines hoffärtigen und übermüthigen Mannes gehäufte Würden, machten seinen Stolz unerträglich; und die Pracht seines Hauses nahm mit seinen unermeßlichen Reichthümern zu. (Herbert. Godwinns Ann. Polyd. Virg. Buch 27). Er stand mit der Königin von Frankreich, ja mit dem Könige selbst im Briefwechsel. Siehe Mnskt. der königl. Bibl. No. 442, der Samml. vom Dupuy.

hindurch den Schaden nicht wieder verwinden kön-1519
nen, welchen sie ihren Vermögensumständen durch
den Aufwand zugefügt hatten, den dieser Glanz und
dieser unnütze Luxus erforderte. Der Herzog von
Buckingham, Konstabel des Reichs, murrte über
die ungeheuren, der Eitelkeit des Cardinals aufge-
opferten Summen *), und der Haß des Günstlings
ließ ihm die Beobachtungen theuer zu stehen kommen,
die er als Konstabel und Staatsbürger zu machen
berechtigt war.

Karl V, war achtzehn Monate nach Ferdinands
Tode nach Spanien gegangen; seine Ankunft, weit
entfernt, Freude unter seinen Unterthanen zu verbreiten, flößte ihnen nur Furcht und Unruhe ein. Die Ungnade und der Tod des Kardinals Ximenes hatte die
Nation nicht zu seinem Vortheile eingenommen **)

*) Ebend. Hollingshed.

*) Ximenes hatte Spanien wieder in gute Verfassung
gesetzt, ohne das Volk irgend mit einer Auflage zu
beschweren, und ohne neue Anleihen zu machen;
er hatte die Land- und Seemacht verdoppelt,
und den öffentlichen Schatz ansehnlich bereichert.
Er ging eben seinem Herrn entgegen, als er einen Brief von ihm bekam, wodurch er aller
seiner Würden und Aemter entsetzt, und in sein

1520 Wilhelm de Cray de Chievres fiel wegen dieses Verbrechens in starken Verdacht, weil er für seinen sehr jungen Sohn die Verlaſſenſchaft des Cardinals ſuchte und erhielt. Alle deutſche und niederländiſche Herren, welche dem Kaiſer gefolgt waren, bemächtigten ſich ihrer Seits der ledigen Stellen, ohne im mindeſten Rückſicht auf die Spanier zu nehmen. Würde es der ſtrafbare Chievres wohl gewagt haben, Mißbräuche abzuſtellen, da er ſich ſelbſt mit einem Verbrechen befleckt hatte, um ſie zu benützen? Der Haß der Spanier ward einem gebieteriſchen Monarchen und einer ungerechten Staatsverwaltung zu Theil. Karl V. kam nicht bloß, um ſich huldigen zu laſſen, ſondern um die zu ſeinen großen Entwürfen nothwendigen Kontributionen zu heben. Müde, die ſpaniſchen Provinzen umſonſt zu durchziehen, berief er in Gallicien, nicht eine Verſammlung der Stände, ſondern nur

die

Bißthum zurückgewieſen wurde. Ximenes konnte ſich gar nicht von ſeiner Ungnade überzeugen, und ſetzte ſeinen Weg fort; allein er wurde zu ſpät gewarnt, und fühlte zugleich daß er vergiftet wär. (Flechier, Geſch. des Cardinals Ximenes).

die Deputirten der Hauptstädte zusammen, die 1520 von dem Adel verführt und fortgeriffen, welcher nur durch den Monarchen besteht, und daher ihm stets ergeben ist, in die Hebung einer Steuer willigten. Einige wurden von den Gemeinden, deren Repräsentanten sie waren, massakrirt, und andre, glücklich genug, der nämlichen Strafe zu entkommen, wurden für Verräther ihres Vaterlandes erklärt. Karl V. fand Vorschuß auf diesen unsichern Tribut und floh aus seinen neuen Staaten, deren Verwaltung er dem Kardinal Hadrian überließ *).

Sobald er die zwischen dem Könige von Frankreich und England verabredete Zusammenkunft erfuhr, sah er ein, wie sehr sie seinem Vortheil entgegenlief, und beschloß ihre Wirkung zu vernichten. Er begab sich nach Dover, und ließ Heinrich VIII. nicht eher von seiner Ankunft benachrichtigen, bis er in diesem Haven war. Er vergaß nichts, um sich die feile Seele des Ministers zu eigen zu machen, und seinem Stolze zu schmeicheln. Der päpstliche Stuhl war die einzige Würde, worauf Wolsey noch keinen Anspruch gemacht hatte; Karl spiegelte ihm diese glänzende Hofnung vor, und verließ England

*) Antonio de Vera. Gesch. Karls V, Gesch. Elisabeths. I. B. P.

mit mehr Zuversicht auf die Dienste des Günstlings, als auf das Wort des Herrn*). Franz I. Reise ging zwar vor sich, allein zu spät. Wolsey war seinen Wünschen geneigt gewesen, ehe er den Kaiser gesehn hatte, er war es jetzt nicht mehr; und diese Zusammenkunft, die feierlichen Anstalten dabei, die darauf verwandten Summen, und die Zeitvertreibe, welche die Stellen wichtiger Verhandlungen, die man von beiden Seiten daselbst hätte ausmachen sollen, einnahmen, gaben dem ganzen Europa Gelegenheit zum Spott, wodurch die beiden Monarchen selbst lächerlich wurden **). Zu dem Tractat von 1518 wurde nichts hinzugefügt, und die Angelegenheiten, welche der Zweck der Reise gewesen waren, wurden auf eine andre Zeit ausgesetzt.

Anstatt nach England zurückzukehren, begab sich Heinrich VIII. nach Grevelingen, und führte Karl V nach Cálais zurück. Die Kunstgriffe dieses letzten löschten in drei Tagen die günstigen Eindrücke aus, welche Franzens Edelmuth und Offenheit in Heinrichs Seele erzeugt hatten. Wolseys Rath

*) Lord Herbert, S. 106 f. Godwins Ann. Mez. S. 345. Rymers Akt B. 13, S. 710.

**) Mezeray. Godwins Ann. Fleuranges Mem.

ſchläge lockten ihm das Verſprechen ab, zum Ver= 1510
mittler zwiſchen ihm und Franz I. zu dienen, und
ſich gegen den zu erklären, der die erſten Feindſe=
ligkeiten begehn würde *). Dieſes Betragen war
hinterliſtig und ungerecht. Wenn Franz I. Hein=
richs Vermittlung ausſchlug, ſo hieß das ſeiner
Allianz entſagen und ihn berechtigen, eine mit dem
Kaiſer zu errichten; gab er auf dieſe Drohung nach,
ſo verlor er Navarra, das Königreich Neapel und
die Niederlande. Aber umſonſt ſuchte er ſich Hein=
richs Allianz zu erhalten. Wolſey hatte ihm un=
überſteigliche Hinderniſſe in den Weg gelegt. Franz I.
hatte dieſem Prälaten nur mit leeren Verſprechun=
gen geſchmeichelt, indeß ihn Karl durch wirkliche
Wohlthaten gewonnen hatte; durch ihn war er in
den Beſitz der Einkünfte von zwei reichen Bißthü=
mern geſetzt worden **). Die Güter dieſes Günſt=
lings waren beinahe den Einkünften der Krone gleich.

P 2

*) Mezeray.

**) Badajoz und Palencia in Caſtilien. Sie waren
zwei Millionen Ducaten werth. (Rymers Akt.
B. 13. S. 714.) Man findet daſelbſt eine Akte
über einen dem Erzbiſchof von York von dem
Erzherzog Karl bewilligten Gnadengehalt, S. 590.

1520 Das versprochene und nicht wieder erstattete Navarra war die Veranlassung zu einem neuen Kriege; und Heinrich VIII., bis dahin noch neutral, erklärte sich durch einen Vergleich, dessen Vermittler Wolsey war, und dessen Band die junge Prinzessin Maria seyn sollte, für den Kaiser *).

Heinrich VIII hatte persönliche Beschwerden zu rächen. Nach der Schlacht bei Flowden schloß er, von dem Schicksal der hinterlassnen Wittwe und des jungen Prinzen des Königs von Schottland gerührt, mit ihnen Frieden. Die Stände des Königreichs bewilligten dieser Fürstin die Regentenschaft, mit der Bedingung, daß sie sich nicht wieder vermählen sollte; sie heirathete aber drei Monate nachher den Grafen von Angus, welcher nun zum Regenten vorgeschlagen wurde. Die Eifersucht der Großen hintertrieb dieses. Lord Hume ließ den nach Frankreich verwiesenen Neffen Jakobs III, den Herzog von Albany, zurückberufen. Dieser Prinz hatte sich in Frankreich vermählt, hatte Schottland nie gesehn, und kannte weder die Verfassung, noch die Sitten und Gebräuche, ja nicht einmal die Sprache dieses Reichs. Indessen begünstigte Franz I. seine Rückkehr. Albany ward

*) Lord Herbert S. 107. Godwinns Ann.

faſt augenblicklich der Feind des Lord Hume, dem 1520 er die Regentenſchaft zu verdanken hatte. Der Lord, um ſeinem Sturze vorzubeugen, hielt ſich an den Grafen von Angus und an die verwittwete Königin. Dieſe Prinzeſſin entführte den jungen König und ging nach England. Heinrich VIII. reizte dieſe Mißvergnügten noch mehr auf, um die franzöſiſche Parthey zu ſchwächen. Ein ehrgeitziger und eiferſüchtiger Prinz konnte zwey von eben dieſen Leidenſchaften beherrſchte Partheien nicht vereinigen. Lord Hume war ſo unvorſichtig, ſich dem Herzoge von Albany ſelbſt wieder in die Hände zu liefern. Dieſer Schritt koſtete ihn das Leben. Der Regent ging nach Frankreich zurück, woſelbſt er fünf Jahre blieb *). Unter der Zeit wurden in Schottland die unerhörteſten Verbrechen begangen, und dies Königreich wurde während dieſer Art von Anarchie ſo ſehr geſchwächt, daß es auf lange Zeit weder ſeinen Feinden furchtbar, noch ſeinen Freunden nützlich, noch mit ſich ſelbſt im Frieden war. Heinrich VIII. hatte noch keine Gelegenheit gefunden, Franz I. ſeine Empfindlichkeit fühlen zu laſſen, aber voll Begierde ſich zu rächen, ergrif er mit Freuden den

P 3

*) Mſpt. der königl. Bibl. Dupuy, No. 462.

1500ersten Vorwand *). Leo V. vereinigte sich mit den
verbündeten Fürsten; der Kaiser und der König von
England sollten in Frankreich einfallen, und der Pabst
eine mächtige Armee in Italien auf die Beine bringen **).

Ohngeachtet dieser Zurüstungen würde Franz I.
keine Unfälle erlitten haben, wenn er nicht zu hi-
tzig, leichtgläubig und dem Willen seiner Mutter
nicht zu unterwürfig gewesen wäre. Louise von Savoyen schonte weder das Reich noch ihren Sohn,
um sich an dem Herzoge von Bourbon zu rächen,
der ihre Liebe verschmäht hatte. Franz I. hätte eine
solche Rache verachten, und sie nicht auf Kosten
seines Volkes befriedigen sollen; allein er nahm gegen alle Klugheit an dem Hasse seiner Mutter Theil,
und entzog einem Manne sein Vertrauen, der dem
Staate gedient haben würde, und den eine heftige
Erbitterung bald zu der schwärzesten Verrätherei
verleitete. Franz I. der seine Rathschläge verachtete, versäumte es, den Kaiser auf seinem Rückzuge
nach Valenciennes zu verfolgen; die einzige Gelegenheit zum Ruhm für die Franzosen und zur Schan-

*) Lord Herbert. Polyd. Virg. Godwins Ann.

**) Ebend. Guicciardini, B. 13. Fra-Paolo. B. 1.
Msct. d. königl. Bibl. No. 462.

de für Karl V. Die Eroberung von Fontarabia hatte
nicht minder wichtige Folgen. Der Herzog von
Guise rieth dem Könige, diese Festung schleifen zu
laffen; Bonnivet aber, auf diese Eroberung eifersüchtig, setzte sich dagegen; der König glaubte ihm,
und dieser unbesonnene Günstling stürzte das Königs-
reich in einen acht und dreißigjährigen Krieg *).

Wer würde sich die Intriguen Leo X. in Italien,
wo die Französischen Waffen über die seinigen gesiegt haben würden, und die unbegreifliche Verblendung der französischen Regierung vorstellen können, welche ihre Generale und ihre Armeen in einem fremden Lande dem Mangel überließ? Louise
von Savoyen behielt damals hundert tausend Thaler zurück; welche Franz I. dem Grafen von Lautrec
angewiesen hatte. Was konnte dieser General ohne
Geld, um seine Soldaten zu bezahlen, ohne Freunde, um den Intriguen des Pabstes und den Verräthereien des Prinzen vorzubeugen, wohl unternehmen? was für Eroberungen konnte er machen
und wie sollte er sie behaupten? Die Gibellinen er-
mordeten die Franzosen, wo sie sie nur fanden,

P 4

*) Mez. S. 551. Guicciardin B. 13. Paul Jovens.
Leben Leo X. Fra-Paolo.

und gleich reiſſenden Thieren übten ſie Grauſamkeiten
an ihnen aus, die kaum unter wilden Völkern be-
kant ſind. Lautrec von Hinderniſſen umgeben, die
auch den muthigſten Mann in Verzweiflung würden geſtürzt haben, von Frankreich und von ſeinen
Soldaten verlaſſen, verlor alles Land, das er erobert hatte *). Der kaiſerliche General, Marquis
von Pescara, und Prosper Colonna ſprengten
im Namen des Papſtes aus, daß die Franzo-
ſen beſchloſſen hätten, ſich auf eine ſchreckliche
Art an den Meiländern wegen ihres Widerſtandes
zu rächen; ſie zeigten einen falſchen Brief von
dem Könige von Frankreich, worinn er ſeinen
Generalen befahl, aus der Stadt Meiland nur Einen Scheiterhaufen zu machen. Die Prieſter mu-
ſten durch Predigten dieſe Betrügereien verbreiten,
um ſie glaubwürdig zu machen; ſie unterhielten
durch dieſes Mittel den Haß des Volkes, und ſporn-
ten es an ihre Truppen zu beſolden *).

Alſo hatte die Eiferſucht zweier Fürſten, und
der Ehrgeiz eines Pabſtes das Kriegsfeuer in Euro-

*) Du Bellay. Paul Joves. Pallavicini. Geſch.
der Tridentiniſchen Kirchenverſamml. Fra-Paolo,
Band 1.

*) Ebend. Guicciard. B. 24. Mez.

pa von neuem angefacht.   Frankreich, Spanien, 1520
die Niederlande, Schotland, England, Italien
waren sämmtlich gegen einander in Waffen. Die
Völker sahn Zwietracht, Verrath, Mord, Räube-
rei und Elend ungestraft in ihrer Mitte herrschen.
Indeß fanden Luthers Meinungen im Norden
immer mehr Anhang, und bereiteten länger dau-
rende Spaltungen und eben so mörderische Kämpfe,
bereiteten Uebel vor, die in der Folge alle Stände
der bürgerlichen Gesellschaft trafen.

Luther war den Päbsten kein gleichgültiger Feind
mehr; er war der Apostel, das Haupt und der Gesetzgeber eines großen Theils von Deutschland *).

P 5

*) Luther that alles mögliche, um Erasmus in sei-
ne Parthei zu ziehen. Desiderius Erasmus war
1467 geboren. Einige Schriftsteller haben gezweifelt, ob dies wirklich sein Geburtsjahr gewesen
sei; aber ohne Zweifel ist es am sichersten, sich,
wie verschiedne andre gethan haben, hierin auf
die Inschrift zu verlassen, welche die Stadt Rotterdam unter die ihm zu Ehren errichtete Bildsäule setzen ließ. Seine Mutter Elisabeth, Tochter eines Arztes in Gouda, liebte einen Jüng-
ling, Namens Gerhard van Praet, lange und
zärtlich. Dieser hatte einen Vater, dessen Härte

1520 Schon predigte Zwingli, ein Pfarrer aus Zürch, ebenfalls die Reformation, und die Rathsherrn und

die Verbindung der beiden Liebenden immer verhinderte. Sie vergaßen, daß dereinst für ihr Glück günstige Augenblicke folgen könnten, die sie erwarten müßten. Elisabeth sah sich gezwungen, das väterliche Haus zu verlassen, und ging nach Rotterdam, wo Erasmus das Licht der Welt erblickte. Mit einem lebhaften, nach Wissenschaften strebendem Geiste geboren, bildete er denselben durch Lesung der Schriftsteller des Alterthums aus. Philosophen, Dichter, Redner, heilige und profane Geschichtschreiber halfen zu seiner Bildung, und gaben ihm denjenigen hohen Grad von Geschmack, von Beurtheilungskraft, Nachdruck und Beredsamkeit, der seine Werke charakterisirt. Er sagte oft, die Zänkereien der Philosophen und die Kriege der Staatenbeherrscher kämen immer von den boshaften Gesinnungen der Privatpersonen oder von dem Unverstande der Völker her, und, aus einem fehlerhaften Princip könnte keine andre als verderbliche Wirkung entstehn. Nach dieser richtigen Idee von Ursachen und Wirkungen wollte sich Erasmus nie mit Luthern verbinden, den er beständig als einen Unsinnigen betrachtete, ob er gleich seine Grundsätze in Ab-

der größeste Theil des Volks waren schon seine 1520; Proselyten. Einige haben ihn fälschlich für einen

sicht auf die Kirchenverbesserung billigte. Die Sorbonne ward indessen über des Erasmus Schriften unruhig. Noel Beda, Syndikus der Sorbonne machte einen Auszug aus der umschreibenden Erklärung der Apostelgeschichte. Er verstümmelte ganze Stellen, verfälschte den Sinn, sezte hinzu, und erreichte den Zweck, dieses Werk so verdächtig als unkenntlich zu machen. Die ganze Gesellschaft verlangte die Unterdrückung der Erasmischen Gespräche, und ließ eine Beurtheilung dieses Buches drucken, worin sie Stellen zu finden glaubte, die der Einführung des Lutherthums günstig wären. Franz I. verhinderte durch einen Ausspruch des Conseil die Bekanntmachung dieser Censur; und um dem Erasmus zu zeigen, wie sehr er ihn schäzte, lud er ihn schriftlich ein, nach Frankreich zu kommen, und überließ es ihm, die Bedingungen festzusetzen, unter denen er diese Einladung annehmen wollte.

Die Sorbonne und eine große Anzahl von Feinden des Erasmus wurden hierdurch nur noch mehr gegen ihn aufgebracht, und drungen dem Könige die Erlaubniß ab, die Beurtheilung be-

1520 Schüler Luthers, andre für seinen Vorgänger gehalten; allein es ist ausgemacht, daß sie in wiß=

kannt zu machen. Aber der Schutz des Kaisers, die Briefe der Päbste, selbst derjenigen, die die heftigsten Feinde der Neuerer waren, als Julius II. und Pauls III, die Briefe eines Leo X, Klemens VII, Hadrians II. lassen keinen Zweifel an den religiösen Gesinnungen des Erasmus und an der Uebereinstimmung seiner Schriften mit den Lehren der Kirche übrig. Wenn er bei seinem Leben verfolgt wurde, so hatte er das Schicksal der großen Männer, er wurde nach seinem Tode gelobt. Basel und Ratterdam verehren sein Andenken; an dem ersten Orte wird noch das Haus gezeigt, worinn er gestorben ist. Das Schulgebäude, worinn des Winters die Lektionen gegeben werden, trägt seinen Namen; sein Kabinet, welches die Stadt für neuntausend Thaler an sich kaufte, wird darin aufbewahrt, und sein Bildniß, von dem berühmten Holbein gemahlt, wird eben daselbst gezeigt. Der Magistrat von Rotterdam hat über dem Hause, worin er geboren ist, eine Inschrift, und an der Fassade des Gebäudes wo die Sprachen und die Rhetorik gelehrt werden, seinen Namen setzen lassen. Die Stadt ließ ihm 1549 eine hölzerne Bildsäule errichten; 1557 wurde sie in Stein gehauen. Die Spanier

tigen Punkten von einander abgingen, und man 1520
hat ihre Systeme nur vermischen können, weil sie
beide mit gleichem Eifer gegen den Pabst und gegen die Gewalt der Geistlichen zu Felde zogen.
Der Pabst und der Kaiser bemühten sich vergebens,
den Kurfürsten Friedrich zu bewegen, daß er Luthern
ihnen überlassen möchte. Die Politik dieses Fürsten
bediente sich geschickt der Gründe, welche die Gerechtigkeit zu seiner Vertheidigung darbot. Luther
erhielt von dem Kaiser ein freies Geleit, um sich auf
den Reichstag nach Worms zu begeben*) Hier
wurde er befragt, ob er der Verfasser der unter seinem Namen heraus gekommenen Schriften sei, und
ob er noch immer bei seiner Lehre beharre? Luther
antwortete, er hätte diese Schriften selbst abgefaßt;
einige enthielten seine Glaubensmeinungen, welche
er ohne Verletzung seines Gewissens nicht zurück-

warfen diese im Jahre 1572 um, und der Rath
stellte sie 1622 in Bronze wieder her. Sie steht
auf dem großen Platze von Rotterdam am Kanal,
von einem eisernen Gitterwerk umgeben, und mit
Schriften zu seinem Lobe geziert. S. Gesch. der
vereinigten Prov. Th. 4. B. 12.

*) Fra-Paolo, B. 1. Pallavicini, B. 1. Sleid-
an, B. 3.

1520 nehmen könnte; in andern hätte er das Betragen der Päpste frei untersucht, und überhaupt nichts als Wahrheit gesagt; könnte man übrigens ihn des Irrthums überführen, so würde er der erste seyn, der seine Schriften verbrennte*). Die Versammlung bestand aus Menschen, die hart genug waren, um die Strenge des Coftnitzer Concillums zu billigen, und zu glauben, daß man Ketzern keine Treue schuldig sei. Allein der Kurfürst von Sachsen kam allen Gewaltthätigkeiten zuvor, indem er vorstellte, daß die Nation um der bloßen Vertheidigung der Geistlichen willen sich nicht selbst auf ewig beschimpfen müsse; und da er endlich das Schicksal des Johann Huß für Luthern fürchtete, ließ er ihn auf seiner Rückreise von Worms durch einige verkappte Reuter auf dem Wege nach Wittenberg aufheben, und auf eines seiner Schlösser bringen, ohne daß er selbst einmal den eigentlichen Ort seines Aufenthalts wissen wollte. In dieser Freistäte, welche er sein Pathmos nannte, setzte Luther verschiedene Schriften auf.

Der Kaiser, der sein Schlachtopfer entfliehen sah, ließ ein Edikt bekannt machen, worin er sagte, es wäre Pflicht eines christlichen Regenten,

*) Ebend.

die Ketzereyen zu unterdrücken, und den wahren 1520
Glauben auszubreiten; und dann, um der Ehre Got,
tes, der dem Papste schuldigen Ehrfurcht und der
kaiserlichen Würde Genüge zu thun, Luthern für
einen Ketzer erklären, seinen Unterthanen verbieten ihn aufzunehmen und allen Fürsten befehlen,
sich binnen zwanzig Tagen seiner zu bemächtigen,
seine Mitschuldigen zu bestrafen und ihre Güter einzuziehn. Als er auf diese Art über Luthers
Schicksal entschieden hatte, wollte er die Mitglieder des Reichstags bereden, einen Alliänztraktat
mit dem König Christian von Dännemark, dem
Tyrann von Schweden, seinem Freunde und Anverwandten zu unterzeichnen. Große Revolutionen
hätten das Königreich Schweden den Königen von
Dännemark unterworfen; jetzt war es an dem, daß es
durch andre noch wichtigere Begebenheiten ihm wiederum entrissen werden, und bald gerechtern Gesetzen
gehorchen sollte. Margaretha von Waldemar, diese
Frau, die wegen ihres Geistes, ihrer Klugheit und ihres Muthes die nordische Semiramis genannt zu werden verdient, hatte die Vereinigung der drei Reiche,
Dännemark, Norwegen und Schweden zu stande gebracht *). Selten ist es großen Fürsten verliehen,

*) Puffendorf Gesch. von Schweden. S. 150.

1520 Nachfolger zu hinterlassen, die das, was sie gestiftet haben, zu erhalten fähig sind. Bei Margarethens Tode machten sich die Dänen zu Herrn von Schweden und Norwegen; und um eine Gewalt zu behaupten, welche die Schweden ungern ertrugen, überhäuften sie die Geistlichkeit dieses Königreichs mit Gütern und Ehre. Dreimal wählten die Stände den Marschall Knutson zu ihrem Regenten; und dreimahl wurde er bloß durch das Ansehn der Geistlichkeit abgesetzt. Sein Tod ließ diesen schwankenden Posten in den Händen seines Neffen. Dieser Prinz, ein würdiger Nachfolger Margarethens, und sein Nachfolger Suante Nilson Sture hielten unter dem bloßen Titel, Administrator des Königreichs, vierzig Jahre hindurch die Könige von Dänemark und die Schwedische Geistlichkeit gleich entfernt von der souveränen Macht.

Dieser letzte wußte die Vortheile aller Stände des Königreichs zugleich zu befördern. Schweden schien unter diesem edelmüthigen Bürger wieder aufzuleben *) Er starb, und sein Sohn Stenon war, seiner glücklichen Anlagen ohngeachtet, noch zu jung, um seinem Vorbilde zu folgen **). Der Triumph

der

*) Puffendorf. S. 276.

**) Ebend. S. 280.

der Geiſtlichkeit ward nun weit leichter; ſie hatte ⟨20⟩
nur die Schwäche und Unerfahrenheit eines Kindes zu beſtreiten.   Alter, Furcht und Verachtung
lehrten ihn ſich zu vertheidigen; aber es war zu
ſpät;   die Partheien waren ſchon in ihrer völligen
Stärke, die erſte Quelle der Kabalen war auf keine Weiſe zu entdecken, und die Aufwiegler waren
in den Augen des Volks ein geheiligter Gegenſtand.
Stenon war ſechzehn Jahr alt, als Chriſtian II.
nach dem Tode ſeines Vaters, Johanns von Ol-
denburg, den Thron von Dännemark beſtieg. Ein
Fürſt von einer wilden, mißtrauiſchen, ungeſtü-
men Gemüthsart; der den König liebte, nicht aus
Begierde nach Ruhm, ſondern um Blut zu
vergießen; würdig mit einem Worte, der nordi-
ſche Nero zu heiſſen.   Die ſchwediſche Geiſtlichkeit
war ihm ohne Einſchränkung ergeben, und als Stenon in dies Gewebe von Ungerechtigkeiten eindringen
wollte, das den Dänen eine ſo gefährliche Herrſchaft verſchaft hatte, fand er ſich ſo ſchwach und
von Hülfe entblößt, daß er nur den Weg der Unterhandlungen einſchlagen konnte.   Er wandte ſich
an den Papſt.   Leo X. ſchickte einen Legaten nach
Schweden;   allein nicht um den Geiſtlichen ihre
Verwegenheit zu verweiſen, ſondern um einen Vorwand zu haben, Ablaß auszutheilen; und Stenon

1520 hatte große Ursache, zu bereuen, daß er ihn gerufen hatte, weit entfernt, mit seiner erkünstelten Sanftmuth, und mit seinen verfänglichen Verbesserungs = und Vergleichungsplänen zufrieden zu seyn.

1521 Unter denjenigen, die Tyrannenhaß, Vaterlandsliebe, und das ehrfurchtsvolle Andenken an den Administrator dem Sohne desselben ergeben machten, zeichnete sich Gustav Wasa aus; ein Sohn Erich Wasa's, Stadthalters von Gothland, Anverwandten von Stenon. Gustav hatte mehr Gefühl für den Ruhm als für Vergnügungen. Die Hitze der Jugend machte ihn unternehmend, ohne ihn stolz und verwegen zu machen. Stenon folgte seinem Rathe und besiegte die Dänen. Als man sie beide die Waffen ergreifen sah, setzte sich die ganze Nation in Bewegung; es waren keine regulirte Truppen, die sich unter ihre Fahnen begaben, es war ein ganzes Volk, das sich bewafnete um seine Rechte zu vertheidigen. Die Natur selbst unterstützte den Muth der Soldaten und die Tapferkeit der Anführer. Die überwundenen Dänen wurden durch widrige Winde drei Monate auf der Rhede von Stockholm zurückgehalten, ohne in dem Haven aussteigen zu können, welchen Gustav besetzt hielt. Christian verlangte Frieden, und ließ Stenon vorschlagen, an das Ufer

zu kommen und auf dem Lande Geiseln zum Pfan-1521
de der Sicherheit zu empfangen.   Der Senat wollte
die Person dieses jungen Prinzen nicht in Gefahr
setzen: Gustav ging mit sechs andern Herrn statt
seiner; der treulose Christian ließ sie gegen sein öf-
sentlich gegebnes Wort entwaffnen, machte sich einen günstigen Wind zu nutze, und kehrte nach Dännemark zurück.   Der Administrator und Schweden
verloren mit Gustavs Tapferkeit und Klugheit ihre
Freiheit und ihren Ruhm.   Christian von seinem
gefährlichsten Feinde befreit, warb neue Truppen an,
bemächtigte sich alles Geldes, das der päpstliche Legat in Dännemark und Schweden zusammen ge-
rafft hatte *), hob unmäßige Auflagen, erhielt Beistand von Franz I, und rückte gegen Schweden an.
Die erste Schlacht wurde bei dem Wetter-See ge-
liefert, welcher damals gefroren war: Stenon focht
mit einem Muthe, der an Verzweiflung gränzte.
Seine Tapferkeit setzte die Dänen in Erstaunen.
Er hatte beinahe den Sieg in Händen, als ihm eine
Kanonenkugel das Leben nahm **).   Das Schrek-

Q 2

(* Ebend.

**) Dieser Schuß nahm ihm ein Bein weg; man
    brachte ihn von dem Schlachtfelde fort, und er
    starb unterweges nahe bei Strengnäs. Muff.

1521 ten bemeisterte sich der Schweden, sie wichen augenblicklich, und der Sieger wurde als König erkannt. Bald nachher brach seine Rache auf eine Art aus, deren Erinnerung noch jetzt Entsetzen erregt. Er selbst an der Spitze seiner Henker, ließ in seiner Gegenwart vierundzwanzig Senatoren, worunter Erich Wasa war, nebst einem großen Theile des Volkes in Stockholm, ohne Unterschied des Geschlechts, des Alters und Standes erwürgen*). Stenons Wittwe gab ihm ihre Schätze hin, um ihr Leben loßzukaufen. Der Tyrann ließ sie mit den Müttern, Schwestern und Töchtern der Unglücklichen, die bei dem Blutbade von Stock-

---

*) Anfangs erkünstelte er ein leutseliges Betragen, um die Großen und den Adel an sich zu ziehen, als er aber nach dieser Metzelung wieder in sein Königreich zurückkehrte, ließ er allenthalben, wo er durchkam, Galgen errichten, und bezeichnete seinen Weg durch schreckliche Grausamkeiten. Zu Nyköping ließ er zwei Knaben, von der Familie der Ribbings, wovon der eine neun und der andre sieben Jahr alt war, aufs grausamste peitschen. Im Kloster von Nidula ließ er den Abt und neun Mönche ersäufen, man zählt mehr als sechshundert unschuldige Personen, welche dieser Tyrann hinrichten ließ. (Puff: S. 299.)

holm umgekommen waren, nach Dänemark füh-1511
ren, und betrachtete sie als Geiseln, deren Leben
ihm für die Treue ihrer in Schweden zurückgelaß-
nen Verwandten haftete.

Gustav war ihm während seiner Abwesenheit
entkommen. Als Flüchtling irrte er in den dichten
Wäldern von Dalekarlien umher, und verbarg seinen tiefen Schmerz in den unzugänglichen Wüsten,
bald als Bauer, bald als ein Handwerker verkleidet. Zuweilen verdankte er seine Rettung der Flucht,
oft seinem Muthe, und einmal der Liebe. Endlich
gelang es ihm, von den Dalekarlischen Bergwerken
aus die Hälfte des Königreichs zu empören, mit den
Waffen in der Hand wieder zu erscheinen, und sich
zum souverainen Administrator ausrufen zu lassen *).
Dieser außerordentliche Sieg, dessen Geschwindig-
keit an das wunderbare gränzt, entflammte Chri-
stians gräusame Seele zum Zorne; er verlangte Hülfe von seinem Schwager, Karl V, der sie ihm nicht
geben konnte, und von den Deutschen Ständen keine erhielt. Gustav sollte Schweden regieren, und der
unwiderstehliche Lauf der Begebenheiten gab ihm
die Regierung eines Volkes, welches er der

Q 3

*) Vertot, S. 309. f.

1531 Schlachtbank entrissen und aus der Sklaverei gerettet hatte.

Luthers Meinungen, seine Anhänger und die verschiedenen, aus seinen Lehrsätzen entstandnen Sekten beschäftigten die größesten Mächte von Europa. Heinrich VIII, welcher indeß die Gewogenheit des Pabstes nicht lange verdiente, verfaßte selbst ein Werk über die Sakramente gegen Luthers Lehre, und sandte es dem Pabste zu. Leo X. empfing dies Geschenk mit ausnehmender Freude, er überhäufte den fürstlichen Verfasser mit Lob, und ertheilte ihm vor dem versammelten Consistorium den Titel eines Beschützers des Glaubens und des heiligen Stuhls, und des katholischen und orthodoxen Königs *). Luther sah das Werk und beantwortete

*) Lord Herbert. Die Sorbonne hatte kurz vorher Luthers Lehrsätze verdammt, und diese Sentenz hatte ihn sehr beleidigt. Er trug seinem Lieblings-Schüler Melanchthon seine Antwort auf, welche den Titel führte: Rechtfertigung Luthers gegen das berühmte Decret der kleinen Pariser Theologen". Luther antwortete auf diese unter Melanchthons Namen herausgekommne Schrift, und da sein guter Erfolg ihn kühn gemacht hatte, antwortete er dem Könige von England mit sehr wenig Mäßigung. (ebend.) Fra: Paolo

es mit seiner gewöhnlichen Kühnheit. Ob er gleich 1521. damals noch in seinem Pathmos war, breiteten sich doch seine Schriften in ganz Deutschland aus und kamen in die Niederlande. Der Kaiser hatte sein Wormser Edikt daselbst bekannt machen lassen, ohne

Q 4

erzählt, daß Heinrich VII. seinen zweiten Sohn zum geistlichen Stande bestimmt hatte, und daß die zu diesem Stande erforderlichen Studien ihn in die tiefsten Geheimnisse der Theologie hatten eindringen lassen; (Gesch. der Tridentinischen Kirchenversammlung, B. 1.) aber Burnet, ein Englischer Geschichtschreiber, Lord Herbert, und Goodwin erzählen einstimmig, daß Prinz Artus, Erbe des Königreichs, sich mit eben den Studien beschäftigt hatte, und daß ihr Vater auf sein Ansehn eifersüchtig, die Schlauigkeit besaß, sie dadurch von den Geschäften entfernt zu halten, daß er sie mit Gegenständen, die mit der Regierungskunst in keiner Verbindung stehn, beschäftigte. Heinrich VIII. würde, da er den Titel, Beschützer des Glaubens, erhalten hatte, auch gewiß canonisirt worden seyn, wenn er in demselbigen Jahre gestorben wäre. Er war der erste König, der durch seine Schriften die römische Kirche vertheidigt hatte. (Reformat. Gesch. B. 1. Fra-Paolo, B. 1. Rymers Act. B. 13).

1521 es den Ständen mitzutheilen; und die Regentin hatte den Auftrag bekommen, auf die Vollziehung desselben zu halten. Diese Fürstin hatte einem gewissen Brabantischen Rathe, van der Hulst, die Inquisition gegen die Sektirer aufgetragen, und das Plakat, welches er anschlagen ließ, setzte Todesstrafe auf das Verbrechen der Ketzerei, befahl die Ketzer anzugeben, bei Strafe als Mitschuldige betrachtet zu werden, und versprach dem Denuncianten ein Drittheil der eingezogenen Güter zur Belohnung. Eben die Strafe war denen zuerkannt, welche Schriften der Neuerer in den Händen haben würden. Strenge Exekutionen folgten auf diese grausamen Verordnungen, und von der Zeit an waren eine Menge Mißvergnügte in Holland bereit eine Parthey zu stiften, und den neuen Lehren zu folgen *). Der Monarch hatte das Volk zum Murren gereizt, als er es im Jahre 1515 vor seines Großvaters Tode zuerst gewagt hatte; die Pri-

---

*) Johann von Buaker, Priester zu Woerden, der ein neues Testament nach Luthers Uebersetzung zu Amsterdam gedruckt austheilte, wurde zum Haag gehängt, und verbrannt. Auf diese Exekution folgten noch viele andre zu Amsterdam, Muiden und Amersfort. Gesch. der Niederlande.

vilegien von Holland zu verletzen. Die Inspektion 1521
über die Dämme war seit Wilhelm II. einem Gerichte anvertraut gewesen, welches bloß unter dem
Statthalter und dem Rathe von Holland stand.
Karl V. bemerkte in der so wichtigen Unterhaltung
der Dämme Nachlässigkeit, oder that, als ob er
dergleichen bemerkte. Er gab einem von den seinigen die Aufsicht darüber, und ertheilte ihm die
Macht, Veränderungen damit vorzunehmen, ja
sogar die Beamten abzusetzen. Die Stände beriefen sich auf die Privilegien, welche die Fremden
von aller Geschäftsverwaltung ausschlössen. Diese
so gerechten Vorstellungen hatten keine andre Wirkung, als Karl V. zu bewegen, selbst die Rathsher-
ren abzusetzen, welche es gewagt hatten, sich dem
auf seinen Befehl angesetzten Oberaufseher zu widersetzen *).

Der Mißbrauch der souverainen Gewalt brachte verderbliche Folgen in Frankreich hervor. Die
Kosten eines unnützen, aus Ehrgeiz unternommenen,
aus Hartnäckigkeit fortgesetzten Krieges verzehrten
die Einkünfte des Königs; man mußte endlich die
Kronengüter veräußern, und da dieses Mittel nicht

Q 5

---

*) Gesch. der vereinigten Provinzen, B. 4.

1521 hingereicht hatte, wurden die Justizstellen ver=
kauft und neue errichtet, die Steuern wurden
erhöht, und neue Auflagen gemacht. Frankreich
war indeß noch nicht so erschöpft, daß es schon zu
diesen schrecklichen Hülfsmitteln wäre gezwungen
gewesen. Die Stimme des Publikums schrieb die=
se Unordnungen den Rathschlägen des Kanzlers zu,
welcher, um dem Geitze der Herzogin von Angouleme
zu fröhnen und dem Stolze des jungen Königs zu
schmeicheln, ihnen den verwegnen Gedanken ein=
gab, die Grundgesetze des Königreichs umzusto=
ßen, deren Beschützer und Vertheidiger sie hätten
seyn sollen. *)

Die Sucht Länder zu erobern, welche er nicht
erhalten konnte, führte Franz I. ins Verderben.
Der Connetabel von Bourbon, dessen Muth und
Geschicklichkeit sein Vaterland hätte beschützen kön=
nen, von der Herzogin von Angouleme verrathen,
durch sie der vornehmsten Verrichtungen seiner Stel=
le entsetzt, seines Herzogthums Bourbon und der
großen Güter seiner Gemahlin Susanne beraubt,
und ohne Hoffnung die französische Prinzessin Re=
nate zu erhalten, fühlte diese Beleidigungen so leb=
haft, daß er alle öffentliche und Privatpflichten

*) Mezeray, S. 857.

vergaß und sich zu der Parthey des Kaisers schlug. 1521
Weder Franzens edles Zutrauen, der sich selbst zu
Moulins ihm in die Hände lieferte, noch die Versprechungen dieses Fürsten konnten ihn von dem Vorsatze,
wozu ihn die Verzweiflung gebracht hatte, abbrin-
gen; alles Tugendgefühl war in seiner Seele erloschen.
Die Schlacht bey Pavia, wo er die Waffen gegen
sein Vaterland führte, und beinahe den Monarchen entwaffnete, den er hätte vertheidigen sollen,
machte das Maaß seiner Treulosigkeit voll. Franz
I. focht mit einem Muthe, dessen Andenken sich
stets in Italien erhalten wird; aber von nieder-
trächtigen Räthen, von unwissenden Chefs umgeben, von seinen Soldaten verlassen, sein Pferd
unter ihm getödtet, war es um sein Leben geschehen,
wenn der Waffenträger des Connetable ihn nicht in
demselbigen Augenblicke erkannt hätte. Dieser
von dem Ehrgefühl beseelt, das sein Herr verlohren hatte, trat neben den König und vertheidigte
ihn; er lag ihm zu wiederholtenmalen an,
sich dem Herzog von Bourbon zu ergeben;
aber Franz, glühend vor Zorn, würde lieber umgekommen seyn, ehe er diesen Treulosen um Hülfe
angerufen hätte. Er tödtete mit eigner Hand
sieben Mann, welche ihn gefangen nehmen woll-

1521 ten *), und da er seine Kräfte erschöpft fühlte, ließ er den Grafen von Lannoy rufen, übergab ihm seinen Degen, und wurde unter seiner Verwahrung auf das Schloß Pizzighitone am Adda gebracht **).

*) Johann von Tournons Brief an den Vicomte von Turenne. Du Bellay, B. 1. Guicciard. Gesch. von Flor. B. 5.

**) Bayard war schon nach der Niederlage bei Biagras geblieben. Der Graf von Saint-Pol, welcher nach seiner Verwundung zu ihm gestoßen war, ließ ein Zelt über ihm aufschlagen; der Connetable von Bourbon kam zu ihm und bezeugte sein Mitleid. „Nein, Monseigneur, antwortete ihm Bayard, ich bedarf keines Mitleidens, ich sterbe als ein rechtschaffner Mann im Dienste meines Königs. Mit Ihnen muß man Mitleid haben, der Sie eidbrüchig die Waffen gegen Ihr Vaterland und Ihren König führen.“ Der Connetable von dieser Antwort betroffen, wollte die Ursachen auseinander setzen, die ihm gezwungen hätten, Frankreich zu verlassen. Bayard aber blieb unbeweglich, ermahnte ihn aufs schnellste zu seiner Pflicht zurückzukehren, wenn er nicht sein Leben ohne Güter und Ehre hinbringen wollte. (Gesch. des Ritter Bayard. Du Bellay, B. 2. Mezeray, S. 945).

Frankreich verlor also in Italien den Kern sei- 1524
nes Adels, und seine tapfersten Feldherrn. Diese
Nachricht setzte das ganze Reich in unbeschreibliche
Bestürzung. Der Haß, den man dem Kanzler
geschworen hatte, das wenige Vertrauen, das die
Herzogin von Angouleme einflößte, die Empörung
des Connetable, der Tod des Herzogs von Alençon
riefen den Herzog von Vendôme zur Regierung,
der durch seine Geburt dem Throne nahe stand.
Wäre er fähig gewesen, sich den Eingebungen des
Ehrgeizes zu überlassen, wodurch schwache Seelen
oft irre geführt werden, so hätte er ein gefährliches
Oberhaupt der durch das allgemeine Mißvergnügen
entstandnen Parthey werden können *). Die ganze Klugheit des Präsidenten von Selve und der
Parlamensglieder vermochte nichts gegen das Volk;
sie mußten im Namen desselben dem Herzoge von
Vendôme gleich bei seiner Ankunft die Regentenschaft und die Staatsverwaltung antragen. Der
Herzog sah voraus, daß er sie nicht würde annehmen können, ohne Faktionen zu veranlassen, welche
Frankreich zerreissen und seinen eignen Untergang
nach sich ziehn würden. Er opferte seine Größe

*) Gesch. von Frankr. B. 24. Du Bellay B. 3.
Mezeray, Chron. Aust. B. 2.

1522 dem Wohl des Staats auf, hörte die Deputirten
des Parlaments und der Stadt mit einer sichtba-
ren tiefen Traurigkeit an, und antwortete auf ihren Antrag, ohne Kälte oder Freude darüber zu zeigen: die Befehle der Regentin *) riefen ihn nach
Lyon, woselbst sie sich mit den Prinzen vom Ge-
blüt und den Gouverneurs der Gränzplätze be-
fände, und in ihrem Rathe müßten die Maßregeln zur Sicherheit des Staats, der öffentlichen
Ruhe und der Befreyung des Königs genommen
werden." Diese weise Mäßigung hielt die Hitze
der Mißvergnügten zurück, ohne sie zu beleidigen,
und befriedigte die Regentin, ohne ihr eine sklavi-
sche Unterwürfigkeit zu versprechen. Als er zu Lyon
erschien, ernannte sie ihn zum Chef ihres Rathes,
und zeigte ihm die größeste Folgsamkeit. Bald nachher ließ sie, durch seine Rathschläge geleitet, das
Parlament zu Paris ersuchen, den Präsidenten von
Selve und zwei Räthe zu ihr zu senden, deren Einsicht und Erfahrung sie, wie sie sagte, zu Rathe

*) Siehe die Akten, durch welche der König von
Frankreich seiner Mutter Louise von Savoyen
die Regentenschaft verleihet. Rymers Akt. B.
14, und die französischen Geschichtschreiber, welche sie gesammlet haben.

ziehen wollte *).   Diese richteten ihr erstes Augen= 1522
merk auf England: sie glaubten, daß man Hein=
rich VIII. als den gefährlichsten Feind von Frank=
reich zuerst von dem Kaiser abwendig zu machen su=
chen müßte.   Verschiedne Umstände kamen diesem
Vorhaben zu statten.   Man wußte den unruhi=
gen und eifersüchtigen Geist dieses Prinzen geschickt
zu nützen, ob er gleich kurz vorher in Schottland
Beweise seines Hasses gegen Frankreich gegeben
hatte.

Die Schottländer bezeugten dem Herzoge von
Albany, welcher seit fünf Jahren in Frankreich lebte,
ohne sich um ihre Regierung zu bekümmern, wenig
Gehorsam.   Sie ließen den König von England
bitten, dem jungen Könige Jakob die höchste Ge=
walt zu übergeben.   Heinrich schickte die Königin
mit ihrem Sohne unter Begleitung des Grafen
von Lenox, des Grafen von Arran, und einiger
Englischen Herren, welche Aufträge zu Friedens=
unterhandlungen hatten, nach Edinburg.   Der
Graf von Angus schmeichelte sich vergebens, den=
selben Hindernisse in den Weg zu stellen; die Köni=
gin, welche Heinrich Stuart ihm öffentlich vorzog,

*) Parlaments=Register, Montlucs Mem. Du
Bellays Mem. B. 2.

1522 wideretzte sich der Zurückkunft ihres Gemahls, unter dem Vorwande die öffentliche Ruhe zu erhalten; allein Heinrich VIII. war zu eifersüchtig auf den Grafen Arran, um nicht seinem Ansehn das Gleichgewicht zu halten. Margaretha schlug nunmehr vor, den jungen König mit Heinrichs Tochter Maria zu vermählen. Die Engländer nahmen diesen Vorschlag nur unter der Bedingung an, daß die Schottländer die Allianz mit Franz I. aufgeben, und eine mit England schließen sollten, und daß der junge König bis zur Vollziehung einer Vermählung, welche das Alter beider Theile damals unmöglich machte, in London bliebe. Allein die Schottländer hatten ganz andre Absichten: sie weigerten sich mit Franz I. zu brechen, und boten die Hand ihres Herrn nur auf den Fall an, wenn der König von England den Kaiser verlassen würde. Heinrich VIII. wußte noch nicht, ob er mehr Vortheil davon haben würde, seine Tochter auf einen Thron zu setzen, dessen Besitzes er sich selbst versicherte, oder einen gefährlichen Bundsgenossen zu behalten, dessen Macht ihm furchtbar werden würde. Er bestimmte sich bloß zu einem Waffenstillstande von viertehalb Jahren. Karl V. von diesen Verhandlungen unterrichtet, ließ bei ihm um die Prinzessin Maria und mit ihr um die

Ausstattung anhalten, welche ihr in dem Verbin- 1525
dungstraktate ausgemacht war; allein ehe Heinrich
geantwortet hatte, war schon die ganze Lage der Angelegenheiten von Europa durch die Schlacht bei
Pavia geändert *)! Luther, Zwingli und ihre
Jünger, machten in der Ausbreitung ihrer Lehren
die schnellsten Fortschritte. Die Unordnungen der
Geistlichen gaben den Königen, den souverainen
Fürsten und den Vorstehern der freyen Staaten einen guten Vorwand, eine Lehre zu untersuchen,
die auf Gründen ruhte, deren Wahrheit auszumachen so leicht geworden war. Diese Prüfung zog
die allgemeine Aufmerksamkeit auf sich. Lebhafte
Antworten, falsch angeführte Stellen, bittere Wi-
derlegungen und die verschiedenen Meinungen des
Volks erzeugten in kurzem zahlreiche Partheien und
gefährliche Faktionen. Man sah endlich ein, daß
die Bullen, Edikte und Dekrete, die kaiserliche
Gewalt, die souveraine Autorität und das laute
Geschrei des Papstes unzulängliche Mittel waren.
Man wünschte jetzt ein Concilium **), welches durch
eine nothwendige Kirchenverbesserung, so vielen

*) Lord Herbert. Goodwins Ann. vom Jahr 1515.
   Anton de Vera, B. 1.

**) Fra Paolo, B. 1.

Gesch. Elisabeth. I. B.　　R

1525 Irrthümern ihre erste Grundlage entziehen, und so ihnen bei dem Volke, welches in neuen Lehrsätzen das Wahre vom Falschen nicht zu unterscheiden weiß, ihr Ansehn nehmen möchte. Aber, wie sollte man eine solche Versammlung zusammenberufen? und welchen Vortheil konnte man sich davon versprechen? Die Lutheraner sowohl als alle diejenigen, welche eine nothwendige Reform und neue Aufklärungen über die Hauptpunkte einer Lehre verlangten, die durch Eigennutz, Zügellosigkeit und Unwissenheit verfälscht seyn konnte, wollten zur Beruhigung ihres Gewissens, diese Glaubensstreitigkeit bloß nach deutlichen Aussprüchen der Offenbarung entschieden sehen. Die Fürsten, denen der Grund der Sache vielleicht minder am Herzen lag, wollten den geistlichen Stand wieder zu seiner ursprünglichen Einrichtung zurückgeführt wissen. Sie hofften dadurch wieder in ihre Rechte einzutreten, und den Priestern die weltliche Gerichtsbarkeit zu nehmen. Das Volk, welches nicht über das gegenwärtige Wohl oder Uebel hinaussah, wünschte, daß die Macht der Geistlichkeit eingeschränkt, und daß eine Menge unter den Namen Almosen, Zehnten und Ablaß ausgeübte Gelderpressungen verboten, so wie die unter den Namen Züchtigungen und Urtheilsprüche des römischen

Hofes autorifirten Gewaltthätigkeiten abgeftellt 1525
würden. Diefer letztere aber wünfchte eine Kirchen
verfammlung nur, wenn fie dienen könnte, fein An
fehen wieder herzuftellen, anftatt die Anmaßungen
des päpftlichen Stuhls felbft anzugreifen, und die
Quellen feiner Reichthümer zu verftopfen.

Leo X ftarb vor der Entfcheidung diefes großen
Prozeffes. Er war fechs und vierzig Jahr alt,
und Wolfey kam in Verdacht, feinen frühzeitigen
Tod befchleunigt zu haben *). Wenn er wirklich
diefes Verbrechen begangen hatte, fo erndtete er nicht
die gehofften Früchte davon ein. Karl V, welcher
nunmehr mächtiger in feinen Staaten war, brauch
te einen Papft, auf den er fich fichrer verlaffen
konnte, als auf Heinrichs VIII ehrgeizigen Mini
fter. Er ließ feinen Hofmeifter Hadrian, den Sohn
eines Bierbrauers zu Utrecht, erwählen. Die
Kriege in Italien hatten die Angelegenheiten des rö
mifchen Hofes in die größefte Unordnung gebracht.
Der päpftliche Stuhl ftand in öffentlichen Mißhel
ligkeiten mit den Herzögen von Ferrara und Ur
bino; die Kardinäle waren uneins; die Infel Rho
dus wurde von den Türken belagert; die Kirchen
fchätze fowohl als die Güter des Kirchenftaats wa

R 2

*) Lord Herbert.

1525 ren erſchöpft: dies war die Wirkung einer Anarchie
von acht Monaten. Hadrian dachte zuerſt darauf,
den Fortgang der Ketzerei zu hemmen; ſchrieb eiligſt
Briefe an den Reichstag zu Nürnberg, worin er
ſich bemühte, den Kurfürſten, Fürſten und Deputirten der Städte zu beweiſen, daß Luthers Lehr-
ſätze für ſie ſelbſt gefährlich wären; daß die Sektirer, wenn ſie einmal das geiſtliche Joch abgeſchüt-
telt hätten, die den bürgerlichen Geſetzen ſchuldige
Ehrfurcht aus den Augen ſetzen würden; er fügte,
um den gemeinen Mann zu ſchrecken, hinzu, ſie
würden, wenn ſie eine freche Hand an die Prieſter
und Diener Gottes zu legen gewagt hätten, ſich bald
nicht mehr ſcheuen, auch das Eigenthum der Pri-
vatperſonen und ihrer Familien anzutaſten. Auf
dieſe Betrachtungen folgte ein von der Hitze des apo-
ſtoliſchen Eifers eingegebner Rath: Er wollte, wenn
die Könige, Fürſten und Herrn Luthern und ſeine
Anhänger nicht durch Sanftmuth zurückführen
könnten, daß ſie ſich der harten Mittel, des Feu-
ers und Schwerdtes bedienen ſollten, um die ange-
ſteckten Glieder von ihrem Körper abzutrennen, wie
ehemals gegen Dathan, Abiram, Ananias und
Saphira, Jovinianus und Vigilatus war verfahren worden, und ſo wie ihre Vorfahren gegen Johann Huß und Hieronymus von Prag verfahren

hatten. Am Ende dieser Briefe aber bekannte er 1525 frei und aufrichtig, daß sich in die Mönchsorden, an den römischen Hof, und überhaupt unter die ganze Geistlichkeit, ungeheure Misbräuche einge= schlichen hätten; ein Geständniß, das die Prälaten und Kardinäle nothwendig aufbringen mußte *).

Die Kardinäle, durch dieses Geständniß in Schrecken gesetzt, fühlten, daß es unmöglich war, eine Reform zu vermeiden, und ihre Unruhe dar= über verkürzte vielleicht Hadrians Leben; er starb nach einer Regierung von einem Jahre und acht Monaten. Man argwohnte, daß sein Tod nicht natürlich war **). Indessen hatte der Reichstag zu Nürnberg, ein unter dem Namen centum grava= mina ***); oder die hundert Beschwerden gegen die

R 3

*) Fra=Paoli, Buch 1. Gesch. von Fl. Buch. 2. Guicciard. Buch 14.

**) Lord Herbert. Guicc. Buch 14. Nardi Gesch. von Fl. Buch 7.

***) Die Hauptpunkte dieser hundert Beschwerden waren die, daß die Geistlichen das Volk in Knecht= schaft hielten, die Layen ihrer Güter beraubten, und sich der weltlichen Gerichtsbarkeit bemäch= tigten. Fra=Paolo, Buch 1. Siehe die Beila= gen, No. 3.

1525 römische Kirche, bekanntes Memorial abgefaßt. Er schickte dasselbe an den römischen Hof, indem er, wie es hieß, jetzt noch Bedenken getragen hätte, Luthers Lehre und Person zu verdammen, wegen der großen Anhänglichkeit des Volks an ihn, und weil wirklich Empörungen zu besorgen gewesen wären, welche die gerechte Strenge der Gesetze nothwendig gemacht haben würden. Er verlangte binnen einem Jahre die Versammlung eines Conciliums, an welchem Orte von Deutschland es dem Papst und dem Kaiser gefallen möchte. Julius von Medici, unter dem Namen Clemens VII erwählt, bekleidete den päpstlichen Stuhl; er war entschlossen, sich länger darauf zu erhalten, als Hadrian, und daher dessen Freimüthigkeit nicht nachzuahmen. Er sandte aufs neue einen Legaten nach Nürnberg, mit dem Auftrage, zum Schein alles zu tadeln, was Hadrian gethan hatte, und die Glieder des Reichstages auf eine geschickte Art zur Strenge gegen Luther, zur Nachsicht gegen Rom und zur Lauigkeit gegen den Plan eines Conciliums zu stimmen. Diese Versammlungen, sagte Clemens, sind nützlich, wenn man die Autorität des Papstes daselbst nicht untersucht; versammeln sie sich aber, um diese zu prüfen, so sind sie höchst schädlich. Die ersten Concilien waren in der That die Hauptstützen des päpstlichen Ansehens; aber seit langer Zeit dienten sie 1525 nur es zu schwächen. Der Reichstag ließ sich durch des Kardinal Campeggios Beredsamkeit verführen; er faßte noch einen strengern Schluß gegen Luthern und gegen die Personen beiderlei Geschlechts ab, die es wagen würden, ihre geheiligten Gelübde zu brechen, um sich zu verheirathen. Er erhielt indessen durch diese Nachgiebigkeit von dem Papste nur eine Art von Reform, welche bloß die Priester und Mönche betraf; als ob die Prälaten reinere Sitten gehabt, als ob die Priester selbst sich nur kleine Fehler vorzuwerfen gehabt hätten! Der Reichstag tadelte nunmehr alle Fürsten, welche ihre Stimme zu dem Reichsschluß gegeben, und sich unvorsichtiger Weise auf falsche Versprechungen verlassen hatten. Der Legat achtete wenig auf diese Vorwürfe, und reiste sehr zufrieden damit ab, alle Fürsten hintergangen, und das Kardinalskollegium und die Geistlichkeit vor einer Reformation gesichert zu haben.

Der Kaiser, über den auf dem Reichstag abgefaßten Schluß aufgebracht, schickte dieser Versammlung unbedingte Befehle zu, daß keine Kirchenversammlung anders als nach seinem Willen, und an den von ihm erwählten Ort, zusammenberufen werden sollte. Aber das Verbot, die Reichsfür-

1527 de zu Speier zu verſammeln, brachte die Fürſten,
welche ſchon mißvergnügt genug über die an den
Reichstag ergangenen Befehle waren, völlig auf.
Sie würden auch gewiß irgend einen eigenmächti-
gen Schrit gethan haben, wenn nicht andere Vorfälle ihnen andre Sorgen zur Pflicht gemacht hätten. Gegen das Ende des Jahrs 1524 lehnten ſich
einige ſchwäbiſche Städte gegen ihren Herrn, den
Grafen von Lupfen auf, und dieſer Aufſtand zog
einen bürgerlichen Krieg in Deutſchland nach ſich.
Einige Apoſtel der Reformation, voll brennendem
Eifer, hatten ſich auf dem Lande verbreitet, und
wollten die Vorſchriften, welche Luther unter die
Geiſtlichkeit einzuführen verſucht hatte, auch auf die
bürgerliche Geſellſchaft anwenden. Sie wandten ſich an die unter dem Druck des Elendes ſeuf-
zenden Bauern, welche mehrentheils Sklaven waren, überredten ſie leicht von jener großen Wahrheit, daß alle Menſchen von Natur gleich ſind, und
lehrten ſie einſehen, daß die Laſten, die ihnen ungerechter Weiſe und ohne Mitleid aufgelegt wurden,
dem bürgerlichen Geſetze eben ſo ſehr entgegen wären, als die Unordnungen der Prieſter dem göttlichen. Dieſe Bauern, überzeugt, daß Gewalt ſie
wieder in ihre natürlichen Rechte einſetzen würde,
liefen zu den Waffen. Hätten ſie ihre Rache nur

gegen tyrannische, habsüchtige und grausame 1525 Herren gerichtet, wer hätte es gewagt, sie für Verbrecher zu erklären? Allein anstatt sich in den erlaubten Schranken des Naturrechts zu halten, vertheidigte sich das Volk immer nur durch Gewaltthätigkeiten, welche die bürgerliche Gerechtigkeit zu strafen nöthigte. Funfzehntausend bewafnete und wüthende Menschen drangen bis in den Elsaß, und drohten in Lothringen und Frankreich einzufallen. Sie glaubten Champagne und Burgund nach der unglücklichen Schlacht bei Pavia von Truppen entblößt zu finden. In der That konnte der Herzog von Guise auch nur sechs tausend Mann an Cavallerie und Infanterie zusammen bringen, womit er sie indessen völlig schlug, und ihnen für immer die Lust benahm, wieder über den Rhein zu gehen. Der Herzog wurde getadelt, daß er diesen kleinen Haufen regulärer Truppen so ausgesetzt hätte, da sie vielleicht die Provence, im Fall eines neuen Angrifs noch schützen konnten; allein der Kaiser war weit entfernt, daran zu denken; die Armee des Marquis di Pescara war seit mehr als drei Monaten ohne Geld, ja aus Furcht, daß seine unzufriednen Soldaten dem Könige von Frankreich die Freiheit wieder geben möchten, ließ der Graf

1525 von Lannoy diesen Herrn auf das Schloß Pizzighitone bringen *).

*) Du Bellay, Buch 2. Man glaubt auch, daß
der Graf Lannoy diesen Schritt aus Eiferfucht
gegen den Marquis di Pescara that, welchem
Franz I auszeichnende Beweise der Achtung und des
Wohlwollens gab, um dadurch den Connetable
von Bourbon zu demüthigen. Pescara schien
durch das Schicksal und den Edelmuth des Königs innigst gerührt; der Graf sah die Vertrau-
lichkeit, die zwischen beiden herrschte, nicht ohne
Furcht, und beschloß daher, seinen Gefangenen
an einen andern Ort bringen zu lassen. (Gesch.
von Frankr. Band XXIV) Ein Mann wie Pescara konnte die der Person eines Königs schul-
dige Achtung nicht verkennen, noch sie aus den
Augen setzen. Vielleicht erregte auch die Betrachtung des Ruhms, den dieser Monarch sich mitten in
seinem Unglück erworben hatte, ein Gefühl von
Ehrfurcht in seiner Seele; indessen sagt Mezeray, der Vater der französischen Geschichte, dessen Urtheil nicht zu verwerfen ist, von ihm: er
war ein Mann ohne Herz und Gefühl, von einem lebhaften und durchbringendem Geiste, aber
ränkevoll und boshaft, und der keine Ehrbegierde, sondern nur Stolz besaß. (Chr. Ausz.
Band 3. S. 873.) Es ist wahrscheinlich, daß die

Bald nachher wurde er nach Spanien gebracht, 1525 woselbst Karl V versprach, ihm billigere Vorschläge zu thun als die ersten, welche Franz mit einer Größe der Seele ausgeschlagen hatte, wovon die Geschichte wenig Beispiele aufweist *). Die Regentin von

Ortveränderung des Gefangnen beschlossen wurde, weil er zu Pavia nicht sicher genug verwahrt. schien. Der Papst, die Venetianer, und der Herzog von Toscana konnten ihre Gesinnungen ändern, und diesen Monarchen befreien. Eben dieses Mißtrauen verhinderte eine Zeitlang, ihn nach Spanien zu bringen. Karl V fürchtete, der Papst und die Venetianer möchten ihn auf der Ueberfahrt wegnehmen; die französischen Galeeren kreuzten beständig herum.

*) Die ersten Vorschläge, welche Karl V seinem Nebenbuhler that, waren: „Eine förmliche Entsagung aller seiner Ansprüche auf das Königreich Neapel und auf das Herzogthum Meyland; die Wiedererstattung des Herzogthums Burgund; die Erhebung der Provence und des Delphinats zu einem unabhängigen Königreiche für den Connetable von Bourbon; und das Versprechen, die zwischen Frankreich und England gemachten Schulden zu bezahlen.„ (Anton de Vera, Gesch. Karl V. Guicciard. Gesch. von Fl. Buch XVI.)

1525 Frankreich hatte alles von Heinrich VIII erhalten. Wolſey, mit dem Könige unzufrieden, hatte ſich durch Verſprechungen und prächtige Geſchenke leicht für Louiſe von Savoyen gewinnen laſſen. Heinrich dem Achten war vielleicht das Unglück ſeines Feindes ziemlich gleichgültig; aber er wünſchte eine ſchon furchtbare Macht nicht noch mehr anwachſen zu ſehn, und fürchtete den Ehrgeiz Karl V ſelbſt für ſeine Krone. Die Herzogin von Angouleme ſchickte Geſandte mit dem Auftrage nach London, über die Heinrich VIII ſchuldigen Summen zu unterhandeln. Heinrich VIII aus einer Anwandlung von Großmuth, welche ihm nicht gewöhnlich war, ſchloß

Der König von Frankreich antwortete: er wollte lieber als Gefangner ſterben, als in ſo harte Bedingungen willigen, und wenn er im Stande wäre, ſie einzugehen, ſo würden ſeine Unterthanen nie zugeben, daß ſie erfüllt würden. Er ſchrieb an alle Stände des Königreichs einen Brief, den er unvermerkt denjenigen beilegte, die er durch den Marſchall von Montmorency durfte beſorgen laſſen. Er findet ſich am Ende dieſes Werks unter den Belegen, und verdient, glaube ich, in jedem Werke, wo von dieſem Monarchen die Rede iſt, franzöſiſchen Leſern in Erinnerung gebracht zu werden. S. 2te Beilage.

auf das bloße Wort der Regentin drei Verglei= 1525
che *), und verabschiedete die Seetruppen, welche

*) Im ersten versprach Heinrich VIII Frankreich zu
vertheidigen, wenn es angefallen würde; die
Bundesgenossen von beiden Seiten waren mit in
den Tractaten begriffen, außer wenn sie einander
Besitzungen unrechtmäßiger Weise abgenommen
hätten. (Dies gieng auf Meyland, dessen sich der
Kaiser bemächtigt hatte.) Heinrich VIII verpflich=
tete sich ferner, alles mögliche zu thun, für den
König die Freiheit zu erhalten. Der zweite Ver=
trag war eine Art von Anerkennung zu einer
Million acht hundert und neun und neunzig tau=
send Goldthaler, welche binnen zwanzig Jahren
bezahlt werden sollten. (Ein Goldthaler galt
damals dreißig Sous nach heutigem Gelde.)
Im dritten Vertrage versprach Franz I, Marien,
der Schwester des Königs, die Rückstände ihres
Witwengehalts zu bezahlen, und dasselbe ins=
künftige pünktlich zu entrichten. (Rymers Akt.
Band 14. Rapin Thoyras Band 5, Buch 15.
Mez. Allgem. Gesch. der Reg. Fr. I. Du Bellay,
Buch 2. Lord Herbert. Goodwins Ann. Jahr 1525.
Mspt. von Dupuy, auf der Königl. Bibl. wor=
unter der Briefwechsel der Regentin mit Wolsey
und die erwähnten Tractaten befindlich sind.
S. 269. No. 462.

1525 zu einer Landung in der Normandie bestimmt waren, ohne die Kosten der Kriegsrüstung zu verlangen. Dieser offenbare Bruch mit dem Kaiser ließ
Heinrich VIII einen nahen Krieg zwischen England
und dem Kaiser voraussetzen. Er dachte darauf,
die dazu nöthigen Kosten durch neue Auflagen her-
beizuschaffen; er fand dabei große Schwierigkeit,
aber Heinrich war von seiner unumschränkten
Macht so überzeugt, daß er nicht einmal ein Anlehn
zum scheinbaren Vorwand nahm. Das Volk, sowohl über die Taxe selbst, als über die gesetzwidrige
Auflegung derselben aufgebracht, ließ sein Mißvergnügen durch offenbare Widersetzlichkeit gegen den
Willen des Monarchen ausbrechen: der Widerstand
gieng so weit, daß ein allgemeiner Aufruhr zu besorgen war. Nunmehr hatte Heinrich die Klugheit,
sich zurückzuziehen; er schrieb den Scheriffs, es
wäre gar nicht seine Absicht, seine Unterthanen wider ihren Willen zu einem Tribute zu zwingen, sondern er verlangte nur freiwillige Beiträge von
ihnen. Selbst diese Benennung half nichts. Ein
Vertheidiger der Freiheit gab zur Antwort: durch
ein Statut Richard III wären alle unter dem Namen freiwillige Beiträge gehobenen Auflagen
abgeschafft. Allein der Gerichtshof der Scheriffs
wandte dagegen ein: Richard III wäre ein Usurpa-

tor gewesen; dessen aufrührischen, mit dem Namen 1525
Parlament prangenden Versammlungen neue Akten
für den Augenblick, und Statuten hervorgebracht
hätten, welche die Gewalt eines rechtmäßigen Monarchen nicht binden könnten; der König hätte nicht
nöthig, die Unterstützung eines unsinnigen Volkes
zu erbetteln, um sich Gehorsam zu verschaffen, und
er könnte durch den Weg einer Kommission alle Steuern nach seinem Gutdünken auflegen. Der geheime Rath stimmte diesem Gutachten bei, und scheute
sich nicht, ein Privilegium zu vernichten, welches
um so viel kostbarer für das Volk war, weil es allein allen seinen übrigen Privilegien ihre Stärke
gab *). Mit der furchtbaren Autorität der König-

*) Herbert, S. 161. Das Parlament hatte dem
   König Richard so viele Rechte eingeräumt, daß
   dieser Fürst dem Volke ein Gesetz nicht abschlagen
   zu können glaubte, welches nur ein Kunstgrif war,
   um es zu hintergehen. Sein Ansehn war befestigt,
   und die Stimmen des Parlaments waren ihm
   gewiß. Heinrich wollte eine Verordnung als
   nichtig betrachtet wissen, welche ein Tyrann zu
   Gunsten des Volks, das er betrügen wollte, gemacht hatte. Er selbst war weit mehr Tyrann,
   weil seine Macht auf einen dauerhaften Grund
   gebauet war, und er, um sie noch weiter auszu-

1525 lichen Gerechtsame (Prärogativen) bewafnet *),
befahl Wolsey dem Major von London, ihm anzuzeigen,

dehnen, den knechtischen Gehorsam einer Versammlung gebrauchen wollte, welche ihrer Verfassung nach die Privilegien des Volks hätte schü-
zen sollen, und deren edles Vorrecht war, sie
aufrecht zu halten. „So wie die Demokratien
zu Grunde gehn, wenn das Volk dem Senate,
den Obrigkeiten und Richtern ihre Verrichtungen
nimmt, so verliert auch die monarchische Regierungsform ihr Eignes, wenn nach und nach den
politischen Körpern ihre Vorrechte, und den Städten ihre Privilegien genommen werden. Im
ersten Fall herrscht eine allgemeine Despotie, im
zweiten der Despotismus eines Einzigen. (Geist
der Gesetze, Band 1. Buch 8. Kap. 6.)

*) Unter dem Namen, Königliche Prärogativen,
werden verschiedne Vorrechte begriffen, welche
dem Könige seinem höchsten Range und der Majestät zu Ehren eingeräumt sind, als demjenigen,
dem das Englische Volk die Sorge, es zu vertheidigen, seine Gesetze erhalten und ausüben zu lassen, anvertrauet hat. Da der Fürst eben diese
Vorrechte nur durch Gesetze hat, deren Stütze
er seyn soll, so darf er sie nicht zu dem seltsamen

zeigen, wie viel die Stadt zu den Bedürfnissen des 1525
Königs hergeben könnte. Der Mayor wollte keine
bestimmte Antwort geben, ohne erst das gesammte
Korpus der Stadt zu Rathe zu ziehen; allein der
listige Kardinal verhinderte die allgemeine Versammlung der Scheriffs von London, indem er verlangte,
daß sie einzeln zu ihm kommen sollten, um mit ihm
zu conferiren. Wenn London sich dem Despotismus des Fürsten auf einige Zeit unterwarf, so war
doch das Landvolk weniger leicht zu bereden; es griff
an einigen Orten zu den Waffen, und drohte mit
einem allgemeinen Aufstande. Da es indessen keinen Anführer hatte, so entwafneten der Herzog von
Norfolk und der Graf von Surrey die Aufrührer
mit leichter Mühe. Heinrich sah, bei aller seiner
Heftigkeit, und so sehr er sich auch beleidigt glaubte, wohl ein, wie gefährlich es hier seyn würde, die äußerste Strenge zu brauchen. Er that,
als ob er ihre Weigerung mehr ihrem Elende, als
einer förmlichen Empörung zuschriebe. Indem er
ihnen bloße Verzeihung bewilligte, zeigte er Staats-

Vorwande gebrauchen, die Geschichte durch sie
zu verletzen und zu vernichten. Er ist nicht Gesetzgeber, er ist nur Vollzieher, Vertheidiger und
Erhalter.

1525 Klugheit; hätte er sein Unrecht gut gemacht, so würde er groß und edel gehandelt haben *).

Indeffen war Franz I. der die Hoffnung, Karl V. zu einem billigen Vergleiche zu bewegen, aufgab, entschloffen, lieber in der Gefangenschaft zu sterben, als in die Zerstückelung seiner Staaten zu willigen. Entrüstet über den wenigen Erfolg, den die Bitten der Herzogin von Alençon gehabt hatten, gab er ihr ein Schreiben mit, worin er seinem ältesten Sohne die Regierung seiner Staaten übergab, und ihm erlaubte, sich zum König krönen zu lassen. Die Herzogin, welche sich auf des Kaisers Wort nach Madrid begeben hatte, war in Gefahr bei ihrer Rückkehr gefangen genommen zu werden, und mußte auf die erhaltenen Nachrichten ihre Reise äufferst beschleunigen, um die Gränzen von Frankreich zu erreichen. Karl V schien sich geneigter zu bezeigen, als er den Bruch des Königs von England und den Tod des Marquis von Pescara erfuhr; er sah, daß er keinen General, keine Truppen und kein Geld mehr in Italien hatte; daß die Verrätherei des Franz Sforza, und die Absicht, ihm den Prozeß zu machen, die Vereinigung der Italienischen Fürsten mit Frankreich, anstatt sie

*) Herbert. S. 81. Rymers Akt. Band 14. S. 308.

zu trennen, nur noch feſter geknüpft hatte *), und 1525 daß er ein allgemeines Verbündniß von ganz Europa zu fürchten hätte, wenn Franzens Gefangenſchaft noch länger dauerte. Er beſorgte alle Vortheile zu verlieren, die er ſeinem Glücke zu verdanken hatte, und ſeine Furcht vermehrte ſich, als er den wichtigen Auftrag erfuhr, den die Herzogin von Alençon auf ihrer Rückreiſe erhalten hatte. Obgleich die Hoffnung die Regentin und ihren Rath verhindert hatte, die Vollziehung dieſes Befehls zu beſchleunigen, ſo bewies er wenigſtens den unveränderlichen Entſchluß des Gefangnen, und ſeine Feſtigkeit raubte ſeinem ehrgeizigen Feinde alles, was er von der Gefangenſchaft des Königs von Frankreich gehofft hatte. Ohnerachtet dieſe Umſtände Franzen andre Geſinnungen einflößen mußten, würde er doch nie irgend eine ſeiner Beſitzungen abgetreten haben, wenn ſeine Räthe ihn nicht überredet hätten, daß Geſetze, welche einem nicht freien Menſchen aufgelegt werden, ihn nie binden können, wenn er ſie auch angenommen hat **). Er entſchloß ſich auf dieſen Rath die Bedenklichkeiten zu überwinden, die ihn bisher zurückge-

S 2

*) Guicciard. B. 16.
**) Du Bellay, Buch 3. S. 23. Mez. S. 262.

1526 halten hatten. Der Vertrag wurde bald geschlossen, und es ist genug ihn zu lesen, um zu sehen, daß nur Gewalt Franz I. bewegen konnte, ihn zu unterzeichnen. Burgund dem Kaiser überliefern; aller Souverainität über die Grafschaften Flandern und Artois, so wie allen Ansprüchen auf das Königreich Neapel und auf das Herzogthum Meyland entsagen; die Prinzessin Eleonore, des Kaisers Schwester, verwittwete Königin von Portugall heirathen; die Tochter dieser Prinzessin, wenn sie das gehörige Alter erreicht haben würde, dem Dauphin geben; die zwei Prinzen vom königlichen Hause zur Sicherheit seiner Versprechungen als Geiseln geben, Heinrich von Albret bewegen, auf das Königreich Navarra Verzicht zu thun; dem Prinzen von Oranien und Markgrafen von Saluzzo, ihre Herrschaften wiedergeben, und dem Herzoge von Gueldern allen Beistand versagen; dem Könige von England des Kaisers Schulden bezahlen; dem Kaiser selbst zwölf Galeeren und vier große Schiffe leihen und eine Landarmee schaffen, um die kaiserliche Krone in Italien aufzusetzen *): das hieß in der That Karl V einen freien und sichern Eingang in das Innere des Königreichs öffnen, seine Bundsgenossen

*) Mod. Allg. Gesch. Band 2. S. 496. Chr. Ausg.

ihr Italien aufopfern, sein Wort brechen, dem 1526
Kaiser die Macht und die Reichthümer dieses Theils
von Europa überlassen, sich aller fremden Hülfe
berauben, die liebsten Hoffnungen des Staats
durch die Auslieferung seiner Söhne in Gefahr setzen, und das was Frankreich an Schiffen, Truppen und Feldherrn aufbringen könnte, in den Dienst
eines treulosen und ehrvergessenen Feindes geben.
Verschiedene Spanische Geschichtschreiber erzählen,
daß Karl V. als er nach dem Schlusse dieses Traktats mit Franz I. auf einem großen mit einem stei-
nernen Kreuze gezierten Wege spazieren gieng,
ihm aufs neue schwur, daß er frei wäre, und ihn
bat, ihm aufrichtig zu sagen: ob er auch seine Versprechungen erfüllen würde? War Franz I. auf einem Spaziergange bei Madrid freier als in dem
Schlosse, wo er gefangen gesessen war? Er versprach, sagen die Spanier, dem Vertrage getreu zu
bleiben; ohne Zweifel aber war er in dem Augenblicke
nicht strafbarer, als da er den Traktat unterzeichnete,
von dem er wußte, daß er nicht länger gültig seyn
würde, als es ihm gefiele *). Die Auswechselung

S 3

*). „Die Versprechungen und Conventionen, wozu
man durch ungerechte Gewalt desjenigen, dem

1526 der Geiseln und Gefangenen geschah kurz nachher. Franz sah seine Kinder in einer Barke auf dem Fluße Bidassoa, aber ihm wurde der Trost versagt, sie zu umarmen; und dieser Fürst, aufgebracht über die strenge Behandlung, welche er erduldete, über die Schlingen, die ihm waren gelegt worden, über den Haß und das Mißtrauen, welches er selbst in den treulosen Liebkosungen des Kaisers bemerkt hatte, sagte, als er zu Bayonne ankam, den kaiserlichen Gesandten, welche ihm bis dahin gefolgt waren; wegen Burgund müßte er erst sein Volk um Rath fragen, und er würde ihren Herrn darüber benachrichtigen. Eben diese Gesandten kamen bald darauf nach Coignac zurück, um auf die Erfüllung der Traktaten zu dringen; sie wurden auf das prächtigste empfangen; allein um sich wegen der erlittnen Beleidigungen zu rächen, demüthigte sie Franz

man sich verbindet, gezwungen wird, sind immer völlig nichtig." (Abhandl. über das Natur- und Völkerrecht, Band 1. Buch 3. Kap. 6.) So sagten die Abgesandten des römischen Senats zu Coriolan: "Was die Nothwendigkeit einzelne Menschen oder ganze Staaten thun heißt, bindet nur so lange, als eben diese Nothwendigkeit dauert. (Dionysius von Halicarnaß, Buch 8.)

dadurch, daß er sie die Bekanntmachung des Bünd= 1546
nisses anhören ließ, welches er eben mit dem Pap=
ste, dem Könige von England, den Venetianern,
den Schweizern und Florentinern geschlossen hatte,
um Franz Sforza wieder in den Besitz von Mey=
land zu setzen, und zu verhindern, daß keine frem=
de Mächte Italiens Ruhe störten. Des Kai=
sers wurde in diesem Tractate nicht weiter gedacht,
als daß es ihm frei gestellt war, der Allianz beizu=
treten *). Wie groß war das Erstaunen der Ge=

S 4

*) Der Hauptzweck dieses nach Burnet den 22sten
May, nach Guicciardini den 17ten, nach dem
Pater Daniel und dem Englischen Geschichtschrei=
ber Lord Herbert, den 22sten, und nach Mezeray
den 21sten Junius geschlossenen Traktats war, die
Wiedereinsetzung des Franz Sforza in Italien,
und die Befreiung der beiden Prinzen. Es war
darin bestimmt, daß die Conföderirten auf ge=
meinschaftliche Kosten eine Armee von dreyßig
tausend Mann zu Fuß, zwei tausend fünf hundert
Mann schwerbewaffnete Reuter, und drei tau=
send Mann leichte Cavallerie mit verhältnißmäs=
siger Artillerie aufbringen sollten; ferner, es sollte
eine Flotte ausgerüstet werden, wozu der König
zwölf Galeeren, die Venetianer dreizehn, und

1526 sandten! Sie glaubten den Kaiser schon als Herrn
von Burgund zu sehn. Der Prinz von Ora-
nien war schon auf dem Wege, um die Befehlsha-

der Papst diejenigen, die er unter den Befehlen
des Andreas Doria hatte, herzugeben versprachen;
diese Macht sollte erst gegen Genua und dann gegen Neapel dienen; Sforza sollte eine französische Prinzessin heirathen; die Grafschaft Asti
sollte dem Könige wieder eingeräumt werden; er
sollte, so bald Genua eingenommen seyn würde,
wieder in den Besitz der Souverainität dieser
Stadt treten; alle Verbündete sollten gemeinschaftlich von dem Kaiser die Freiheit der französischen Prinzen verlangen, und die Waffen nicht
eher niederlegen, bis der König in dieser Rücksicht
befriedigt wäre. Der König von England wurde
zum Beschützer dieser Verbündung erklärt, und
wenn er dem Traktate beiträte, sollte er ein Für-
stenthum von fünf und dreißig tausend Dukaten,
und der Kardinal Wolsey eines von zehn tausend
bekommen. (Du Bellay, Buch 3. Mez. Allgem.
Gesch. Band 2. S. 952. Lord. Herbert, S. 186
und 189. Goodwins Ann. Jahr 1526. Man findet in Rymers Akten Band 14. alle diese wichtige Begebenheit betreffende Akten, Seite 175
und 178.

herstelle dieser Provinz zu übernehmen, und man 1526
zeigt ihnen einen Traktat, der den Ansprüchen ihres Herrn gerade entgegensteht. Statt des Herzogthums Burgund wird ihm ein bloßes Lösegeld
für die beiden Prinzen angeboten; es wird ihm bloß
freigestellt, einem Bündnisse beizutreten, das geschlossen ist, um ihn der Vortheile zu berauben, auf die er
so stolz war. Er rächte sich an den Italienischen
Staaten, denen dieses Bündniß nicht den Beistand
verschaffte, den sie davon zu hoffen berechtigt gewesen waren. Er schickte den Connetable von Bourbon mit Sold, mit Truppen, mit dem durch des
Marquis von Pescara Tod erledigten Generalkommando, und mit dem Titel Herzog von Meiland
ab, um zu versuchen, ob er Franz Sforza dieses
Fürstenthums berauben könnte.

Die neuen Religionsmeinungen hatten Karln in
Deutschland beschäftigt, woselbst sie immer weiter um sich griffen; er schickte den zu Speier
versammleten Reichsständen bestimmte Befehle, sich
nach dem Wormser Edikt zu bequemen, und auf die
Vollziehung desselben zu halten; allein die Stände stellten ihm vor, daß es ihnen schwer fiele, es
bei diesem Edikt bewenden zu lassen, da die Gährung
in den Gemüthern von Tage zu Tage zunähme,
sein Uebergang nach Italien schwerer würde, und

1526 seine Streitigkeiten mit dem Papste die Zusammen: berufung einer allgemeinen Kirchenversammlung verzögerten. Sie verlangten wenigstens ein Natio: nalconcilium. Die despotischen Befehle des Kai: fers empörten die auf diesem Reichstage versammel: ten Fürsten; die Verschiedenheit der Meinungen erregte beinahe einen bürgerlichen Krieg; schon wa: ren die Fürsten im Begrif, in ihre Länder zurück: zukehren: allein Ferdinand, Karls V. Bruder, hielt diese übereilten Entwürfe zurück; die kaiserlichen Minister vereinigten sich mit ihm; die Reichstags: glieder überlegten reiflicher die Gefahr ihres Un: ternehmens, und begnügten sich, den Kaiser in: ständigst um die Versammlung eines Conciliums und seine Rückkehr nach Deutschland binnen Jah: resfrist zu bitten. Sie versprachen diesen Monar: chen zugleich, daß jeder Reichsstand dem Worm: fer Edikt nachleben würde *). Der Kaiser, wel: cher bis dahin wegen seiner Vereinigung mit dem Papste nicht in die Foderung eines allgemeinen Con: ciliums gewilligt hatte, änderte seine Gesinnung als er den Traktat von Coignac erfuhr; und ohn: geachtet der Breven, welche ihm Klemens VII schrieb, worin dieser Papst bald in einem drohenden, bald

---

*) Fra-Paolo, Band I.

in einem furchtsamen und unterwürfigen Tone, ihm 1526 die Unruhen, die den Kirchenstaat zerrütteten, seine Ehrsucht, seinen Geitz, seine Wortbrüchigkeit vorwarf, und sogar von Kirchenbann sprach, wenn er nicht aufhörte die Ruhe von Italien zu stören, verlangte der Kaiser förmlich die Versammlung eines allgemeinen Conciliums von ihm, als das einzige Mittel, Luthers Ketzerei auszurotten; er appellirte selbst im voraus wegen alles Unheils und aller Irrthümer, woran die Nachläßigkeit des Papstes Schuld wäre, an dasselbe, und ermahnte das Kardinalskollegium in einem besondern Schreiben, das Concilium selbst zusammen zu berufen, wenn Klemens sich nicht in die Nothwendigkeit der Umstände fügen wollte. Von dem Papste an ein zukünftiges Concilium appelliren, und die Kardinäle auffordern, es wider seinen Willen zu berufen, waren zwei starke Angriffe der päpstlichen Autorität. Das war soviel, als durch das Kardinals Collegium den Papst selbst vor das Concilium vorladen wollen: etwas ganz unerhörtes seit der Stiftung dieser furchtbaren Macht, durch welche die römischen Päpste das ganze christliche Europa regiert hatten. Allein indeß der Papst mit den verbündeten Fürsten auf Mittel sann, wegen dieser Angriffe des römischen Hofes Rache zu nehmen, und zu verhindern, daß

1527 nicht bald auch die Fürsten und Privatleute die Strafen und Bannsprüche des römischen Hofes verachten und an das künftige Concilium appelliren möchten: ließ der Kaiser die Colonnas, alte Feinde der Medicis und des Papstes Klemens *) gegen

*) Nanti, Gesch. von Florenz, Buch 1. Gleidan, Buch 6. Das Haus der Colonnas war schon lange gegen die Päpste gewesen; allein Klemens VII hatte, mehr als irgend ein andrer, Ursache, den Haß des Cardinals Pompeo Colonna zu fürchten, der seit dem Traktat von Coignac, von dem Vice-Könige unterstützt, ihn der päpstlichen Würde berauben zu wollen schien. Klemens war außer der Ehe gezeugt, und deswegen war er nach Leo X Tod ausgeschlossen worden. Das Verlangen nach einer allgemeinen Kirchenversammlung mußte ihn also erschrecken; er zweifelte nicht, daß der Kaiser seine Ausschließung, welche die Colonnas wünschten, zu bewirken suchen, oder wenigstens sie billigen würde. Nachdem er dem Pompeo Colonna durch ein strenges Monitorium, worin sein Zorn weder den Vice-König, noch den Kaiser schonte, nach Rom geladen hatte, so fing er an zu fürchten, änderte seinen Plan, machte einen Vergleich mit den Colonnas, und versuchte es, Italien mit der leeren Hofnung einer Reform

Rom anrücken. Dieser Papst wollte die seltne 1527 Standhaftigkeit eines Bonifacius VIII und Ur:

zu verblenden. Allein sobald einmal gegen einen Fürsten Mißvergnügen statt findet, werden ihm sowohl seine guten als bösen Handlungen zur Last gelegt: Inviso semel principe, seu bene, seu male facta premunt. (Tacit. Gesch. 1.) Nach dem ersten auf Rom gewagten Sturm und dem Vertrag zwischen dem Papste und den Colonnas, nöthigten die Bedingungen dieses Vergleichs, und ein Waffenstillstand von vier Monaten mit dem Kaiser, jene ihre Truppen zurückzuschicken, und den Papst die seinigen aus der Lombardei zurück zu rufen: da er aber die Verstärkung dieser nach Rom zurück gekommenen Truppen erhalten hatte, donnerte er neue Strafen und Bannflüche gegen die Colonnas. Nunmehr kehrte der Connetable durch dieses Haus aufgebracht, an der Spiße seiner Armee nach dem Kirchenstaate zurück. Ihm folgte der General Frohnsperg, welcher ihn mit vierzehn tausend Deutschen, fast lauter Lutheranern, begleitet hatte. Diesen war bisher nicht mehr als ein Thaler auf den Mann gegeben; allein der General hatte ihnen versprochen, sie nach Rom zu führen, wo sie sich bereichern könnten, weil alles Gold von Europa in diese Stadt zusammen flösse. Frohnsperg ließ einen Strick neben seinen

1527 ban VI nachahmen, und legte seine päpstlichen Kleider
an, um sich an den Thüren des Pallastes zu zeigen.
Allein die Zeit war vorbei, wo die Gegenwart eines Papstes den Soldaten und Feldherrn einen heiligen Schauer einflößte *). Die Colonnas würden
dadurch nicht zurückgeschreckt seyn, und die Kardinäle, klüger als ihr Oberhaupt, beredeten Klemens,
sich auf die Engelsburg zu flüchten. Er machte daselbst anfangs einen verstellten Frieden, den er bald
nachher brach. Nunmehr gieng der Herzog von
Bourbon, mehr als jemals aufgebracht, zum zwei-

Fahnen tragen, womit er, wie er sagte, den
Papst erdrosseln wollte. Klemens schlug Vergleiche vor, aber der Connetable, mehr von der Wut
seiner Soldaten, als von vernünftiger Mäßigung
geleitet, rückte gegen die Stadt an, ohne weder
Waffenstillstand, noch Geld, noch Vergütungen
anzunehmen. (Fra-Paoli, Buch 1. Nardi, B. 2.)

*) Bonifacius zeigte sich auf eben die Art dem Sci-
arra Colonna und Wilhelm von Nogaret, doch
ohne ihnen große Ehrfurcht einzuflößen. Urban
VI. hielt die empörten Römer, welche mit dem
Degen in der Hand in seinen Pallast drangen,
zurück, indem er ihnen so wie Jesus den Juden
zurief: Wen sucht ihr? (Fra-Paolo, B. 1.)

ten male auf Rom loß; er führte seine Soldaten 1527
zum Sturm; aber sogleich beim ersten Angrif raub=
te ihm eine Musketenkugel das Leben. In dem Au=
genblick übernahm der Prinz von Oranien das Kom=
mando, und trug die ganze Ehre des Siegs davon.
Die Stadt wurde nach einem schwachen Widerstan=
de eingenommen, und der Papst schloß sich mit drei=
zehn Kardinälen auf der Engelsburg ein. Wenn er
kaltes Blut und Klugheit behalten hätte, so würde
er diese unglücklichen Ereignisse durch das Abwerfen
der Tiberbrücken vermieden haben; allein Rom
schien bestimmt zu seyn, sich selbst den schrecklichen
Verheerungen entgegen zu stürzen, welche es erfuhr.
Wir wollen Mezeray mit seiner gewöhnlichen Stär=
ke und Wahrheit dieses schreckliche Gemählde schil=
dern lassen: „Alles was nur von Barbareien und
Ruchlosigkeiten, von Frevel an Heiligthümern ge=
übt, von grausamen und schrecklichen Thaten, ausser
dem Mordbrennen, zu ersinnen ist, wurde bei der
Plünderung dieser großen Stadt begangen. Sie
dauerte zwey volle Monate, während welcher Zeit
die Spanier, die doch so gute Katholiken seyn woll=
ten, weit ärgere Ausschweifungen begingen, als
die Deutschen, die sich öffentlich für Anhänger
Luthers und Feinde des Papstthums bekann=

1527ten *). Sie plünderten Kirchen, Privathäuser, zeigten sich barbarischer als ehemals die Wandalen, die Arrianischen Gothen, achteten weder den Nahmen Freunde, noch das Ansehn der Prälaten, noch die Heiligkeit der geweihten Sachen, noch die Schwäche der Weiber, und diese Unordnungen dauerten nicht bloß vier und zwanzig Stunden, sondern zwei ganze

*) Mez. Chron. Ausz. S. 881. Goodwin Jahr 1526. Burnets Reform. Gesch. B. 1. Du Bellay, B. 3. Guicciard B. 8. Stowe, S. 517. Nardi, B. 8. Fra-Paolo, B. 1. Die Kardinäle, di Sienna, della Minerva, della Ponzetta, wurden mit Stockschlägen in Prozession durch die Straßen geführt. Die Spanischen und die deutschen Kardinäle erfuhren keine beßre Behandlung, ob sie gleich aus dem Lande der feindlichen Soldaten waren. Der Erzbischof von Siponte, der Bischof von Pistoja, der Bischof von Verona, sein Vater Johann Salviati, Lorenz, der Bruder des Kardinals Ridolfi, wurden dreimal, als Missethäter, die zum Galgen geführt werden, nach dem Campo del Fiore geführt, und der Henker schien auch wirklich nur auf das Signal zu warten. (Nardi, B. 8.). Uebrigens ist hier die Erzählung dieses Geschichtschreibers, welcher nicht immer zuverläßig ist, vielleicht übertrieben.

Monatt. Ueberall hörte man die Klagen und das Ge= 1527
winsel derer, die aufs grausamste gefoltert wurden,
um ihr Leben loszukaufen, oder ihre verborgene Habe
zu entdecken; man hörte das Geschrei und Jammern
der römischen Weiber und geweihten Jungfrauen,
welche mit zerstreuten Haaren und zerrissenen Klei=
dern von den Soldaten umher geschleppt wurden,
und deren einige sich in den Koth warfen, um sich zu
verunstalten, während andre sich beherzt in die De=
gen stürzten, womit man sie zu schrecken dachte;
allein, obgleich ganz gebadet in ihrem unschuldigen
Blute, konnten sie doch selbst durch dies Mittel
die rasende Wut der Barbaren nicht aufhalten.
Man sah allenthalben den Schmuck jener berühm=
ten Tempel, die göttlichen Sakramente des Chri=
stenthums, und die heiligen Reliquien so vieler Mär=
tyrer, ehemals von allen Völkern der Erde aufge=
sucht und verehrt, zu Boden geworfen und mit Fü=
ßen getreten.   Die römisch katholischen Fürsten,
von der Deutschen und Spanischen Nation, selbst
diejenigen, die öffentlich die kaiserliche Parthey be=
günstigt hatten, wurden aufs äußerste gemißhan=
delt, und von Haus zu Haus geschleppt. Viele Prä=
laten wurden mit Schmach und Spott durch die
Straßen geschleppt, und mit ihrem Ornat rücklings
auf Esel gesetzt.   Viele andre gaben unter den

Gesch. Elisabeths. I. B.   T

1527 graufamften Martern den Geift auf; und die wü-
tenden Spanier, noch frecher als die Deutschen,
tasteten sogar die Todten an, und scharrten den
Körper des Papftes Julius II. aus der Erde, um
ihm seinen Ring abzuziehn. "

Karl V. hatte die Absicht, den Papft nach Madrid führen zu lassen; es würde seinem Stolze sehr
schmeichelhaft gewesen seyn, in Zeit von zwei Jahren zwei Souveraine in seiner Gewalt zu haben;
und indeß er öffentliche Gebete für die Befreiung
des Pabftes anstellen ließ, war seine Absicht durch
diesen Gefangenen seinen Kriegsruhm glänzender
zu machen *). Aber der Unwille der christlichen
Fürsten und ihre Empfindlichkeit hielt ihn von der
Ausführung dieses Vorsatzes ab. Die größeften
Mächte von Europa schienen auf sein Betragen aufmerksam und bereit zu seyn, sich gegen ihn zu verbinden, wenn er seine Rache bis zu unwürdigen
Mißhandlungen triebe. Heinrich VIII. und Franz I
hatten wenig Tage vor der Eroberung von Rom
in einem zu Westminster geschlossenen Traktate ihr
Bündniß erneuert **). Sie waren überein gekom-

*) Fra-Paolo, B. 1. Guicciard. B. 8. Lord Her-
bert, S. 201 f.

*) Goodwin Jahr 1527. Burnet, B. 3. Rel.
Chron. Ausz. S. 379.

men, Abgesandte an Karl V. zu schicken, um ihn zu
der Annahme des Loskaufungsgeldes für die beiden
Prinzen von Frankreich aufzufodern, und die Rückzah:
lung der von dem Könige von England vorgeschosse:
nen Summen zu verlangen. Im Fall einer Weigerung
sollten auf die Gesandten Herolde folgen, mit dem
Auftrage den Krieg anzukündigen, zu dessen Schau:
platz die Niederlande auserlesen waren. Ferner
sollte nach diesem Traktate, Franz I, oder sein Sohn,
der Herzog von Orleans, Heinrich's Tochter Ma:
ria heirathen. Die Nachrichten von dem Marsche
des Connetable von Bourbon änderten den Entwurf
den Krieg in Flandern zu führen; es wurde ein Zug
nach Italien beschlossen. Die Gefangenschaft des
Papstes war noch ein stärkerer Bewegungsgrund
zu diesem Entschluß, und die Verbündeten wollten
ihm die Freiheit verschaffen, es möchte auch kosten,
was es wollte. Wolsey kam nach Frankreich; der
König ließ ihm solche Ehrenbezeugungen erweisen,
die einem so ehrgeitzigen Mann nothwendig blen:
den mußten *). Durch den Traktat, den sie in

1527

T 2

*) Wolsey nahm eine Begleitung von tausend Mann
zu Pferde mit, und der Kardinal von Lothringen
und der Kanzler von Frankreich giengen ihm bis
Boulogne entgegen. Der König von Frankreich

1527 Amiens unterzeichneten, wurde der Herzog von
Orleans der Prinzessin Maria zum Gemahl bestimmt; und da der Kaiser damals zur Berufung eines Conciliums entschlossen schien, so behielten, wie einige Schriftsteller behaupten, die
beiden Könige sich vor, dasselbe nicht anzuer-
kennen, und ihre Staaten unabhängig von jeder
fremden Macht zu regieren. Die Umstände zeigten
bald, welche Gesinnungen Heinrich schon damals
hegte, und ganz unwahrscheinlich ist es nicht, daß
er schon den Entschluß gefaßt hatte, sich der geistlichen Macht des Papstes und eines Conciliums zu
widersetzen. Doch vielleicht ist die einzige Quelle
der jetzt zu erzählenden Begebenheiten in dem Wi-
derstande zu suchen, den er nachher antraf. Wenigstens findet sich keine Spur, daß er wirklich vor-

ertheilte ihm die Vollmacht, in den Städten,
durch welche er kam, alle Gefangene frei zu
lassen, und holte ihn selbst nach Amiens ein, um
ihm noch mehr Ehre zu erzeigen. Wolsey machte
einige Versuche, auch in Frankreich sich als
Päpstlichen Legaten geltend zu machen; allein
Franz I wollte nichts davon hören, und so wehe
es dem Kardinal that, diese Hofnung zu verlieren, so mußte er sie doch aufgeben. (Lord Herbert, S. 207.)

her schon dergleichen Gedanken gehabt, daß er sich 1527 dem Gehorsam gegen den Päpstlichen Stuhl habe entziehen wollen, dem England beständig so ergeben gewesen war. Und ist es erlaubt, nach reiflicher Erwägung der Thatsachen bei diesem Fürsten zweifelhaft zu seyn, so findet der Zweifel noch mehr statt, wenn Franz I. ein solches Vorhaben zugeschrieben wird, einem religiösen Fürsten, einem Feinde von neuen Meinungen und Sekten, zwar eifersüchtig auf seine weltliche Macht, fähig, die festesten Entschlüsse zu nehmen, um diese Macht zu erhalten, aber nicht im Stande wie Heinrich, sie auf geistliche Gegenstände ausdehnen zu wollen. Die genaue Vereinigung dieser beiden Monarchen verhinderten Heinrich VIII. nicht, ein starkes Jahrgeld von Franz I. zu verlangen, wofür er ihm versprach, auf den Titel, König von Frankreich, Verzicht zu thun *). Doch scheint es nach den Ausdrü-

T 3

*) Funfzig tausend Thaler für ihn und seine Nachfolger. Um diesen Traktat noch bündiger zu machen, wurde verabredet, daß die Parlamenter und der Adel beider Königreiche ihn durch ihre Einwilligung besiegeln sollten. Der Marschall von Montmorency begab sich mit einer glänzenden Begleitung nach London, um ihn ratifiziren zu

1527 ken des Traktats, daß politische Bande wenlger zu der Knüpfung des Bündnisses dieser beiden Fürsten beitrugen, als der Hang zu einer aufrichtigen Freundschaft. Karl V erschrak hierüber. Ob er gleich mächtig, reich und verwegen war, konnte er sich doch nicht schmeicheln, zwei große Mächte zu überwinden und zu unterjochen, welche von Italien und einer großen Anzahl Bundsgenossen unterstützt waren. Alle diese konnten, wenn sie gemeinschaftlich handelten, eine furchtbare Conföderation ausmachen. Er willigte in die Befreiung Clemens VII, unter der Bedingung, daß dieser Papst ihm in seinen Absichten auf Neapel und Meyland nicht ferner hinderlich seyn, daß er ihm die Städte Ostia, Civita-Castellana und die Festung Forli zum Unterpfande dieses Versprechens geben, ihm seine Nef-

laßen. Man findet in verschiednen Schriftstellern eine genaue Beschreibung der prächtigen Feste, welche diesen Gesandten und den Herren, die ihn begleiteten, zu London und Hamptoncourt gegeben wurden. Du Bellay erzählt, daß die junge Prinzessin Maria die Aufmerksamkeit für sie hatte, selbst alle erste Rollen in den Stücken zu spielen, welche auf dem Hoftheater gegeben wurden. (Du Bellay, Mem. Buch 3. Mel. Gesch. von Fr. Buch 2. S. 958.)

fen als Geifeln ausliefern, ihm die Einkünfte der 1527
Kreuzzüge in Spanien *) und den Zehnten von
den geiſtlichen Gütern in allen Staaten des deutſchen Reichs abtreten ſollte. Clemens VII ſah ſich
kaum in Freiheit, als er allein vor Anbruch des Ta-
ges entfloh, um nicht überraſcht zu werden; ein
Mißtrauen, welches vielleicht die Wirkung des
furchtſamen und unſchlüſſigen Charakters dieſes Papſtes, aber doch ſchimpflich für den Kaiſer war, deſſen
Traktaten in Italien günſtige Erwartungen für die
Gegner derjenigen Parthei gaben, die von ihm
feierliche Zuſagen erhielt. Clemens VII begab ſich
nach Monte-Fiascone, und von da nach Orvieto **).
Er war in Freiheit, als die Abgeſandten von Frank-

T 4

*) Fra-Paolo, Buch 1. Burnet, Buch 2. Mez.
Geſch. von Fr. S. 959. Narbi, Buch 8. Pau-
vini, Leben Klemens.

**) Die Kaiſerlichen verlangten von dem Papſt, als
ſie ihm verſicherten, daß er frei wäre, eine ſo
ſtarke Summe Geld und ſo harte Bedingungen,
daß dies, mit Mezeray zu reden, ſo gut war, als
ihm die Thüre öfnen, und ihm verwehren, hinaus
zu gehen. Weil er alſo Gift oder Dolch fürchtete, entfloh er verkleidet, und ſeine Geiſeln folgten ſeinem Beiſpiele bald nach.

1527 reich und England zu Madrid ankamen. Karl V
nahm die von Heinrich mit Mäßigung auf, die von
Franz aber mit einer verächtlichen Art. Er warf
ihnen aufs heftigste die Treulosigkeit ihres Herrn
vor; und verwarf das Anerbieten desselben, seine
Söhne zu ranzioniren, ja selbst nach Madrid zu
kommen, um für ihre Loslassung sich wieder zum
Gefangenen zu stellen, oder Burgund abzutreten.

Franz hatte diese Weigerung vorausgesehn, er
hatte in einer Versammlung der Notabeln, welche
die General-Stände vorstellten, vorgeschlagen, lieber in seine Gefangenschaft zurückzukehren, wenn
man ihn dazu verpflichtet glaubte, als etwas zum
Vortheile des Staats zu unternehmen; er bewies
ihnen, daß Frankreich den Krieg nicht ausführen
könnte, den es zur Befreiung der beiden Prinzen
anfangen wollte; daß er sogar Schwierigkeiten haben würde, die zu ihrer Auslösung vorgeschlagenen
zwei Millionen aufzubringen; daß wenn Karl sie
verwürfe, sie Burgund ausliefern, oder zugeben mü-
sten, daß er nach Madrid zurückkehrte: denn, fügte
er hinzu, es würde eine Beleidigung für mich seyn,
zu glauben, daß die Sachen so bleiben könnten wie sie
sind, und daß ich meine Freiheit auf Kosten meiner
Kinder, welche dem Staate angehören, erkaufen
würde. Und was könnte auch eine so barbarische

Politik für Nutzen bringen? Ich kann mor- 1527
gen sterben, und statt eines Königs hättet ihr
zwei loßzukaufen. Wenn nach Verfügungen, welche getroffen werden können, meine Gegenwart
nicht mehr nöthig seyn wird, so reise ich nach Madrid. Entfernt aus Euren Berathschlagungen alles,
was meine Person betrift, und zieht nur den Vortheil unsers gemeinschaftlichen Vaterlandes zu Rathe, welchem wir sämtlich unsre Güter, unsre
Freiheit und unser Leben aufzuopfern schuldig sind.“
Nach dieser Rede entfernte er sich, um ihnen bei
ihren Berathschlagungen keinen Zwang anzuthun,
indem er verlangte, daß jeder Stand seine Abdan-
kungsakte lesen sollte, ehe weiter berathschlagt würde. Jeder der drei Stände, welche von dem Kardinal von Bourbon, dem Herzoge von Vendome
und dem Präsidenten von Selve repräsentirt wurden, antwortete einstimmig: Die Person des Königs und seiner Kinder, so wie die Provinzen des
Königreichs, gehörten bloß dem Staate an; die
Rechte, welche der Kaiser auf das Herzogthum
Burgund reclamierte, waren ungültig, da sie ihm
nur von einer Frau wären überliefert worden, die
selbst keine darauf gehabt hätte, wären nichtig, weil
er über eine Provinz disponirt hätte, die nicht sein
Eigenthum wäre, und über seine Person, welche dem

T 5

1527 Staat und seinen Unterthan gehörte *). Was die Befreiung der Prinzen betraf, so bot die Geistlichkeit dreizehnhunderttausend Livres an; der Herzog von Vendome, der im Namen des Adels sprach, bot die Hälfte der Güter, ja wenn es seyn müßte, alle Güter, die Armee und das Blut desselben an. Der Präsident de Selve verlangte nach einer gründlichen Untersuchung der Rechte Frankreichs auf das Herzogthum Burgund, und.

*) Ich rede, sagte er, im Namen eines Standes, der sich besser auf Thaten, als auf Worte versteht. Wir bieten Ihnen, Sire, die Hälfte unsrer Güter an; reicht die Hälfte nicht hin, das Ganze, und ausserdem unser Leben, und unsern letzten Blutstropfen. Aber nur diejenigen sind durch dies Versprechen gebunden, welche hier versammelt sind, die andern können es nur durch ihre freie Einwilligung seyn. Schicken Sie angesehene Männer in die Provinzen, oder geben Sie den Landvögten Befehl, den Adel ihrer Bezirke zu versammlen, lassen sie demselben vortragen, was Sie uns gesagt haben, und seyn Sie versichert, daß kein Edelmann in ganz Frankreich anders denken wird als wir. (Auszug aus der Gesch. von Fr. Band 22. S. 314. aus den Parlaments-Registern.)

der Gefahr, dem Kaiſer die vom Könige gegebnen 1527
Verſprechungen zu halten, daß der Magiſtrat ſo wie
die übrigen Bürger geſchätzt würde *). Endlich ver-

*) Die Rede des Präſidenten von Selve war län-
ger, gründlicher, und mehr aus einander geſetzt,
als die des Herzogs von Vendome; ſie endigte mit
dieſen für ihn und für den von ihm repräſentir-
ten Stand ewig ehrenvollen Worten: „Weil die
beiden erſten Mittel, über welche wir zu berath-
ſchlagen hatten, gar nicht vorgeſchlagen werden
können, ſo bleibt uns nur das dritte übrig, nemlich den Kaiſer zu zwingen, ſich mit einer Summe von zwei Millionen Goldthaler für die Löſung
der Prinzen von Frankreich zu begnügen; dieſer
Name allein zeigt ſchon unſre Verbindlichkeit
gegen ſie an; Sie ſind der koſtbarſte Theil unſers
Erbes, das Pfand der öffentlichen Glückſeligkeit,
und die Hofnung und Stütze des Vaterlandes.
Dieſes iſt unſre gemeinſchaftliche Mutter, welche
uns unſer Daſeyn, unſern Rang und unſre Vorrechte gegeben hat; als ſie uns den Gebrauch deſſelben anvertraute, wollte ſie nicht, daß wir dieſelben zu ihrem Nachtheil ſollten geltend machen;
ſie hat ſich das Eigenthum darüber vorbehalten,
und würde berechtigt ſeyn, undankbare Kinder,
welche ſie in ihrer Noth vernachläſſigten, derſelben zu berauben. Die Glieder Ihres Parla-

1527 langten auch die Schöppen der Stadt, höher ta-
rirt zu werden, als die von den andern Städten
des Königreichs. Franz verdiente solche Bezeugungen der Treue; er nahm sie mit der tiefsten Rüh-
rung an, und beantwortete sie als ein Mann von
Ehre und einsichtsvoller Fürst *). Karl V schlug

ments, Sire! die Deputirten der souverainen
Gerichtshöfe ihres Königreichs würden allen Unterschied verabscheuen, der sie ausschließen würde,
zu einer so heiligen Schuld beizutragen. Sie
verlangen, wie die übrigen Bürger Ihres Reichs,
geschätzt zu werden, und bieten ihnen von diesem
Augenblick, ihre Güter, Person und Leben an.
(ebend. S. 318.)

*) Er fing mit den Bezeugungen seiner Dankbar-
keit und der Versicherung an, daß er alles anwenden würde, um den Pabst zu befreien, und den
Fortschritten der Ketzerei in seinen Staaten vorzubeugen, als warum ihn der Kardinal von Bourbon ersucht hatte; dann sagte er, indem er sich zu
dem Herzog von Vendome wandte, welcher ihm
sein Blut und Leben angebothen hatte: „Meine
Prinzen und Herren! Eure Vorrechte sind die
meinigen und die meiner Kinder; denn ich bin
als Edelmann und nicht als König geboren, und
meine Kinder können keinen schönern Titel haben,

ihm jede Befriedigung ab, mißhandelte seine Ge= 1527
fandten, schränkte die beiden Prinzen mehr ein,

als den, Oberhäupter des Adels. Meine Herren
Räthe! und Ihr alle, meine treuen Unterthanen,
ich würde mit Freuden meine Freiheit meinem
Volke und dem Vortheile unsers gemeinschaftli=
chen Vaterlandes aufgeopfert haben; aber da ihr
meine Gegenwart nothwendig findet, so werde ich
unter euch leben: denn da ich nicht auf mein Wort
Gefangner geworden bin, und meine Ehre nicht
verpfändet hatte, so sind die Versprechungen,
welche man mir abgedrungen hat, nichtig, und
ich kann sie brechen, ohne meine Ehre zu verle=
ßen, das einzige Gut, was Euch aufzuopfern,
nicht in meiner Gewalt stehn würde. Was die
Abtretung von Burgund betrift, so würde ich,
wenn man meine Meinung darüber verlangte, als
Edelmann antreten, daß ich hundertmal lieber
sterben, als meine Einwilligung dazu geben wür=
be; urtheilt nun selbst, was ich als König dar=
über denken muß. Weil Eure großmüthige
Freundschaft meine Erwartung übertroffen hat,
und mir nichts mehr zu wünschen übrig bleibt, so
erwarte ich Eurer Seits, mir anzuzeigen, was
ich zu Eurer besondern Befriedigung und zum all=
gemeinen Nutzen des Königreichs thun kann.
So sehr ich mich bestrebe, Eure Liebe und Ach=

1517 als die Gesetze der Ehre erlaubten, und schlug Franz I einen Zweikampf vor. Dieser nahm ihn ohne Bedenken an, allein Karl verwickelte die Sache durch so viel Umwege, indem er sie als einen würklichen Rechtshandel betrachtete, und alle Kunstgriffe der Formalitäten der Gerechtigkeit dabei hervorsuchte, daß der Zweikamf nicht statt fand; überdieß würden die Unterthanen beider Fürsten es auch nie zugegeben haben. Einige Schriftsteller haben Franzens Cartel und die Antwort des Kaisers angeführt; die Sitten des Jahrhunderts, der Nationalgeist und die lebhaft gereizte Empfindlichkeit von beiden Seiten machen diese Stücke der Aufmerksamkeit werth, und da sie in Büchern enthalten sind, welche heut zu Tage mehr nachgeschlagen als gelesen werden, so hab ich geglaubt, sie am Ende dieses Werkes einrücken zu dürfen *).

Ich schmeichele mir, durch die Ausführlichkeit über die Begebenheiten, die Folgen von der

tung zu verdienen, so können doch in einer so weitläuftigen Administration meinen Blicken manche Dinge entgehen. Fürchtet euch nicht, mir Erinnerungen zu geben, und seyd versichert, daß ich sie immer gut aufnehmen werde. (ebend. S. 320.)

*) Siehe Belege, No. 4.

Schlacht bei Pavia waren nicht zu mißfallen. Alle 1527
Reiche in Europa empfanden die Würkung derselben.
Die neue Geschichte bietet seltner als die alte eine
Erzählung von gefangenen Fürsten dar. Die Sitten, Gebräuche, Waffen und Kriegskunst haben sich
verändert. Es ist nicht mehr dieselbe Ordnung der
Dinge; eben die Begebenheiten, die vormals natürlich scheinen, erregen heut zu Tage unsre Aufmerksamkeit. Ueberdies ist es keiner Nation und
keinem Weltbürger, er sey, wer er wolle, gleichgültig, das Schauspiel zu betrachten, welches ein
König darbietet, der dem seinem Volke gethanen
Schwure, der Wächter und Vertheidiger ihrer
Rechte und ihrer Freiheit zu seyn, treu bleibt; der
die seinige beherzt aufopfert, und die Ehre dem Leben vorzieht. Ein junger Prinz, der nahe am
Throne geboren, und gleichsam von den Händen des Glücks darauf gehoben, sich den Wünschen des Volks entzieht, durch keinen falschen
Schein, den der Ehrgeiz mit den Nahmen Nothwendigkeit hätte bemänteln können, geblendet wird,
und selbst das Beispiel des Gehorsams und der
Treue giebt. Magistratspersonen, die von der
Größe und Heiligkeit ihrer Pflichten gegen den Staat
durchdrungen, sich nur durch den kostbaren Vorzug

1527 über die Rechte der Bürger zu wachen, über sie erhaben glauben, nicht aber durch Privilegien, wodurch sie aus der Klasse der Bürger ausgeschloßen
seyn würden, wenn sie wagten sich bey öffentlichen
Bedürfnissen daraufzu berufen; mit einem Worte,
eine ganze Nation, deren Oberhaupt, und nach
ihm alle Stände sich durch Entschloßenheit, Eifer
und Großmuth auszuzeichnen suchen. Diese, einzig
auf Ehre gebaute Eintracht des Willens; die Ur-
quelle des Guten bei allen Nationen, welche sie
bewahren, muß allen Menschen sichtbar seyn, und
den Regierungen, Königen, und Unterthanen in
allen Zeiten, ein großes Beispiel geben. Doch jetzt
zu dem Verfolg der Begebenheiten, die aus Luthers Meinungen entstanden; zu dem Fortgange
derselben, und den ersten Schritten Heinrichs VIII
sein großes und sonderbares Werk zu unternehmen.

Da die Geschichte der Niederlande sehr oft mit
der Englischen unter Elisabeths Vorgängern und
ihrer eignen glorreichen Regierung verwebt ist, so
werden die Leser vielleicht mit Antheil ein Gemählde ihrer Verfaßung in einem Jahrhunderte lesen,
das für Europa so furchtbar an merkwürdigen Begebenheiten war.

Die

Die alten Batavier, die Vorfahren der jetzigen 1521 Einwohner von Holland und den Niederlanden, lebten lange Zeit bloß von ihren Heerden, und nachher vom Ackerbau. Ob sie gleich thätig, arbeitsam und von fähigem Verstande waren, besaßen sie doch wenig Kenntniß von den Künsten *). Die Römer lehrten diejenigen, die am Ufer des Meeres wohnten, die ihnen von der Natur dargebotenen Güter gegen die ihnen mangelnden zu vertauschen; und die Seeländer durch ihre Bedürfnisse aufgeklärt, wagten sich bald über das Meer, welches sie von Großbrittannien trennte; es sind auf den seeländischen Inseln einige Innschriften dieser neuen Schiffer entdeckt. Die Römischen Läger dienten ihnen zur Zuflucht; die Festungen, die Drusus am Rhein, an der Maas und der Schelde anlegte, sicherten den Transport ihrer Kaufmannswaaren **).

*) Tacitus von den Sitten der Deutschen, Kap. 18.

**) Suetonius berichtet, daß Caligula, als er seine Schwestern zum Tode verdammt hatte, ihre Mobilien nach der Insel der Bataver bringen ließ, um sie theuer zu verkaufen. (Suetons Caligula, Kap. 39.) Man liest im Tacitus, daß die Fabriken in Deutschland unter Vitellius so reich waren, daß die Canninefaten die Waffen ergriffen, um sie zu plündern. (Tac. Gesch. Buch 5.

1527 Sie lernten die Wolle so gut bearbeiten, daß ihre Tücher bis nach Rom giengen. Das Getreide war vielleicht auch ein Gegenstand dieses Handels, welcher in dem Maße zunahm, wie sich die Fabriken vervollkommneten. · Die alten Holländischen und Französischen Chroniken reden von Witlam, einer Stadt an der Mündung der Maas, welche nicht mehr existirt, von Wick-te Dursteede, und von Tiel, als von drei berühmten und von Fremden häufig besuchten Städten.

Die Friesen lernten die Künste und Manufakturen später kennen, sie hatten viel Pferde, Kühe, Getreide und Honig; sie gaben ihren Ueberfluß für das, was ihnen mangelte weg, und diese zu ihren Bedürfnissen hinreichende Austauschung hielt den Fortschritt des Handels bei ihnen auf. Indessen waren unter Karls des Großen Regierung die friesischen Tücher berühmt. Dieser Fürst schickte dem Könige von Persien weisse, graue, purpurrothe, sapphierblaue Stücke; er gab seinen Hausbedienten alle Jahr einen Mantel davon, und um die Arbeiter zu ermuntern, waren in mehrern Friesländischen Städten freie Märkte angesetzt *).

_____

*) Alte Chronik von Holland, Buch 2. Karls d. Gr. Kapitul. B. 36. K. 19.

Es scheint, daß die Niederlande damals einen ziemlich großen Handel mit England trieben. Karl der Große hatte um eine von den Töchtern des Königs von Mercia *) für seinen ältesten Sohn anhalten laſſen. Der König gab ſie ihm mit der Bedingung, daß Karl der Große dem Thronerben von Mercia wiederum eine von den ſeinigen gäbe. Karl der Große, der dieſem Fürſten eine beſondere Ehre erwieſen zu haben glaubte, fand ſich beleidigt, als ſeines Gleichen von ihm behandelt zu werden. Er brach die Unterhandlung ab, und unterſagte allen Handel zwiſchen den Niederlanden und Großbri-

U 2

*) Offa, König von Mercia, einer der mächtigſten Könige der Heptarchie, der in dem Gedächtniß der Menſchen die Erinnerung der gröſſeſten Verbrechen, und der gröſſeſten Handlungen zurückgelaſſen hat; er ſtarb im Jahr 794 nach einer Regierung von 39 Jahren. Malmesbury, den Hume für einen der beſten Geſchichtſchreiber in England hält, erzählt, daß Karl der Große wirklich ſich ſich mit ihm in Verbindung und Freundſchaft einzulaſſen wünſchte, und daß ihm Offa bei dieſer Gelegenheit Alcuin ſchickte, welchen Karl bei ſich zurückbehielt. (Malmesbury, Buch 1. Kap. 4. Sächſ. Chron. S. 65.)

1327 tannien, stellte ihn aber nach zwei Jahren auf das Ansuchen der beiden Städte Tiel und Wick=te Dursteede wieder her *). Die unter den Söhnen und Enkeln Karls des Großen entstandnen bürger=

*) (Fontenellens Chronik, Kap. 15.) Aus den Ka=pitularien Karls des Großen erhellet, daß die Franken des Handels wegen in Karavanen zu den Sclavoniern, Avaren und Sachsen giengen; daß es ihnen verboten war, keine Waffen und Pan=zer dahin zu bringen. Wenn wir noch weiter zu=rückgehn, finden wir auch in noch entferntern Zei=ten Spuren des Handels. Die ersten Könige konnten ihn nicht unterhalten, aber es scheint doch nicht, daß er ganz aufgehoben war, und unter Clotarius II sah man einen Trupp Kauf=leute aus Sens abreisen, um in Sclavonien Han=del zu treiben. (Greg. de Touts, Buch 9. Kap. 32.) Der Geist einiger französischen Städte hat sich noch von den Römern an, bis auf unsere Tage, ununterbrochen erhalten; die Stärke der ur=sprünglichen Neigungen, und die vortheilhafte Lage, haben über die Kriegsverwüstungen, über die Regierungsveränderungen, und über die Be=gebenheiten, welche oft das Schicksal der Völker und ihre Sitten und Gebräuche verändern, die Oberhand behalten: so sind zum Beispiel die

lichen Kriege, die Verheerungen der Normänner, 1525
die Plünderungen der Seestädte vernichteten diesen
aufblühenden Handel. Die Kaufleute wagten sich
nicht mehr auf das Meer, die Manufakturen san=
ken, und Industrie und Künste schmachteten lange
Zeit in diesen verwüsteten Ländern.

Unter dem Grafen von Holland Florenz V.
bestand der Handel mit England in Wolle, Eisen,
Holz, Wein, Tüchern und etwas Gold und Silber,
welches die Engländer aus den Bergwerken von
Devonshire gruben. Eduard I. verschloß seine
Häven den Völkern jenseit des Meeres, (so nann=
te man die Holländer und Zeeländer.) Diese
durch eine solche Ausschließung beleidigt, rüste=
ten Schiffe aus, und zerstörten den Englischen
Handel. Als Eduard mit dem Grafen von Flan=
dern Friede machte, foderte er Entschädigung von
den Holländern, und die Zwistigkeiten dauerten bis
1282. Dann aber zwang die Nothwendigkeit den

U 3

Städte Marseille, Lion, Arles, Narbonne, von
den Karolingern an bis auf unsere Zeiten fast un=
unterbrochen Handelsstädte geblieben. (Huet,
über den Handel der Alten.)

1537 Englischen Fürsten einen Vergleich mit den Zeeländern zu schließen *).

Die Kanäle, welche die Inseln von Zeeland bilden, waren schon damals. Durch die Arbeiten der Einwohner waren schon die Untiefen, welche den Schiffern den Eingang verwehrten, ausgefüllt; die Mündungen der Flüsse waren erweitert worden; die größesten Schiffe konnten schon bis in das Innre des Landes gelangen. Vom Jahre 1400 an, da ein

---

*) Das Seewesen dieser Provinz übertraf damals das Englische, und ihre Häven waren bekannter, als die von Zeeland. „Weder die Häven noch die Rheden von Holland,„ schreibt eben dieser Eduard, „sind unsern Seeleuten so sehr bekannt.„ (Rymers Akt. Buch 2. Th. 3.) Nach Grotius Behauptung waren die Städte Schouwen, Walcheren, Brielle, Goeree, selbst von den Arabern besucht worden. Als unter der Regierung Florenz V, Philipp der Schöne mit Eduard I Krieg führte, bot ihm Florenz die nothwendigen Schiffe und Vorräthe an, um seine Armee nach England überzusetzen. Eduard III gestand den Einwohnern von Veern, aus Dankbarkeit, daß sie ihm wieder zum Throne verholfen hatten, die freie Ein- und Ausfuhr aller Waaren zu, nur die Wolle und das Leder ausgenommen. (Rymers Akt. B. 2. S. 3.

Sturm die Mündung des Texels ausgehölt hatte, war 1527 die Südersee den größesten Schiffen offen. Von da können sie leicht durch den Pampus in das Y einlaufen, wo sie einen Haven von ungeheurem Umfange finden, in dem sie vor Winden und feindlichen Flotten sicher liegen. Die Amstel, welche sich in diesen Busen ergießt, und durch Kanäle mit allen Flüssen von Holland zusammenhängt, erleichtert das Fortbringen der Waaren durch das ganze Land, ja durch ganz Deutschland. Eine glückliche Lage, wodurch alle handelnde Nationen dahin eingeladen werden, und welche die Natur durch Begebenheiten, die oft nur Zerstörung mit sich führen, zu vervollkommnen beflissen gewesen ist.

Im Jahr 1484 machte Maximilian, der Regent, der Niederlande, den ersten Versuch die Schiffahrt in Holland auf einen regelmäßigen Fuß zu setzen. Bis dahin ging jeder nach eignem Gefallen in See, ohne dem Staat, noch Privatpersonen oder den benachbarten Völkern Rechenschaft dafür schuldig zu seyn. Diese Freiheit zog schädliche Mißbräuche für den Handel nach sich. Der Regent befahl, daß niemand ohne seine Erlaubniß und ohne seine Flagge aufzustecken, aus dem Haven laufen sollte; er setzte Bediente an, bestimmte die Verrichtungen und Rechte des Admirals, seine Ein-

1527 künfte und seine Belohnungen. So viele Weisheit
aber auch der Regent in der Faßung seiner Verordnungen zeigte, so mißfielen doch der Nation die
letzten Ausdrücke des Edikts; also wollen wir,
daß es gehalten werden solle. —

Die alten Germanier waren an diesen gebiethe-
rischen Ton nicht gewöhnt, sie glaubten, daß der
Fürst ein von seiner eignen Willkühr abhangendes
Tribunal einführen wollte, und widersetzten sich der
Errichtung deßelben. Der alte Gebrauch erhielt sich
noch ferner, und erst lange nachher kam man dahin,
diese Tribunäle an verschiedenen Orten einzuführen.

So war der Handel der Holländer unter der
Administration Phillipps II, Karls V Sohn. *)
Ihre Civil-Verfassung hatte bereits Veränderungen
erlitten, welche ein auf seine alte Freiheit eifersüch-
tiges Volk zum Murren brachten. Von jeher frei,
Bundsgenossen der Römer, nie ihre Sklaven, nachher der Souveräinität der Könige von Fankreich
unterworfen, so lange sie die kriegerischen Talente und den Ehrgeitz Karls des Großen fürchteten, wählten sie sich Vertheidiger, als die Zwistigkeiten der Kinder dieses Fürsten ihnen Gelegenheit
gaben, ihre alte Verfassung wieder herzustellen.

*) Voßius, Holländische Annalen, Buch L.

Diese waren Thiebold und Gerlof, von dem die 1521
neuern Geschichtschreiber den Stamm der Grafen
von Holland ableiten. Diese verschiednen, durch
verschiedne Grafen, worunter Gerlof ohne Zweifel
der mächtigste war, beherrschten Staaten, wurden
zu einem einzigen Staate vereinigt, über welchen
unter der Regierung Karls des Einfältigen ein einziges Oberhaupt mit dem Grafen-Titel die Souverainität hatte*). Obgleich diese Fürsten souveraine Herren des Landes waren, so gewöhnten sie

U 5

*) Im Jahr 1496 verbot Heinrich VII König von
England, aus Haß gegen die Herzogin von York,
verwitweten Gräfin von Holland, weil sie Per-
kins Betrug begünstigt hatte, den Handel mit
den Niederlanden; allein da Maximilian keinen
Theil an den Intriguen dieser Prinzessin genommen, und Philipp die Statthalterschaft über diese Staaten übernommen hatte, so wurden die
Traktaten erneuert, und mit einem für den Handel sehr vortheilhaften Edikte begleitet. Die
Niederländer gaben ihm den Namen Intercursus
Magnus, oder der große Traktat. (Hooft, Gesch.
der Niederlande, B. 1. Ryrers Akt. B. 13,
Th. 4.) Als Philipp aber im Jahr 1499 nach
Spanien gieng, überfiel ihn ein Sturm, welcher

1527 doch die Holländer nicht an das Joch der Auflagen. Sie zogen Einkünfte aus herrschaftlichen Gütern, das heißt, Ländereien, welche ihnen bewilligt waren, aus den Zöllen, aus der Schiffahrt auf den Flüssen, aus der Fischerei, der Jagd, den Mühlen und Holzungen *). Wenn sie auf einige Zeit Steuern zum Besten des Staats nöthig hatten, so waren sie verbunden, in eigner Person, bei der Versammlung des Adels und der Städte darum anzuhalten, welche ihnen eine auf Termine in einer festgesetzten Zeit zahlbare Summe bewilligten. Da die Holländer nachher durch die Vermählung Maximilians mit der Gräfin Maria unter die Herrschaft des Hauses Oestreich gekommen waren, versuchte Karl V zum erstenmahl eine Steuer von einem Sou auf jeden Morgen Landes zu legen, welches ihm anfangs abgeschlagen ward **). In der Folge kam er so weit, eine Auflage auf die Häuser,

ihn zwang, in Yarmouth einzulaufen. Heinrich lud ihn nach London ein, und nützte seinen Aufenthalt, um Zollfreiheit nach Seeland von ihm zu erhalten. (Rymer, ebend. Hooft, ebend).

*) Ursprung, Fortschritte und Verfall der erbl. Reg. der Graf v. Holl. Th. 8.

**) Ebend. Th. 30.

und sogar eine Salzsteuer einzuführen. Wir werden 1522
in der Folge die Grafen von Holland ihre eigne Macht
vernichten sehn, indem sie ungerechte und grausame Projekte durchzusetzen suchten. Jetzo sind wir
mit der Lage dieses Landes gegen das sechzehnte
Jahrhundert beschäftigt.

So wie die Holländer ihre Schiffahrt vervollkommneten, erweiterten sie auch ihre Reisen; sie
hatten unter Wilhelm III einige Kenntniß vom Nordischen Meere. Dieser Fürst bewilligte denen, die See-
reisen dahin unternehmen würden, Belohnungen;
aber vielleicht hielt sie die Rauhigkeit der Einwohner
an den Künsten des Baltischen Meeres davon zurück. Die Ritter des deutschen Ordens brachten,
nachdem sie Preussen überwunden hatten, das Christenthum und die Künste in dieses Land. Diese Völker lernten bald das bei ihnen in Ueberfluß wachsen-
de Getraide andern Nationen, denen es mangelte,
zuzuführen. Unter den Namen Oosterlinge zu Ant-
werpen bekannt, brachten sie bei der schrecklichen
Hungersnoth im Jahre 1315 eine so große Menge
Getreide nach Holland, daß das Maß von funfzehn Sous auf einmal auf funfzehn Deniers herun-
terfiel. Der König von Schweden räumte ihnen
Privilegien und Magazine in seinen Staaten ein.
Der König von Dännemark, auf diesen Monarchen

1527 eifersüchtig, wollte anfangs die Holländischen Schiffe anhalten, verstattete ihnen aber endlich einen
freien Durchgang unter der Bedingung, daß sie
durch den Sund, und nicht durch den Belt einliefen.

Da der Handel vielen Unbequemlichkeiten und
Gefahren unterworfen war, so schloffen die Handelsstädte im Jahr 1418 den Hanseatischen Bund,
dessen Artikel ein Muster von Billigkeit, Gerechtigkeit und Redlichkeit waren. Alle Handelsstädte
traten diesem zur Sicherheit des Handels, der Schiffe und der Menschen gemachten Bunde bei. Amsterdam, welches durch seine Lage fremde Schiffe
anlockte, kam bald in den Besitz des ganzen Europäischen Handels. Holland mußte mit den über
seine Vortheile eifersüchtigen Oosterlingern die
Waffen führen. Um das Jahr 1440 kam es bei
Lübek zu einem Gefecht zwischen den beiden Flotten.
Die Holländer siegten, bemächtigten sich der feindlichen Schiffe, und gaben der Mannschaft derselben
großmüthig die Freiheit.

Bald darauf riefen die Dänen, mit ihrem Könige Erich mißvergnügt, Christoph von Bayern,
welcher sie seit langer Zeit zum Aufstande gereizt,
und sich den Waffen der Oosterlinger versichert hatte.
Die Holländer glaubten, Erich würde über seinen
Nebenbuhler siegen, und unterstützten ihn in der

Hofnung, ihren Handel von ihm begünstigt zu sehen; 1527 allein Erich wurde vertrieben, und Holland wurde von Friedrich, Marggrafen von Brandenburg, Neffen des Usurpators, angefallen. Dieser bedurfte des Friedens, um sich auf dem Throne zu befestigen; er trug seine Vermittelung an; aber die aufgebrachten Oosterlinger verlangten so beträchtliche Vergütung, und die Holländer verweigerten sie mit so vieler Hartnäckigkeit, daß nur ein neues Gefecht im Stande war, diese stolzen und eifersüchtigen Köpfe zu vergleichen. Peter Brand, Befehlshaber von drei Lübecker Kriegsschiffen, wurde an der Küste von Norwegen von drei Kapern von Hoorn und Enkhuizen angegriffen, welche ihm nach einem sehr hitzigen Gefechte seine Schiffe wegnahmen *). Der General, über die Wuth dieser tapfern Leute erstaunt, hielt selbst bei Lübeck um einen Waffenstillstand an. Es wurde zugleich ausgemacht, daß fünf von beiden Seiten erwählte Städte die Friedensbedingungen festsetzen sollten. Hierauf wurde ein Traktat mit dem König von Dännemark geschlossen. Die Holländer breiteten nunmehr ihren Handel bis nach Schweden, Dännemark, Norwegen, ja sogar bis nach Rußland aus. Anfangs gingen sie bis Reval und Narwa; dann besuchten sie Archan-

*) Chron. von Hoorn.

1527 gel, und unterhielten die Freundschaft Peters des Großen, welcher sie den andern Nationen vorzog *).

In der Folge werden wir die Veränderung in ihrer Regierungsform und der Lage ihres Handels und die schrecklichen Uebel bemerken, die sie auszustehen hatten; Uebel, deren Ursache der Geiz und die Grausamkeit der Spanier war, und wobei die Religionsmeinnngen nur zum Vorwande dienten.

Die katholische Religion verlor ihre Herrschaft über einen großen Theil von Europa. Die Schweizer-Cantone hatten fast sämtlich Luthers und Zwinglis Meinungen angenommen. Gustav Wasas Weisheit und Muth hatten ihn endlich auf den Thron von Schweden gehoben; Vernunft und Politik riethen ihm, um sich darauf zu erhalten, die weltliche Gewalt der Geistlichkeit zu zerstören; allein dieß konnte nicht anders geschehen, als indem er zugleich ihre geistliche Macht schwächte. Er wählte das Lutherthum, dessen Lehre ihn am günstigsten zu seyn schien. Von 1521 an hatten die beiden Brüder, Olaus und Lorenz Petri, Luthers Schüler, die Lehrsätze und Schriften desselben nach Schweden gebracht. Gustav, der seine Meinungen und Entwürfe sorgfältig verbarg, ließ dem erstern Schutz

---

*) Boxhorn, von der holländ. Schiff. Vossius. Ann. von Holl.

verschaffen, zwar heimlich, aber doch nach: 1527 drücklich genug, um ihn aufzumuntern, Luthers Schriften öffentlich bekannt zu machen. Das Volk fand große Vortheile dabei, die Macht, welche den Geistlichen entzogen wurde, in die Hände seines Königs zu geben, und je gerechter diese Macht war, und jemehr Gustav dieselbe durch Klugheit und Menschlichkeit mäßigte, desto leichter gewöhnten sich seine Unterthanen, eine willkührliche und despoti= sche Gewalt vernichten zu sehen. Die Aufhe= bung der Mißbräuche ging nur langsam von stat= ten; sie folgte Schritt vor Schritt dem Wachsthum des Lutherthums, so daß die neue Lehre eingeführt war, ehe irgend einer von den Ständen daran: ge= dacht hatte, sich ihr zu widersetzen. Im Jahr 1525 gab Olaus Petri eine neue Uebersetzung des neuen Testa= ments heraus, welche nichts anders war, als Luthers Uebersetzung ins Schwedische übergetragen. Der Erzbischof von Upsal that dem Könige Vorstellungen, welche aber vergeblich waren. Der Schutz des Kö= nigs sicherte Olaus vor den Strafen der Kirche. Die= ser verheirathete sich bald darauf, ob er gleich Prie= ster war; seine Proselyten ahmten ihm nach, und nannten sich öffentlich Lutheraner. Die Adlichen, deren Schlösser von der Residenz entfernt lagen, lie= ßen diese zu sich kommen, um sie zu hören. Ar=

1527 fangs war dies bloße Neuglier; allein der Reiz der
Neuheit brachte bald eine gänzliche Einförmigkeit
der Meinnungen zuwege. Das Volk sah, ohne
sich zu rühren, die Schwedischen Truppen auf den
Gütern der Geistlichkeit, und selbst in den Mönchsklöstern ihre Winterquartiere nehmen; eine Sache,
welche vor Gustav niemals war gewagt worden.
Dieser Fürst schützte das Elend der durch die bürgerlichen Kriege zu Grunde gerichteten Landleute vor,
welche nicht im Stande wären, zum Unterhalte der
Soldaten beizutragen. Unterdessen ließ er auf eine
geschickte Art aussprengen, der Kaiser schickte sich an,
den herumirrenden und seines Throns entsetzten
Christiern an der Spitze einer starken Armee nach
Schweden zurückzuführen. Nach diesem falschen Gerüchte, welches die erwartete Wirkung that,
glaubte er endlich im Stande zu seyn, der geistlichen Macht den letzten Stoß zu geben. Unter dem
Vorwande sich dem Kaiser zu widersetzen, und die
Regierung von Lübek zu bezahlen, welche beträchtliche Schuldfoderungen an ihn hatte, beschloß er
mit dem Senat, zwei Drittheile der Zehnden für
sich zu nehmen, und die goldnen und silbernen Gefäße der Kirchen, und die überflüßigen Klocken zur
Bezahlung der Regierung von Lübeck anzuwenden.
Er ernannte sogleich Commissarien, welche alle Pro-

vinzen

Stätzen durchreiseten, die Klocken und Gefäße weg-1527 nahmen, und die Zehnden an Früchten und Getreide, welche zum Unterhalt der Truppen dienen aufschütten ließ.

Nach diesem kühnen Entschlusse gab Gustav dem Lutherthum öffentlichen Schutz. Wenn er noch Gefahren vorzubeugen, noch Unruhen zu dämpfen hatte; wenn die wütende Geistlichkeit das gemeine Volk in einigen Gegenden aufwiegelte; wenn sie seiner Macht einen Betrüger entgegenstellte, der den Namen des ältesten ein Jahr vorher verstorbenen Sohns des Stenons annahm: so siegte das Glück Gustavs, seine Klugheit, sein festes und gemäßigtes Betragen über die Kunstgriffe der Geistlichen, und brachten den Adel, den Senat, das Volk und selbst die Geistlichkeit zum Gehorsam. Der einzige Erzbischof von Upsal, ein Todfeind von diesen Neuerungen, den der König gezwungen hatte, seine Würde und seine Rechte aufzugeben, eilte nach Rom, um den Papst um Hülfe anzurufen *). Aber damals hatte Clemens der siebente auf wichtigere Angelegenheiten zu denken, als sich dieses Prälaten anzunehmen; denn so niederschlagend auch der Verlust von Schweden für den heili-

*) Geschichte von Schweden. Puffendorf Th. 2.
Geschichte der Revolutionen von Schweden Th. 2.
Gesch. Elisabeth, I. B. X

1527 gen Stuhl seyn mochte, so drohete ihm doch ein beträchtlicherer Verlust. Nicht genug, daß die Religion in Frankreich, Deutschland und den Niederlanden das Kriegsfeuer angezündet hatte; jetzt störte sie auch die Ruhe Britanniens *).

Bis auf diesen Augenblick hatte kein Reich in Europa den Päpsten mehr Unterwürfigkeit gezeigt, als England, und keines war von denselben despoti-

*) In dem folgenden ist Hume's allgemeine Geschichte von England zum Leitfaden genommen, als die beste, die ich wählen konnte. Dieser Schriftsteller hat, bei seiner vortreflichen Beurtheilungskraft, nach den Werken der einländischen Geschichtschreiber genaue und tiefe Untersuchungen anstellen, und besser als fremde die Wahrheit vom Irrthum unterscheiden können. Ich habe indessen wegen der besondern einzelnen Umstände den alten Malmesbury zu Rathe gezogen, welcher von seinen Landsleuten als ein genauer und wahrheitsliebender Geschichtschreiber geschätzt wird. Auch habe ich Fleury's Kirchengeschichte und einige andere, nicht weniger berühmte Werke bey diesem kurzen Abriß der Englischen Kirche gebraucht; und ich glaubte, von derselben reden zu müssen, ehe ich die Geschichte der Englischen Reformation erzählte.

scher beherrscht worden. Egbert, König von West- 1527
sex vereinigte im Jahr 827 alle kleine Staaten der
Heptarchie, welche beständig unter einander Krieg
führten, und immer die Schlachtopfer des Miß-
trauens ihrer Fürsten waren, zu einem einzigen
Staate. Die Sachsen, welche seit langer Zeit sich
in Britannien festgesetzt hatten, waren damals in
der Aufklärung noch nicht weiter gekommen, als die
übrigen Deutschen. In den ersten Jahrhunderten
der Kirche waren die Mönche die einzigen, die noch
die Ueberreste der alten Gelehrsamkeit aufbehalten
und der Barbarey die Denkmäler des Alterthums
entrissen hatten, diese kostbaren Schätze, deren
Besitz allein den wahren Reichthum des Menschen
und die Zierde seines Lebens macht. Eifersüchtig
darauf, behielten sie das Studium derselben; und
diejenigen Einsichten für sich, durch die einige
Menschen die übrigen zu beherrschen fähig wären. Die Mönche ergaben sich in der Folge den
größten Ausschweifungen und verfielen selbst in Unwissenheit. Jener schwache Schimmer von Vernunft, der sich noch unter ihnen zeigte, und den
sie zum Theil durch die öffentlichen Schulen verbreiteten, erlosch stufenweise völlig. Blinder Gehorsam gegen Mönche, völlige Unterwerfung unter
abergläubische Gebräuche, innige Ueberzeugung,

1527 daß Gold und gute Werke in einem Augenblicke alle Verbrechen eines langen Lebens gut machen könnten, eine übertriebene und knechtische Ehrfurcht gegen jeden, der einen kirchlichen Charakter trug; gränzenlose Verschwendung an die Kirchen und den Römischen Hof; eine tiefe Unwissenheit in den Vorschriften und den Grundsätzen der Religion; hierin bestanden die Gesetze, die Moral und der ganze Verstand der Könige, der Großen und des Volks in dem ganzen Britannischen Reiche. Wenn die Könige das Blut ihrer Unterthanen vergossen, ihre Nachbaren, ihre Bundesgenossen, ihre Blutsverwandten ermordet, fremde Staaten erobert, Städte ausgeplündert und zerstört und ihren Leidenschaften Tugend und Unschuld aufgeopfert hatten; dann legten sie die durch so viel Verbrechen erkaufte Krone nieder und wanderten baarfuß nach Rom, um zu den Füßen des Papstes vollkommenen Ablaß und einen Freipaß zum Himmel zu suchen. Eben diese Fürsten hatten, bei aller ihrer Unwissenheit und ihrem Aberglauben, indessen doch eine dunkle Vorstellung von dem Urtheile der Nachwelt: denn mitten unter so vielen Gräueln erkauften sie durch Wohlthaten die Lobsprüche der Mönche, welche gewöhnlich ihre Geschichtschreiber waren, nöthigten sie, ihre Laster zu verbergen, und nur das Andenken der

Tugenden aufzubehalten, die sie sich zuschrieben, 1527 und deren vornehmste jener blinde Aberglaube war, den sie mit dem Namen der Frömmigkeit beehrten. Diese Sklaverei der Meinungen konnte aufhören. Die alten Kenntnisse hatten sich unter den Mitgliedern der Geistlichkeit erhalten; sie konnten wieder aufleben und jener Art von göttlicher Verehrung, die den Geistlichen von ganzen Nationen erwiesen wurden, ein Ende machen. Man mußte also die gewaltthätigen Handlungen des Despotismus durch eine unbedingte Autorität unterstützen, deren Besitz durch die Verjährung von mehrern Jahrhunderten zum Gesetz werden könnte, wovon auf lange Zeit niemand den Grund untersuchen würde. Ja, es war zu hoffen, ein solches Gesetz würde in den Augen derjenigen Volksklasse, deren später Unterricht und verlängerte Unwissenheit das Joch der Vorurtheile immerwährend machen, seine Heiligkeit nie verlieren. Der Bischof Wilfried begünstigte die erste Appellation von den Entscheidungen einer Englischen Synode an den Römischen Hof. Der Papst Agathon ermangelte nicht, diesen Beweis des Gehorsams laut zu preisen. Eine solche Neuerung hätte die Sachsen befremden können; aber Wilfrieds Beredsamkeit überzeugte sie, daß der heilige Petrus, dem die Schlüssel zum Himmel

1527 anvertraut sind, denen, die das Ansehen seiner Nachfolger verkennten, den Eingang versagen würde. Diese den eingeschränkten Begriffen des Volks geschickt angepaßte Meinung hat sich viele Jahrhunderte hindurch, mit einer unumschränkten Gewalt in England fortgepflanzt, und hatte noch nichts von ihrer Gewalt verloren, als Heinrich VIII es unternahm, sie auf immer zu vernichten.

Indessen waren die Wohlthaten der Könige, die von den Sächsischen Fürsten der Geistlichkeit geschenkten Ländereien, die täglichen Gaben des Volks nicht hinreichend, ihren Ehrgeiz zu befriedigen. Das mosaische Gesetz, welches den jüdischen Priestern den Zehnden von allen Früchten der Erde zugestand, war ihnen immer gegenwärtig. Sie wollten es als ein göttliches, unzerstörbares Recht, welches der Himmel selbst ihnen verliehen hätte, angesehen wissen. Bei den Hebräern machte es einen Theil der Regierungsverfassung aus: in England war es eine Vermehrung der Lasten, welche die Regierung der Nation auflegte *).

*) Karl der Große führte diese Gesetze in Frankreich, aber mit weiser Mäßigung ein, und er hatte viele Mühe, sie annehmen zu machen, ob sie gleich die Gerechtigkeit und die Religion

Von der Zeit an predigte die Geistlichkeit nichts 1527 als was auf diesen Entwurf Bezug hatte, und nach den Predigten und Homilien zu urtheilen, hätte man glauben sollen, daß die der Geistlichkeit zugestandenen Zehnden den Grund des Christenthums ausmachten *). Da ihre ersten Grundsätze in diesem

X 4

zum Endzwecke hatten. Karl Martell hatte die öffentlichen Güter in den Händen der Geistlichen gefunden; Karl der Große fand die Kirchengüter in den Händen der Kriegsleute. Man konnte diese nicht zwingen, dasjenige was ihnen geschenkt war, wieder heraus zu geben, und die damaligen Umstände machten die Sache noch weniger thunlich, als sie von Natur war; von einer andern Seite durfte doch auch das Christenthum aus Mangel an Kirchendienern, Tempeln und Unterrichtsanstalten nicht zu Grunde gehen. Karl der Große führte die Zehnden ein; eine neue Art von Einkünften für die Geistlichkeit, welche den Vortheil hatten, daß es in der Folge leichter war, die Usurpationen zu bemerken, da sie eigentlich der Kirche gegeben waren. (Geist der Gesetze Th. 2. S. 364.)

*) Fra-Paolo Abhandl. von den Beneficien, S. 50.

1527 Punkt keinen Widerspruch gefunden hatten, so suchten sie in der h. Schrift Stellen, die dieselben begünstigten; und nicht zufrieden, den Zehnden von Getreide und Früchten zu verlangen, wollten sie dieses Recht auch über den Handel und die Induſtrie, über den Bedientenlohn, über den Kriegsſold, über die Bedienungen und Aemter in den Städten und am Hofe ausdehnen *). Das war zu weit gegangen. Der Eigennuß klärt uns über unsere Vortheile auf, und immer iſt es ſchwer geweſen, diejenigen zu unterjochen, die dem Beherrſcher nahe ſind, und denen der Ehrgeiz anstatt des Genie's dient. Die Zehnden wurden nur auf die Früchte der Erde zugeſtanden; und noch dazu ſah ſich die Geistlichkeit gezwungen, die Regierung Ethelwolfs zur Ausführung ihres Vorhabens eines ſchwachen und abergläubigen Fürſten zu wählen, und gerade den Zeitpunkt abzuwarten, wo die Völker, durch die Einfälle der Dänen in Schrecken geſetzt, durch dieſe Aufopferung unveräußerliche Rechte an den Schutz des Himmels zu erwerben hofften. Ethelwolf machte der Kirche feierlich und förmlich dieses Geschenk, und befreite die Einkünfte der Geiſtlichen von den Nationalaufla-

*) Ebendaf. S. 231.

gen *). Die Verwüstungen der Dänen machten 1527 diesen Vorzügen ein Ende; die Klöster wurden zerstört, die Mönche erwürgt, die Bibliotheken verbrannt. Als Alfred der Große diese grausamen

X 5

*) Afferius Sächſ. Chron. S. 2. „Man hat in Frankreich, wie in England, den Ursprung dieser Einrichtung in sehr alte Zeiten zurücksetzen wollen; aber die Autoritäten, worauf man sich beruft, scheinen gegen diejenigen zu seyn, die sie anführen. Durch die Verordnung des Königs Clotarius werden in der That die Kirchengüter von gewissen Zehnden befreiet; weit entfernt also, daß damals der Kirche Zehnden bezahlt wären; mußte die Kirche selbst sie abtragen. Der 2te Artikel von Macon von 585. verordnet, daß die Zehnden sollen abgetragen worden, und sagt, daß sie schon in alten Zeiten bezahlt worden; aber es wird auch hinzugesetzt, daß man sie damals nicht mehr bezahlte.“ Wer kann daran zweifeln, daß man vor Karls des Großen Zeit nicht die Bibel aufgeschlagen, und die Geschenke und Gaben die im 4ten B. Mos. verordnet werden, gepredigt habe? Ich behaupte nur, daß vor diesem Fürsten die Zehnden konnten gepredigt werden, aber daß sie noch nicht eingeführt waren. Geist der Gesetze.

2527 Feinde überwunden und verjagt hatte, fand er südwärts von der Themse niemanden, der nur das lateinische Missale hätte lesen können, und selbst in den nördlichen Gegenden gab es wenige, die so viel Kenntnisse besaßen. Alfred that viel für die Gesetze, die Rechtspflege und die Fortschritte der Wissenschaften. Er that viel für seine Zeit; aber es scheint nicht, daß er, indem er den Wissenschaften wieder aufhalf, das geringste für die Vermehrung der Gewalt und der Einkünfte der Geistlichkeit gethan hätte. Er begünstigte die schönen Künste und Wissschaften, die mechanischen Künste, die Handlung und die Schiffahrt, flößte seinen Unterthanen Liebe zur Ordnung, ein, und verdiente den Namen des Großen; ein Titel, welcher niemals aufs Gerathewohl gegeben wird, wenn die Stimme des Volks ihn giebt und beibehält *).

*) Asserius und Malmesbury erzählen, daß Alfred für die Ausbildung der Wissenschaften besondere Sorgfalt anwandte, sobald die überwundenen Dänen ihm dazu die Zeit ließen. Er stellte die Universität Oxford, welche die Barbaren zerstört hatten, wieder her, gestand ihr große Vortheile zu, und verordnete, daß jeder Unterthan, der vier Morgen Landes besäße, seine Kinder sollte studiren lassen.

Die weisen Einrichtungen dieses Fürsten hatten 1527
wenig Dauer. Nichts blieb nach seinem Tode als

Diejenigen, bei denen er nur die geringsten Kenntnisse spürte, waren gewiß, Gnadenbezeigungen
von ihm zu erhalten und zu den ersten Bedienungen vorgezogen zu werden. Er verbreitete unter
seinen Unterthanen die Werke der Dichter in
Sächsischer Sprache, wenigstens diejenigen, die
er unter den Trümmern der Schlösser und der
Klöster hervorziehen konnte. Er schrieb selbst,
und übersetzte Aesops Fabeln aus dem Griechischen; er erwies dieselbige Ehre zwei berühmten
Geschichtschreibern, Beda und Orosius, und dem
Boethius, dessen Werk de consolatione philoso-
phica er zum Theil übersetzte. Malmesbury
B. 2. Cap. 4. Afferius S. 12. f. Eben so aufmerksam war er auf die mechanischen Künste,
kostbare und wesentliche Kenntnisse, weil sie den
ersten Bedürfnissen des Menschen abhelfen.. Er
zog Fremde ins Land, um die veröbeten Provinzen wieder zu bevölkern; er munterte die Schiffahrt auf; gab neue Ideen zur Erweiterung des
Handels; ließ Manufakturen errichten; ließ die
zerstörten Städte, Schlösser, Palläste und Klöster wieder aufbauen. „Kurz, bey seinem Leben
und nach seinem Tode, wurde Alfred sowohl von
Fremden als von seinen eigenen Unterthanen für

1527 die Arbeit, die er auf die Gesetzgebung verwandt hatte, und die Nation fiel bald in ihre erste Unwissenheit zurück. Unter abergläubigen Fürsten verlor sich jene Idee von Ausbildung des Verstandes durch Studiren, welche er hervorgebracht hatte, völlig, und England erndtete keine Frucht davon ein. Unter der Regierung Edreds, eines seiner Enkel, eines schwachen und eingeschränkten Monarchen, mißbrauchte der heil. Dunstan, Abt von Glastembury, das blinde Zutrauen, womit ihn sein Herr beehrte, und rief eine Menge Mönchsorden nach England, welche alle vor ihnen gemachte Einrichtungen über den Haufen warfen, und gleich bei ihrer Ankunft Unordnungen anrichteten, deren Dauer ihrer Gewalt gleich waren.

den größten Fürsten nach Karl dem Großen angesehen, welcher seit langer Zeit in Europa regiert hätte, als einer der weisesten und besten Fürsten, dessen Name je die Geschichte einer Nation verherrlicht hätte. Geschichte von England Band 1. S. 218." Er hatte einen Sohn, welcher, wie er, von Liebe zu den Wissenschaften beseelt, sich der Ruhe und dem Studiren widmete, ohne sich jemals mit der Bürde der Regierung beschweren zu wollen. Malm. B. 2. Cap. 4. S. die Einleitung.

Die Englischen Mönche waren damals bloß eine 1527
Art von Weltpriestern. Weit entfernt, durch strenge
Regeln von der Gesellschaft abgesondert zu seyn,
wandten sie ihre Zeit und ihre Talente nach ihrem
Wohlgefallen an. Sie konnten zwischen dem ver-
ehelichten und ehelosen Stande wählen, ohne aus
ihren Communitäten zu treten. Die Wahl des ersten
Standes verband sie mit der bürgerlichen Gesellschaft, wie die übrigen Unterthanen; ihre Existenz
war dann weniger gefährlich, und die Politik hatte
keine Ursache, sehr über einen Stand zu wachen,
der sich bloß durch seine Kleidung von der übrigen
Gesellschaft unterschied. Aber in Italien entstand
ein strengerer Orden, die Benediktiner. Durch
ihre harten Regeln, ihre anscheinende Keuschheit,
ihre Fasten und ihre Kasteiungen, Früchte eines
übertriebenen Religionseifers, zogen sie anfangs
die Blicke und die Bewunderung des Volks auf sich.
Die Päpste sahen wohl ein, daß, wenn sie die Geistlichkeit unmittelbarern und strengern Regeln unter-
würfen, sie dieselbe zu einem Stande bilden würden, welcher von der übrigen Gesellschaft abgesondert, der bürgerlichen Regierung fremde, unabhängig mitten in einer abhängigen Gesellschaft seyn,
und da er keine andere Herren und keine andere
Stütze als die Päpste hätte, zur Ausbreitung und

1527 Erhaltung der kirchlichen Gewalt dienen würde. Aber es war schwer, eine große Anzahl Menschen dahin zu bringen, daß sie den sanftesten Banden der Natur und der Gesellschaft entsagten, deren sie sich durch ihre Gelübde nicht hatten berauben wollen. Der Römische Hof fand also in allen abendländischen Kirchen den äußersten Widerstand. Die Päpste fürchteten sogar, daß sie nie die Bischöfe und Seelsorger ihren Absichten unterwerfen würden, da diese dem Hofe und ihrem Beherrscher nahe, die Vergnügungen kannten, welche die Aufklärung, die Fortschritte der Künste und der Reichthum überall verschaffen. Sie stellten sich vor, daß die Mönche, ärmer, weniger im Stande, die Last des Unterhalts einer Familie zu tragen, für ihre Rathschläge gelehriger werden würden, und glaubten, wenn sie es dahin bringen könnten, die unter ihnen eingeschlichenen Mißbräuche abzuschaffen, durch die Vergleichung ihrer Aufführung mit dem Betragen der Geistlichkeit, diese letztere zu demüthigen und sie dadurch zum Gehorsam zu zwingen. Sie fiengen also damit an, die Mönche den Regeln der Keuschheit, der klösterlichen Eingezogenheit und der strengsten Disciplin zu unterwerfen. Der hinterlistige und heftige Charakter Dunstans, den Edred unterstützte, beschleunigte die Revolution von England,

Die Mönche, welche weniger zu verlieren hatten, 1527 als die vornehme Geistlichkeit, und welche sich durch Gesetze von den Pflichten, die sie als Hausväter gehabt hatten, entbunden sahen, um desto mehr persönliche Achtung zu genießen, unterwarfen sich dieser Veränderung mit dem größten Vergnügen, und affektirten eine exemplarische Lebensart. Bald deklamirten sie heftig gegen diejenigen, welche noch Vergnügungen genossen, deren sie selbst sich ungern beraubten; weniger von Eifer als von Mißgunst beseelt, beneideten sie ihre Nebenbuhler um die sanften Bande, denen sie sich selbst entzogen hatten. Das Volk welchem ihr Betragen Ehrfurcht einflößte, ließ sich durch ihre ewigen Deklamationen hinreißen; die Weiber der Bischöfe wurden öffentlich Beischläferinnen genannt, und ihren Kindern wurden verhaßte Schimpfnamen gegeben. Inzwischen kämpften die Bischöfe noch lange Zeit, ehe sie willkührlich dem Rechte entsagten, einen Rang in der bürgerlichen Gesellschaft zu behaupten, und in derselben der am meisten geschäzten so wie die der nützlichsten Vorzüge zu genießen.

Indessen hatte sich der ungestüme Dunstan *) geschmeichelt, zu seinem Zwecke zu gelangen, und

----

*) Dunstan, von adelichen Eltern geboren, von seinem Onkel erzogen, Erzbischof von Canterbury,

1527 nichts ist im Stande einen unruhigen Geist zurückzuhalten, welcher die Religion zum Vorwande
nimmt. Edwy, Neffe und Nachfolger Edreds,
ein junger Prinz von 17 Jahren, erfuhr die ganze
Wuth dieses gefährlichen Mannes. Dieser Fürst,
sagt man, war von einer reitzenden Gestalt, und
die Tugenden, die er schon gezeigt hatte, gaben
die

hatte an dem Hofe Edmunds, Edwards Sohn, eini-
ges Ansehen erlangt; aber seine Sitten waren damals sehr ausschweifend. Da er bemerkte, daß diese
seine natürliche Neigung seinem Glücke hinderlich war, so unterdrückte er sie durch eine noch
fehlerhaftere Leidenschaft; und übertrieb aus Ehrgeiz die Vorschriften des Mönchsstandes. Man
hat sogar geglaubt, daß sein Gehirn durch die
strengen Kasteiungen gelitten hätte. Aber da die
Geschichten, welche wir von diesen entfernten Zeiten her haben, von keinen andern als von Mönchen herrühren, so ist sehr zu vermuthen, daß diese die Abscheulichkeiten nur haben bemänteln wollen, deren ihr Beschützer sich schuldig machte, und
welche unter ihnen selbst vielleicht keine allgemeine Billigung fanden; allein es war zu viel Plan
darin, als daß sie bloß die Frucht seiner Neigung
gewesen wäre, übels zu thun.

die schönsten Hoffnungen. Jung, feurig und ge-1527
fühlvoll, liebte er eine Prinzeſſin von ſeiner Familie,
Namens Elgive. Ohnerachtet er ſie nach dem kano-
niſchen Rechte wegen der zu nahen Verwandſchaft
nicht nehmen durfte, ohnerachtet die Prälaten und
die Mönche ſich wiederſetzten, wollte er ſie heirathen. Dunſtan, von ſeinem Eifer hingeriſſen,
wagte es, ſeinen Fürſten und die junge Königin ſelbſt
an ihrem Krönungstage zu beſchimpfen. Edwy,
klüger als man es nach ſeinem Alter und ſeiner Gemüthsart hätte vermuthen ſollen, behielt ſich ſeine
Rache bis auf eine andre Zeit vor. Bald darauf
foderte er von ihm Rechenſchaft wegen der Verwaltung der Finanzen, welche ihm unter Edreds
Regierung waren anvertrauet worden. Dunſtan,
wußte ſich wegen ſeiner Treue auf kein anderes Zeugniß zu berufen, als auf ſein eigenes Wort. Dies erklärte Edwy für ungültig, klagte ihn treuloſer Verwaltung an, und verbannte ihn aus ſeinem Reiche. Aber
Dunſtan hatte das Volk für ſich eingenommen, und
ſeine Abreiſe war das Zeichen zumAufſtande. Odo,
Erzbiſchof von Canterbury, Dunſtans Kreatur, riß die
Königin mit Gewalt aus ihrem Pallaſte: man ver-
brannte ihr das Geſicht mit einem glühenden Eiſen,
man ſchleppte ſie nach Irland, wo ſie nachher noch grau-

1527 samhte Martern ausstand *). Edwy wurde des Throns entsetzt und aus seinen Staaten verbannt: sein Tod, welcher vielleicht nicht natürlich war, machte bald den Triumph der Mönche und ihres Beschützers vollkommen. Dieser hatte Edwy's dreizehnjährigen Bruder Edgar auf den englischen Thron gesetzt, und

*) Edwy hatte, durch die Umstände gezwungen, in eine Ehescheidung gewilligt, aber Elgive kehrte, sobald ihre Wunden geheilt waren, durch die aufrichtigste Liebe geleitet, zu ihrem Gemahl zurück. Odo, der ihre Rückkunft erfuhr, ließ sie entführen, ließ die Kniesehnen entzwey schneiden, und sie nach Glocester schleppen, wo sie unter den heftigsten Martern den Geist aufgab. Osborn S. 34. Dieser Schriftsteller und verschiedene andere nennen sie beständig Edwy's Beischläferin: daher haben verschiedene neuere Geschichtschreiber geglaubt, sie wäre niemals seine rechtmäßige Gemahlin gewesen; aber Hume bemerkt, daß die Mönche ihr keine andere als diese infame Benennung geben konnten, weil Edwy sie gegen das Verbot der Kirche geheirathet hatte: er setzt hinzu, daß, wenn Elgive bloß seine Beischläferin gewesen wäre, sie keine so große Veränderung in dem Schicksal des Monarchen würde veranlaßt haben. Gesch. v. Engl. S. 255 in der Anm.

bemächtigte sich bald des Geistes eines Kindes. Dieser junge Fürst begünstigte den Plan der Kirchenverbesserung, und berief selbst eine Kirchenversammlung, worinn er gegen die ausschweifende Lebensart der Weltpriester eiferte. Man kann sich leicht vorstellen, daß eine solche Aeußerung die erwartete Wirkung hervorbrachte. Die Ordensgeistlichkeit siegte, und die neuen Regeln wurden allgemein unter allen Mönchsorden und in dem ganzen geistlichen Stande eingeführt. Edgar gestand einigen Klöstern eine Ausnahme von der bischöflichen Gerichtsbarkeit zu; er erlaubte den Abteyen, und selbst denen, die von der Krone gestiftet waren, ihren Abt selber zu wählen, ein Recht, welches bloß dem Monarchen zukömmt, und machte sogar keine Einwendungen gegen die falschen Stiftungsbriefe, durch die man zu beweisen suchte, daß die ersten Könige von den ältesten Zeiten her dergleichen Vorrechte verliehen hätten *).

Indeß der Prinz den Mönichen und dem römischen Hofe, gegen alle Klugheit, eine so unbegränzte Gewalt einräumte; indeß die Mönche seine Tugenden, seine Sitten und seine Frömmigkeit bis in

Y 2

*) Malm. B. 2. C. 1.

1527 den Himmel erhoben, sah man an seinem Hofe
ein Sittenverderbniß herrschen, das selbst in jenem
barbarischen Jahrhundert äußerst empörend war.
Göttliche und menschliche Gesetze; die Gesetze der
Schamhaftigkeit und der Ehrfurcht für sich selbst wurden von dem gottesfürchtigen Edgard, den die Mönche nach seinem Tode kanonisirten, mit Füßen getreten. Sein Sohn Eduard begünstigte nicht minder
die Mönchsorden, und Dunstan immer mit der
Gewalt bewaffnet, welche er durch die Schwäche
eines Kindes und durch die Verehrung des Volks
erhalten hatte, versäumte nicht, auch Wunder zu
Hülfe zu nehmen, um glaubend zu machen, daß
die Orden der Mönche von Gott gestiftet, und ihre
Regeln von dem heil. Geist eingegeben wären *).

Als Wilhelm nach der Eroberung von England
die Gesetze, die Gebräuche und die Sitten der Angelsachsen von Grund aus vernichtet hatte, und das
Lehnrecht **) an deren Stelle trat, so wollte der

*) Ebend. C. 9.

**) Diese Gesetze, die auf einmal in ganz Europa
erschienen, ohne mit den bisher bekannten in Verbindung zu stehen; diese Gesetze, welche unendlich
viel Gutes und unendlich viel Böses stifteten.
(Geist der Ges. Buch 13.).

Uſurpateur, um ſeine ſo ſchreckliche als ungerechte 1527
Gewalt unerſchütterlich zu machen, alle Theile der
Regierung verbinden, und ſie in ein einziges Syſtem
bringen, welches zur äußerlichen Sicherheit des
Reichs, und zur Erhaltung der innern Ruhe dienen könnte. Er unterwarf alſo auch die kirchlichen
Einkünfte dem Lehnrechte: nicht, als ob er zu Anfang ſeiner Regierung nicht eine ſehr große Ehrfurcht
für die Kirche gezeigt hätte; aber demohngeachtet
legte er ihr dieſe Bürde auf, welche der Geiſtlichkeit
unerträglich fiel. Der Papſt, die Biſchöfe, die
Aebte, beklagten ſich über den König, und beſchul-
digten ihn der Tyranney, nicht ſowohl, weil er
wirklich ſeine neuen Unterthanen tyranniſirte, als
weil er ſie ſelbſt unter die Klaſſe dieſer Unterthanen
bringen wollte. Aber eine zahlreiche Armee, und
welche alles ihm verdankte, hatte Wilhelms Macht
ſo befeſtigt, daß er ſich vor ohnmächtigem Geſchrey
wenig fürchtete. Er nahm ohne Zweifel die Grund-
ſätze des Lehnrechts aus denjenigen alten deutſchen
Gewohnheiten her, die ſich in England erhalten
hatten. Aber bei den alten Deutſchen gab es Vaſ-
ſallen und keine Lehne; es gab unter ihnen keine
Lehne, weil die Fürſten keine Ländereien zu verſchenken hatten; oder vielmehr die einzigen bekannten Lehne, waren Pferde, Waffen, und

1527 Gastmahle. Es gab Vasallen, denn es gab homines fideles, welche durch ihr Wort gebunden waren, und ohngefähr dieselbigen Dienste zu leisten
hatten, die nachher für die eigentlichen Lehngüter
entrichtet wurden *). Aber die Deutschen hatten
Sitten und Tugenden, welche die Dänen nicht hatten. Niemand urtheilt anders, als nach seinen
Kenntnissen. Wilhelm konnte die Menschen nicht
anders beurtheilen, als nach denen, die er kannte.
Er wollte in England eine neue bürgerliche und politische Regierungsverfassung einführen, und war
die Sklaverei nicht die Absicht seiner Eroberung,

*) Wenn, wie Cäsar sagt, einer ihrer Fürsten in
der Versammlung erklärte, daß er einen Zug vorhätte, und verlangte, daß man ihm folgen sollte,
so standen diejenigen auf, die mit dem Anführer
und mit seiner Unternehmung zufrieden waren,
und boten ihm ihren Beistand an. Sie wurden
von den übrigen öffentlich gelobt; aber wenn sie
ihr Versprechen nicht erfüllten, so verloren sie das
öffentliche Zutrauen, und wurden als Ausreißer
und Verräther angesehn. (Vom Gallischen Kriege, Buch 6. Geist der Gesetze, Buch 30.) Tacitus sagt: Jeder Fürst habe einen Haufen Leute
gehabt, die beständig um seine Person waren,
und ihm folgten. (Sitten der Deutschen.)

so war doch, um diese zu erhalten, jene nothwen-1527
dig. In diesem Falle, sagt ein großer Mann *),
würde es gegen die Natur seyn, daß die Sklaverei
immerwährend seyn sollte. Allein Wilhelm war
bloß Eroberer, nicht Gesetzgeber; er richtete seine
Gesetze so ein, als wenn die Zeit die damaligen Umstände nie hätte ändern sollen, und die einzige Idee
in seinem System, welche sich auf das Naturrecht
gründete, war die, daß er die Geistlichen denselbigen Gesetzen unterwarf, denen die Weltlichen gehorchen mußten. Der größte Theil der Englischen
Geistlichkeit, bestand aus Eingebohrnen; zugleich
aber gab es eine ziemlich große Anzahl von normännischen Prälaten, denen Eduard der Bekenner wegen ihrer Wissenschaften, worin sie wirklich die Engländer übertrafen, Bißthümer verliehen hatte. Wilhelm wollte alle geistliche Würden an seine eigenen
Unterthanen vergeben, so wie er ihnen alle Kriegs-
bedienungen und bürgerliche Aemter anvertraut
hatte. Der Erzbischof von Canterbury, ein kluger,
standhafter und in Verwaltung der öffentlichen Angelegenheiten geschickter Mann, stand ihm bei diesem Entwurfe sehr im Wege. Wilhelm schonte ihn

Y 4

*) Geist d. Ges. Band. 1. S. 107. Buch 30.

1527 bis auf den Augenblick, da er ihn stürzen konnte, und bediente sich auf eine geschickte Art der Anmaſsung des römischen Hofes, um diese Revolution zu Stande zu bringen. Die Umstände waren ihm günstig. Gregor VII machte bald weit erstaunlichere Ansprüche, als alle seine Vorgänger auf dem päpſtlichen Stuhl gemacht hatten. Von einem viel umfassenden und klugen Geiſte, durch einen ausgebildeten Verstand über alle europäische Fürsten erhaben, wollte er jene ruhmvollen Zeiten zurückbringen, wo Rom, als das Oberhaupt der Welt, Reiche gab und nahm, und über alle Könige gebot. Er wiederholte oft während seiner Regierung: die Königswürde wäre das Werk des Teufels, welches der menschliche Stolz gegründet hätte *); das Prieſterthum hingegen wäre das Werk Gottes selbſt; es gäbe wenig Fürsten, die für Heilige erkannt wären, indeß die Päpſtliche Krone diejenigen, die dieselbe trügen, heiligte. Ein seltsames Paradox nach den neuern Exempeln, die die Päpste des zehnten Jahrhunderts gegeben hatten! Aber Hildebrand wußte, man dürfte den menschlichen Verstand nur überraschen, um ihn zu unterjochen. Er hatte das grausame Vergnügen, den erſten Grund zu den Strei

*) Fleury, 3te Abhandl. über die Kirchengeschichte.

tigkeiten über die Investituren zu legen *), welche 1527
so lange Deutschland und Italien entzweiten, welche die Faktionen der Welfen und der Gibellinen
hervorbrachten, welche an so vielem Blutvergießen
P 5

*) Fleurys Kirchengesch. Band 14. Fra-Paolo, Ab-
handl. über die Benefizien. Ehe die Bischöfe
von ihren Würden Besitz nahmen, mußten sie einen Krummstab und einen Ring als Zeichen ihres
Amts aus den Händen ihres Souverains empfangen; dies wurde Investitur genannt. Hierauf mußten sie dem Fürsten diejenigen Zeichen der
Unterwürfigkeit geben, die in den Lehngesetzen
allen Vasallen vorgeschrieben war; das hieß Ho-
magium. Der erste dieser beiden Gebräuche war
es, der so heftige Streitigkeiten zwischen den Königen und den Päbsten hervorbrachte. Was Gregor VII nur anfing, vollendete Urban II 1095 auf
der Kirchenversammlung zu Clermont, als er
allen Bischöfen und Priestern verbot, den Eid
der Treue in die Hände der Könige oder sonst
eines Layen abzulegen. Es wäre, so drückt er
sich aus, eine Sache, die Abscheu erregte, Hände, die alle Tage die Ehre hätten, den Leib des
Heilandes zu halten, zum Zeichen der Knechtschaft
in unheilige, und oft unkeusche Hände zu legen.
(Fleurys Kirchengesch. B. 63. Meyer. S. 176.)

1527 Schuld waren, worüber ein Käiser seines Throns
entsetzt, und seine Person den Beschimpfungen seiner Unterthanen preis gegeben wurden, welche seinen Sohn, seine Gemahlin, seine Mutter gegen
ihn bewaffneten, und ihn mitten in seinen eigenen
Staaten vor den Thüren seines Pallastes im Elende
sterben ließen. Nicht genug, auf diese Weise drei
große Staaten zu zerrütten, wollte er seinen fanatischen Eifer bis nach England wirken lassen. Wilhelm der Eroberer, wurde aufgefordert, sein Wort
zu halten, seine Krone von dem Päpstlichen Stuhl
zu Lehn zu nehmen, und den gewöhnlichen Tribut
zu bezahlen, zu dem die sächsischen Fürsten sich anheischig gemacht hatten. Dieser Tribut war der
Petersgroschen, und in der That hatten jene
Fürsten sich demselben unterworfen; aber er wurde
nicht als ein Zeichen der Abhängigkeit oder bey
Lehnsverbindlichkeit angesehen, wie dieser Papst
vorgab. Wilhelm, aufmerksam auf die Erhaltung
seiner Hoheitsrechte, versprach, den Tribut zu erlegen, verweigerte aber die Lehnshuldigung, und verbot den normännischen Prälaten, welche Bißthümer in England besaßen, sich ohne seinen Befehl
zu der von Gregor VII angekündigten allgemeinen
Kirchenversammlung zu begeben. Wilhelm hatte
bei seiner festen Denkungsart und seinem natürli-

chen Verstande nicht Geschicklichkeit genug, die Ent, 1527 würfe des Papstes zu vernichten, ja nicht einmal den ganzen Umfang derselben zu übersehen. Er hatte zugegeben, daß das erstemal ein päpstlicher Legat in England erscheinen durfte, um das Volk, welches bei der Absetzung Englischer Prälaten nicht gleichgültig bleiben konnte, durch eine heilig geach= tete Autorität zur Ruhe zu verweisen. Der Pabst wollte, da er zu dieser tyrannischen Handlung die Hände bot, sein Ansehn durch Ausübung der geist= lichen und weltlichen Gewalt zu gleicher Zeit befe= stigen. Nachdem dieser erste Schritt geschehen war, hatte Gregor wenig Mühe, den ehelosen Stand und die Mönchsdisciplin in die abendländischen Kir= chen einzuführen. Allein obgleich in Europa keine Macht vermögend war, der päpstlichen Gewalt zu widerstehen, obgleich auch England nachgeben muß= te, so bewies es doch nicht einen unbedingten Ge= horsam. Die neuen Regeln hatten in Absicht auf das, was schon geschehen war, keine Wirkung, und die schon verheiratheten Geistlichen trennten die Bande eines Sakramentes nicht, das der Stifter unserer Religion unaufhörlich machen wollte.

Hildebrand starb im Jahre 1085, aus Rom ge= sagt, von seinen Feinden verfolgt, von allen ge= haßt, und von niemanden beklagt, selbst überzeugt,

1527 daß sein Gedächtniß bei der Nachwelt würde ver
abscheuet werden; ein unvermeidliches Unglück für
Fürsten, die zwischen der Liebe ihrer Unterthanen,
der Achtung ihrer Nachbarn, und dem Hasse beider
wählen können, und diese letzte Parthei ergreifen.
Aber so wenig die abscheulichen Thaten der Borgias
ein abschreckendes Beispiel für alle ihre Nachfolger
waren, eben so wenig fanden die folgenden Päpste
in der Verbannung und dem Tode Gregors VII,
und in den verhaßten Namen, womit er von denen
überhäuft wurde, die Gerechtigkeit und Menschlichkeit liebten, einen hinlänglichen Zügel. Sie gingen
mit derselbigen Wut auf dem von ihm betretenen
Wege fort; und anstatt die allgemeine Glut zu lö-
schen, fachten sie die Flammen an denen Oertern
an, die bisher noch verschont geblieben waren. Im
Jahre 1095 machte Urban II auf dem Concilium zu
Clermont in Auvergne den ersten Kreuzzug bekannt;
ein ewiges Denkmal der menschlichen Thorheit.
Gregorius hatte den ersten Gedanken davon gehabt,
hatte aber entweder nicht das Vermögen oder nicht
die Kühnheit, die Ausführung desselben vorzuschlagen. Ein unbekannter Mönch hatte die fatale Gewalt, ihn durch Hülfe der Vorurtheile und der Unwissenheit seines Jahrhunderts annehmlich zu
machen. Dieselbige Ueberredung, worin man war,

daß durch die Reise nach Rom alle Verbrechen ab- 1527
gebüßt werden, ließ in der Befreiung der Christen
im Morgenlande ein gewisseres Mittel zur Verge-
bung der Sünden finden; und man glaubte, eine
Aufopferung, die wirklich von den größten Gefahren begleitet war, würde einen neuen Werth in den
Augen des höchsten Wesens haben. Indeß die
Päpste und die Könige, samt ihren Generalen und
Ministern einander unbedeutende Vortheile streitig
machten, die ein Augenblick giebt, der andere
nimmt, und die Zeit endlich vernichtet, so vergaßen
die Päpste und die Könige der heiligsten Pflichten,
vergaßen der Pflicht, die Tugend, welche einzig den
Veränderungen der Zeit nicht unterworfen ist, selbst
zu üben, und ihren Unterthanen einzuflößen. Die
Völker kannten bei ihrem wilden Muthe keine andre
Gesetze, als die einer falschen Ehre. Bürgerliche
Gesetze existirten entweder gar nicht, oder wurden
weder beobachtet noch gehandhabt. Verbrechen
herrschten unumschränkt, thierische Leidenschaften
wurden allein gehört. Seitdem die Lehnverfassung
unter einige Nationen eingeführt war, vereinigte
sich bei ihnen der militärische Geist mit dem Aberglauben. Die Theorie des Krieges war völlig unbekannt; es gab keine Kriegszucht, wenn nicht anders diejenige Ordnung dafür gelten soll, die durch

1527 die Stärke der einen und die Schwäche der andern
hervorgebracht wurde. Die Menschen aus allen
den verschiednen Ständen der Gesellschaft, von den
beiden mächtigsten, damals bekannten Bewegungs-
gründen, der Liebe zum Kriege und der Religion
getrieben, stürzten sich ohne Ueberlegung gegen das
Ziel hin, das ihnen als das einzige gezeigt wurde,
um die erste zu befriedigen, und sich ihrer Verbindlichkeit in Absicht auf die letzte zu entledigen. Rang,
Stand, Alter und Geschlecht, nichts konnte von
dieser heiligen Verbündung ausnehmen. Die Weiber legten den furchtsamen Charakter, den ihnen die
Natur eingeprägt hat, nebst der Schamhaftigkeit
ab, bekreuzten sich, und folgten der Armee, wo sie
sich unter dem Vorwände einer heiligen Absicht ein-
fanden, und sich ungescheut den ärgsten Ausschweifungen überließen. Wenn das Schauspiel einer damals so allgemein in Europa verbreiteten Raserei
alle künftige Zeitalter in Erstaunen setzen muß, so
werden sie doch wenigstens sehen, daß es noch Fürsten gab, die weise genug waren, um in ihren Staaten zu bleiben, und daselbst eines Friedens zu genießen, den sie selbst nicht stören, und andre ihnen
nicht nehmen konnten, da alle damalige Monarchen
weder Truppen noch Generale hatten. Sie ver-
mehrten sogar ihre Besitzungen, indem sie um eben

geringen Preis die Güter der Kreuzfahrer an sich 1527
brachten, welche das heilige Land, und mit demselben unermeßliche Schätze zu erobern dachten. Der
gröste Theil derselben fand nichts als Elend, Sklaverei, Pest und Tod, und ihre Verlassenschaften
bereicherten ihre Herren, welche sie ruhig zu Hause
erwarteten. Wilhelm der Rothe, ein Sohn Wilhelms des Eroberers, und sein Nachfolger auf dem
Thron von England, war einer von diesen Fürsten.
Er ließ sich von dem Eifer der übrigen nicht hin-
reissen: er war eigennützig, wenig religiös, despotisch, witzig, und ein Freund des Spottes *). Er
machte die Thorheit der Kreuzzüge lächerlich, zog
seine Unterthanen davon ab, kaufte die Landschaft
Maine und die Normandie von seinem Bruder Robert, und war fast der Einzige, der das Glück hatte, seine Staaten vor der allgemeinen Anstekung
zu bewahren. Nicht als ob die Geistlichkeit ihm
immer Ruhe gelassen hätte; diese fand überall Gelegenheit, ihre Neigung zu Unruhen zu zeigen, und
Ansprüche zu machen, und wuste durch beständigen
Mißbrauch ihrer Gewalt oft die frivolsten und lä-

*) Malmesbury, S. 212. Fleurys Kirchenge-
schichte.

1527 herlichsten Dinge zu Gegenständen von Streitigkeiten zu machen *)

Da

*) Es war damals fast in ganz Europa Mode, sehr
lange Schuhe zu tragen, welche vorne in Gestalt
eines Schnabels spitzig zugingen; oft war diese
in die Höhe gebogene Spitze mit einer goldenen
oder silbernen Kette geziert. Die Englische Geistlichkeit tadelte aus irgend einem geheimen Be-
wegungsgrunde, welchen uns die Geschichte nicht
überliefert hat, diesen Schmuck, als dem Geiste
des Evangeliums zuwider, nach dessen Ausspruch
niemand seiner Länge eine Elle zusetzen könne.
Sie eiferte im Namen Gottes gegen die spitzigen
Schuhe, und versammlete Synoden, um sie zu
verdammen. Allein, wenn gleich die Geistlichen
damals Fürsten von ihren Thronen stürzen, und
Millionen Menschen nach Palästina schicken konnten; so waren sie doch nicht im Stande, die Spi-
tzen an den Schuhen aus der Mode zu bringen.
Weit entfernt, den Angriffen, die auf sie geschahen, zu weichen, wie dies mit andern Moden der
Fall war, erhielt sie sich noch verschiedne Jahrhunderte, und würde, wenn die Geistlichkeit ihre
Ansprüche nicht aufgegeben hätte, vielleicht noch
bestehen. (Gesch. von Engl. B. 2. S. 241.
Malmesb. S. 129.) Noch vor wenigen Jahren

Da Wilhelm der Rothe die Anmaßungen der 1527.
Kirche nicht begünſtigte, ſo war die Streitigkeit
über die Inveſtituren in England weniger heftig als
in andern Ländern, und hatte keine ſo wichtige Folgen, welches nicht ſowohl von ſeiner Standhaftigkeit, als von der Gleichgültigkeit und Verachtung,
die er dabei zeigte, herkam. Auch hat Wilhelm von
den Mönchen, die ſeine Geſchichte geſchrieben haben,
kein Lob erhalten. Er war auch kein ſchätzenswür-
diger Fürſt; er hatte wenig gute Eigenſchaften,
keine Tugend und viele Fehler, und gab alſo den
Geiſtlichen ſehr oft Gelegenheit, ihren Haß durch
die Bemerkung ſeiner wirklichen Fehler zu befriedigen. Die Zänkereien über die Inveſtituren dauer-

haben wir in Spanien die Reform der großen Hü-
te und Mäntel einen gefährlichen Aufſtand ver-
urſachen ſehen. Aehnliche Beiſpiele haben Frankreich, Rußland, und verſchiedne andre Staaten
aufzuweiſen. Ein großer Mann hat geſagt: man
müßte einem Volke ſeine Sitten und ſeine Gebräuche, welche mit den Sitten zuſammenhangen,
laſſen, weil, ſetzt er hinzu, ein Volk ſeine Sitten kennt, ſie liebt, und mehr als ſeine Geſetze
vertheidigt. (Geiſt der Geſetze, B. 10. Kap. 11.)

1527 ten nach seinem Tode fort. Unter seines Bruders Heinrichs Regierung führte der Papst Paskal, um seiner Weigerung, sie diesem Fürsten zu überlassen, das Ansehen des Rechts zu geben, eine Schriftstelle an, welche ein berühmter Geschichtschreiber von diesem Papste erfunden glaubt *). Heinrich vertheidigte sich anfänglich, aber mehr auf eine schlaue als entschlossene Art, und suchte mehr den Forderungen des Papstes auszuweichen, als sie zu bekämpfen. Er schien für seine Person sich dem Joche der Kirche entziehen zu wollen, ohne seine Unterthanen davon zu befreien. Paskal, vorsichtiger als Gregorius, begnügte sich mit einem Kompromiß, wodurch Heinrich ihm das Recht zugestand, das Bißthum bloß in Absicht auf die geistliche Macht zu übertragen, indeß die Bischöfe wegen ihrer weltlichen Besitzungen die Könige für ihre Oberherren erkennen

---

*) Hume, Gesch. v. Engl. B. 2. S. 291. „Ich vermuthe, daß diese biblische Stelle von der Erfindung des heiligen Vaters ist, denn ich habe sie in den heiligen Büchern nicht finden können. Indessen galt sie damals für eine geheiligte Autorität, und wurde von den Geistlichen oft als der Grund ihrer Macht angeführt." Siehe Briefe des H. Thomas, S. 169.

sollten *). So begnügte sich Paskal mit dem, 1527 was er erhalten konnte, und Heinrich glaubte viel gethan zu haben, indem er sich von den Verfolgungen des Römischen Hofes befreiete. Die Ehe der Geistlichen wurde völlig verboten, und die Verheirathungen der Laien im siebenten Verwandschaftsgrade untersagt; eine Delikatesse, wobei die Absicht war, die Einkünfte der Päpste durch die Dispensationen, die sie für Geld ertheilten, und durch die Ehescheidungen, welche von ihnen erkauft werden musten, zu vermehren. Paskal nennt in einer seiner Schriften die Engländer Barbaren; eine sonderbare Beschuldigung von Seiten eines Mannes, der seine Macht, sein Ansehen und seine Einkünfte der Barbarei zu verdanken hatte, worin ganz Europa im elften und zwölften Jahrhunderte versunken war.

So viele Usurpationen, die wegen des National-charakters der Engländer in den britannischen Inseln nur langsam und immer mit einiger Mäßigung gemacht werden konnten, gingen jetzt so geschwinde fort, und wurden so weit getrieben, daß Heinrich II

Z 2

*) Fra-Paolo von den Beneficien. Malm, S. 163.

1527 ſich entſchloß die geiſtliche und weltliche Macht zu trennen. Durch die Unruhen, welche unter Stephans Regierung geherrſcht, durch die Unterſtützung, welche die Geiſtlichen dieſem Uſurpator geleiſtet hatten, durch die Verräthereien, und die Verbrechen, deren er ſich gegen dieſelbige Geiſtlichkeit ſchuldig gemacht hatte, waren die Finſterniſſe der Unwiſſenheit und des Aberglaubens noch vermehrt worden. Heinrich II, Sohn des Grafen von Anjou Geoffroy Plantagenet und der Kaiſerin Mathilde, ein Fürſt, der einen großen natürlichen Verſtand, viel Ehrgeiz und zugleich Liebe zur Ordnung und zur Gerechtigkeit beſaß, konnte ſich nicht unter das Joch eines verächtlichen Aberglaubens beugen. Gleich beim Anfange ſeiner Regierung zeigte er den feſten Vorſatz ſich dem Gehorſam der Geiſtlichkeit zu entziehen und ihre Gewalt einzuſchränken, die durch ihren unbegränzten Umfang, durch die aller Vernunft entgegenſtehenden Privilegien, denen die bürgerlichen, peinlichen, politiſchen und religiöſen Angelegenheiten bei jedem Schritte weichen mußten, alle Ordnung und alle Geſetze zerſtörten. Die Geiſtlichkeit war der Herrſchaft des Monarchen nicht unterworfen, eben ſo wenig war ſie es dem Anſehen der bürgerlichen Geſetze. Ohne ſie konnten keine politiſche Angelegenheiten ausgemacht werden, und im Kriege

und Frieden konnte sie sich den Verbindlichkeiten der 1523
Lehngeseße entziehen, ob sie gleich eine Menge Lehngüter besaß. Sie hatte zugleich einen großen Einfluß in die Entscheidungen der bürgerlichen Gerichte;
und jeder war unter dem Schuß der geistlichen Privilegien und Immunitäten vor bürgerlichen Strafen
sicher. Selbst mit allen Arten von Verbrechen und
allen nur ersinnlichen Greueln befleckt*), verdammte

Z 3

*) Der Papst Kalixtus schickte 1128 unter Heinrichs I
Regierung einen Legaten nach England, ob er gleich
versprochen hatte niemals jemanden einen solchen
Auftrag wieder zu geben. Der Legat berief eine
Kirchenversammlung zu London zusammen, in
welcher die härtesten Strafen auf die Ehe der
Geistlichkeit gesetzt wurden. Der Kardinal erklärte
in einer öffentlichen Rede: „Es wäre ein unver-
zeihliches Verbrechen für einen Priester, den Leib
unsers Heilandes zu betasten und zu weihen, nachdem er den Augenblick vorher das Bette einer
Hure verlassen hätte; denn dies war der Name,
den man den Weibern der Geistlichen gab. Allein
die folgende Nacht überraschten die Polizeibedien-
ten, indem sie ihre nächtliche Runde thaten, den
Kardinal selbst in einem liederlichen Hause mit
einer öffentlichen Weibsperson. Gesch. v. Engl.

1527 sie ohne Unterschied, und strafte oftmals mit Gift und Dolch den geheimen Mißbrauch der Vergnügungen, und eben so gut ihren erlaubten Gebrauch. Heinrich II hatte viele dergleichen Gelegenheiten, seine Empfindlichkeit ausbrechen zu lassen; er wählte eine. Aber unglücklicher Weise hatte er einen feurigen Vertheidiger der Vorrechte seines Standes, Thomas Becket, auf den erzbischöflichen Stuhl von Canterbury gesetzt. Becket hatte seine Erhebung der Gunst des Königs zu verdanken. Dieser hatte ihn aus einem niedrigen Stande an seinen Hof gezogen, hatte ihn seiner Achtung und seiner Freundschaft gewürdigt, und ihm seinen Lieblingsentwurf, den Usurpationen der Geistlichkeit ein Ende zu machen, anvertrauet. Die Wut, die er empfand, sich verrathen zu sehen, eine unüberwindliche Widersetzung gegen seine weisen und wohlüberdachten Entwürfe

Bd. 2. S. 327." Hume führt als Gewährsmann einen Kirchenschriftsteller Huntington S. 382 an; wohl zu bemerken, sagt er, daß dieser letzte Schriftsteller, welcher so wie die übrigen selbst ein Geistlicher war, sich entschuldiget, daß er so frey von den Vätern der Kirche rede, und hinzusetzt, das Faktum wäre so öffentlich bekannt geworden, daß es unmöglich wäre, es zu verhehlen.

zu finden, riß ihn über die Schranken der Mäßi-1527
gung hinaus. Ohngeachtet des Zorns der Päpste,
des Geschreies der Geistlichen, der Besorgnisse seiner
Unterthanen, verfolgte er Becket mit mehr Leidenschaft als Gerechtigkeit. In der Regierung eines
Staats findet die Gerechtigkeit nicht bloß zwischen
den Individuen statt; sie bezieht sich auf alle, und
darf nicht anders als für das allgemeine Beste ausgeübt werden; sie muß den gegenwärtigen Augenblick und die Zukunft auf einmal umfassen. Man
kennt die Folgen von Heinrichs Unwillen gegen
Becket; die Streitigkeiten, welche sie veranlaßten;
die gegebenen und nachher annullirten Verordnungen; die Constitutionen von Clarendon *), welche von

Z 4

*) Diese Constitutionen enthalten 16 Artikel, deren
Gegenstand war, die vornehmsten Mißbräuche,
welche in den kirchlichen Angelegenheiten gewöhnlich geworden waren, abzustellen, und den beständigen Anmaßungen des Römischen Hofes, der sie
immer mit mehr Hitze verfolgte, und der bürgerlichen Macht eine völlige Vernichtung drohte,
feste Schranken entgegen zu setzen. Heinrich ließ
also jene Statuten sammlen, um allen Streitigkeiten darüber vorzubeugen. So setzte er also,

1127 einem weisen und gerechten Könige herkamen, von einem aufgebrachten Papst und einem schwachen abergläubigen Volke verworfen wurden; und endlich

indem er die geistlichen Streitfragen in einer bürgerlichen Nationalversammlung abschafte, die Superiorität seiner Gesetzgebung über alle Decrete der Päpste und Schlüsse der Kirchenversammlungen völlig fest, und trug über die Geistlichkeit einen ausgezeichneten Sieg davon. Allein dieser Fürst zweifelte nicht, die Bischöfe, welche in diesem Augenblick der stärkern mit dem Könige vereinigten Partei der Barone unterliegen mußten, würden einst eine günstige Gelegenheit ergreifen, das Haupt wieder empor zu heben, und sich gegen die Autorität auflehnen, von der die Constitutionen herkamen; sie mußten also alle, auf seinen Befehl, ihr Siegel darunter setzen und ein Versprechen unterzeichnen, daß sie sie beobachten wollten. Hume Gesch. v. Engl. Bd. 2. S. 439. Becket allein wagte es, seine Unterschrift zu verweigern; aber da er von allen, und selbst von den übrigen Bischöfen verlassen war, setzte er sein Siegel unter die Constitutionen, versprach als ein Mann von Ehre auf Treue und Glauben, und ohne List und Gefährde, sie zu beobachten, und legte einen Eid darauf ab.

die Ermordung Beckets, welche ein unauslöschlicher 1527
Fleck in der Geschichte dieses Fürsten ist. Der Prä-
lat hatte schärfere Ahndungen verdient; aber er
mußte nach den Gesetzen, als ein Rebell gegen die
Befehle seines Souverains, gegen die Gesetze seines
Vaterlandes, und als ein Störer der öffentlichen
Ruhe gerichtet werden. Heinrich fand indessen
Mittel, die Rache der Kirche zu besänftigen und sich
zum Schein wegen Beckets Ermordung zu rechtfertigen. Er machte einen Vergleich mit dem Römischen Hofe, wodurch er vieles von seinen Rechten
abzutreten, sich vor demselbigen zu demüthigen, und
sich seinen Gesetzen zu unterwerfen schien. Der
Papst erhielt indessen durch diesen Vergleich nichts
weiter, als die Veränderung eines einzigen Artikels
in den Constitutionen von Clarendon: es wurden
nemlich die Appellationen an den Römischen Hof
erlaubt; allein da Heinrich sich das Recht vorbehielt,
von den Parteien hinlängliche Sicherheiten zu verlangen, so konnte er seine Forderungen weit genug
ausdehnen, um die Appellation zu vernichten, und
den Papst dadurch der Vortheile berauben, die er
davon erwartete.

In demselbigen Vertrage hatte er versprochen,
wenn es nothwendig wäre, zum Besten der Kirche
und der Christen im Orient einen Kreutzzug zu thun.

Z 5

1587 Obgleich der Kaiser Konrad und der König von Frankreich Ludwig VII in diesen rasenden Kriegen zweimal hunderttausend Menschen verlohren hatten, so entschloßen sich doch Philipp August und Heinrich II, durch die Heldenthaten des berühmten Salabins nach dem Orient gerufen, mit dem Kern ihres Adels, und mit neuen Schätzen, die sie auf Unkosten des Unterhalts ihrer Völker gesammlet hatten, in Person dahin zu gehen. Die Ordensgeistlichkeit in England wurde von denen den übrigen Bürgern aufgelegten Taxen befreit; aber die Weltgeistlichkeit, sie, die allein in Europa die Raserey der Kreutzzüge erregt und unterhalten hatte, wollte gleichfalls dieser Last entledigt seyn. Die Eifersucht, welche zwischen Heinrich II und Philipp August herrschte, die Unruhen, welche dieser letzte in der Familie seines Nebenbuhlers erregte, Richards Empörung und Heinrichs zu frühzeitiger Tod waren Ursache, daß diese Expedition erst im Jahr 1189 statt fand. Sein Sohn Richard unternahm sie in der Einbildung, diese Reise würde ihm nicht allein, in den Augen der Menschen einen unsterblichen Ruhm erwerben, sondern auch in den Augen Gottes die Verletzung der kindlichen Pflichten gegen seinen Vater gut machen. Er nahm dazu Heinrichs ganzen hinterlaßenen Schatz; er veräußerte die Einkünfte

und die Domainen der Krone, verkaufte die wich-1529
tigsten Reichsbedienungen, und entsagte sogar für
Geld der Oberlehnsherrschaft über Schottland und
der Festungen Rosberough und Berwick, eine der
schönsten Erwerbungen seines Vaters. Wie er selbst
versicherte, hätte er auch London verkauft, wenn
er einen Käufer dazu gefunden hätte *).

Was die Päpste noch bisher nicht von den Königen von England erhalten hatten, das gelang ihnen unter der verächtlichen Regierung Johanns
Ohneland zu erhalten. Innocens III wollte sich
der Ernennung zu den Bißthümern bemächtigen,

*) **Mezeray allgem. Gesch Rymer Act. publ. B. 1.**
Ohngeachtet seines Eifers für die Kreuzzüge erlaubte er sich Ausschweifungen, die selbst seine
Jugend und die außerordentliche Heftigkeit seiner
Leidenschaften nicht entschuldigen konnten. Foul-
ques, Pfarrer zu Neuilly, ein eifriger Prediger
der heiligen Kriege, ermahnte ihn mit jener
Strenge, welche die Priester affektirten, sich von
seinen drei Lieblingstöchtern, der Eitelkeit, der
Habsucht und der Wollust loszumachen. Richard
dessen Tugend nicht die Geduld war, antwortete
ihm mit Lebhaftigkeit: Ihr habt Recht; ich will
die erste den Tempelherrn, die zweyte den Bene-
diktinern, und die dritte meinen Prälaten geben.

1207 und als dieser Fürst sich weigerte, sie ihm einzuge=
stehen, belegte er das Reich mit dem Interdikt.
Der König durch diese Unternehmung aufgebracht,
konnte sich derselben indeß nicht widersetzen. Sein
Charakter und seine Gewaltthätigkeiten gegen seine
Unterthanen hatten ihn so verhaßt gemacht, daß er
nicht im Stande war eine Versammlung der Stän=
de des Reichs zu veranstalten, welche allein bei ei=
ner solchen Gelegenheit einen Fürsten, den sie geliebt
hätten, Beistand leisten konnten. Von ihnen verlas=
sen, mußte er alle Grade des Kirchenbanns durch=
gehen, welche der Pabst nur langsam gegen ihn
aussprach, um die Furcht und das Grauen der Eng=
länder stufenweise zu erhöhen. Zuerst belegte er
das ganze Königreich mit dem Interdikte; dann
excommunicirte er den Fürsten; darauf sprach er die
Unterthanen von dem Eide der Treue los; erklärte je=
den, der mit ihm öffentlich oder insbesondere an sei=
ner Tafel, in seinem Conseil, oder nur im or=
dentlichen Umgange im geringsten zu schaffen haben
würde, für excommunicirt. Philipp August, der
aufgeklärteste Monarch seiner Zeit, ließ sich damals
durch seinen gegenwärtigen Nutzen und durch die
beständige Eifersucht zwischen den beiden Nationen
hinreißen. Anstatt in der Person des Königs von
England sich der allgemeinen Sache aller Könige

anzunehmen; anstatt zu verhindern, daß der Papst 1527 nicht dereinst, um ihn zu demüthigen, sich des Ansehens bediente, das er selbst ihn hätte usurpiren lassen, brachte er eine starke Armee auf die Beine, um selbst einen unglücklichen Fürsten völlig zu unterdrücken. Aber indeß der gerechteste Fürst sich so durch Eigennutz verführen ließ, zog der Papst durch sein eignes Interesse aufgeklärt, einen Vergleich mit einem schwachen und irreligiösen Monarchen der Verbindung mit einem mächtigen, verehrten Monarchen vor, der jeden Ruhm erworben hatte, den man damals durch kriegerische Thaten erwerben konnte, der aber nicht im Stande war, jemals ein Sklave des päpstlichen Stuhls zu werden. Johann konnte keine Truppen zusammenbringen, um sich zu vertheidigen. Das Volk, in die tiefste Unwissenheit versunken, dem Fanatismus und dem Aberglauben ergeben, und eines tyrannischen Königs milde, versagte ihm allen Beistand. Dieser unglückliche Fürst sah sich gezwungen, sich zu den größten Niederträchtigkeiten herabzulassen, um seine Feinde zu entwafnen. Er versprach sich blindlings dem Ausspruche des Papstes zu unterwerfen, die verbanneten Geistlichen und Layen zurückzurufen, sie für ihren erlittenen Verlust zu entschädigen, und alle diejenigen zu begnadigen, welche wegen ihres Gehorsams gegen

1527 den Papſt im Gefängniß waren *). Dieſe knechti-
ſche Herablaſſung machte den Legaten, der die Vollmacht des Papſtes hatte, noch kühner; er verlangte
von ihm, er ſollte ſein Königreich dem römiſchen Hofe als Eigenthum abtreten, und es von ihm zu
Lehen nehmen. Er wußte ihn zu überreden, daß
dies das einzige Mittel wäre, ſeinem gänzlichen Untergange vorzubeugen, womit ihn Frankreich be-
drohte. Die Erniedrigung, zu welcher dieſer Prinz
heruntergeſunken war, hatte ſeine Seele faſt aller
ihrer Kräfte beraubt. Zitternd und alles fürchtend
willigte er auch noch in dieſe Erniedrigung. Europa hatte zwey Monarchen geſehen, die von den Päp-
ſten abgeſetzt, ſich öffentlich den Biſchöfen zu Füßen warfen, und auf den Befehl des Pabſtes den
Thron verließen, um ins Kloſter zu gehen. Aber,
daß ein Monarch ſich freiwillig entſchließt, um ſeine Sünden zu verſöhnen, ſein Reich mit Bewilligung ſeiner Baronen der Kirche zu überliefern; daß
er einwilliget, es zu Lehn von der Kirche zu tragen,
und jährlich dafür 1000 Mark zu entrichten, und
ſich, oder ſeine Nachkommen in Gefahr ſetzt, deſ-

*) Rymer, Act publ. B. 1. S. 166. Vier Baro-
ne unterzeichneten mit dem Könige dieſen ſchimpf-
lichen Traktat, S. 176.

selben beraubt zu werden und sich allen denjenigen 1527
Demüthigungen zu unterwerfen, die mit der Abnahme der Lehngüter verbunden waren; daß er,
entwafnet und mit gefalteten Händen zu den Füßen
eines Legaten, dem Papste den Eid der Treue schwört,
und ihm als seinem Oberlehnsherrn huldigt; dies
Schauspiel war dem zwölften Jahrhunderte aufbehalten *): Er bezahlte einen Theil des Tributs;
und der stolze Legat, vielleicht aus Verachtung für
denjenigen, der niederträchtig genug war, dem
Papste dies Geschenk zu machen, trat mit dem Fu
ße darauf. Aber hiermit war der Römische Hof
noch nicht zufriedengestellt; ehe er das Interdikt
und den Kirchenbann aufhob, und die Unterthanen
wieder zum Gehorsam und die Haltung ihres Eides
verpflichtete, mußte der König alles, was er versprochen hatte, erfüllen, und die Geistlichen schadlos halten. Diese foderten unermeßliche Summen,

*) Ebend. S. 176. „Dies war ein schwacher und
tyrannischer Fürst, ohne Grundsätze und ohne Gefühl für Ehre. Ehe er sich so feigherzig in die
Arme der Römischen Kirche warf, hatte er an
den König von Marocco geschrieben, und ihm
versprochen, die muhammedanische Religion anzunehmen, wenn er ihm die Franzosen von Halse
schaffen wollte. Matth. Par. Gesch. S. 320.

1527 und der schwache Fürst machte seine Schande dadurch vollkommen, daß er in einer neuen Schrift,
woran ein goldenes Siegel gehängt wurde, dem heiligen Stuhl auf die feierlichste Weise wegen seines
Königreichs noch einmal huldigte.

Nach einer so schimpflichen Erniedrigung machte
Johann, für den das ausgestandne Unglück nur
noch ein Traum war, den Entwurf sich an Philipp
August zu rächen, und schmeichelte sich, aus einem
lehnspflichtigen Könige von England, Monarch von
Frankreich zu werden. Dies war sein Charakter,
bei Widerwärtigkeiten feige, und sobald er Ruhe
hatte, übermüthig. Aber er war bestimmt, alle
die demüthigendsten Streiche des Schicksals, die
einen König treffen können, zu verdienen und zu em-
pfinden. Er hatte sich durch sein öffentliches und
Privatleben gleich verhaßt gemacht. Er beleidigte
beständig die Barone durch seinen Stolz, entehrte
durch seine Galanterien ihre Familien, brachte sie
durch seinen Despotismus auf, und machte alle
Stände des Staats durch beständige Auflagen ver-
drießlich. Die Erniedrigung, zu der ihn der Papst
gebracht hatte, machte ihn in den Augen des Adels
so verächtlich, daß die Majestät auf denselben gar
keinen Eindruck mehr machte; die Adlichen verlangten laut die Wiederherstellung ihrer Vorrechte.

Langton,

Langton, Erzbischof von Canterbury, dessen 1527 Ernennung so viele Unruhen hervorgebracht hatte, der aber in der That die erste Stelle im Staate verdiente, trug das meiste zu der Entschließung der Barone bei. Es sei nun, daß die Uebel, die er veranlaßt hatte, ihm nahe gingen, oder daß er den König selbst verachtete, oder daß er die Freiheit des Volks den Ansprüchen der Kirche günstig glaubte, so machte er den Entwurf zur Reform der Regierungsverfassung. Die mißvergnügten Bischöfe verlangten von dem Könige die Erneuerung der alten Freiheitsbriefe und ihrer Privilegien, und verschiedne Veränderungen in der Staatsverwaltung. Der König, durch die Kühnheit und besonders durch die Menge dieser Foderungen in Schrecken gesetzt, bat sich Zeit aus, und wandte die erhaltene Frist dazu an; der Geistlichkeit alle seine Rechte auf die geistlichen Stellen abzutreten *). Er hofte von dem Päpstlichen Stuhl den Beistand zu erhalten, den er von demselben zu erwarten berechtigt war. Die Barone wollten gleichfalls den Papst in ihr Interesse ziehn; sie wandten sich an ihn als an ihren Oberlehnsherrn, und flehten ihn an, den König dahin

---

*) Rymer, B. 1. S. 197.

1527 zu bringen, daß er ihre Privilegien wieder herstellen und beſtätigen möchte *). Den Papſt ſetzten dieſe unruhigen Bewegungen in Schrecken. Er ſah vorher, daß der Vortheil, den er über einen verachtungswürdigen Fürſten erhalten hätte, durch die Verbündung muthiger und freier Männer vernichtet werden würde, welche Privilegien wiederhergeſtellt wiſſen wollten, die älter waren, als die Privilegien des Päpſtlichen Stuhls. Die Barone ſahen bald ein, daß ſie nichts von ihm zu erwarten hätten. Unter dem Beiſtande des Primas, der ſelbſt die Gewalt der Kirche und ihres Vaſallen einſchränken wollte, griffen ſie zu den Waffen, und zwangen den König, ihnen ihre Foderungen zu bewilligen, und jene berühmte Akte, die Magna Charta genannt, zu unterſchreiben, durch die er allen Ständen des Reichs, der Geiſtlichkeit, dem Adel und dem Volke, wichtige Freiheiten und Privilegien wiedergab. Innozenz III wurde bis zur Raſerei gegen die Barone aufgebracht, die einem von Rom abhangenden Fürſten dergleichen Geſetze vorgeſchrieben hatte. Er ſprach den Bann gegen alle diejenigen aus, die ſich unterſtehen würden, gegen ſein Verbot, die Magna Charta zu beobachten oder darüber zu halten,

*) Rymer, B. 1. S. 184. u. 200.

und verſicherte, er würde die von Gott ihm verlie 1207
hene Macht, Reiche zu gründen oder zu zerſtören,
vertheidigen. Wer hätte dies in dem damaligen
Jahrhunderte geglaubt? Der Primas von England weigerte ſich dem Papſte zu gehorchen, und die
Barone zu excommuniciren, welche bald zum zwei-
tenmale von dem Könige hintergangen, dem Prinzen Ludwig von Frankreich, Philipp Auguſts älte-
ſtem Sohn, die Krone antrugen. Eine Krone wird
ſelten ausgeſchlagen. Dieſer ſchwache König, welcher ſich mit der Eroberung Frankreichs geſchmeichelt
hatte, ſah ſeinen eignen Scepter den Händen ſeines
Nebenbuhlers übergeben. Der Papſt ſchickte eiligſt
nach Frankreich, und drohte als Oberlehnsherr von
England, jeden zu excommuniciren, der ſeinen Vaſallen angreifen würde. Er erhielt zur Antwort,
England wäre nicht das Erbgut des Römiſchen
Stuhls, und würde es nie ſeyn; und der Franzöſiſche Adel ſetzte hinzu, er würde bis an den Tod dieſe
Wahrheit behaupten, daß kein Fürſt bloß nach ſeiner
Willkühr ſein Reich verſchenken oder es zinsbar ma-
chen, und ſo den Adel der Sklaverei unterwerfen
könnte *). Ludwig ließ eine ſtarke Flotte ausrüſten;

Aa 2

*) Matth. Pariſ. S. 327.

1527 er kommandirte sie selbst, aber mit der wenigen Klugheit, die einem jungen Menschen natürlich ist. Seine Expedition mißlang, und er hätte beinahe selbst die größten Gefahren gelaufen. Der Tod des Königs Johann vernichtete die Hoffnungen der Franzosen und befreite seine Nation von denen Gefahren, denen sein Glück oder sein Unglück sie beständig ausgesetzt hatten.

Die Regierung Heinrichs des dritten, seines Sohns, würde den Päpsten nicht weniger günstig gewesen seyn, wenn nicht die vermehrte Aufklärung ihrer Macht einigen Abbruch gethan hätte. Freilich litt sie hierdurch wenig, doch genug, um die Päpste zu zwingen, eine so empörende Anmaßung fahren zu lassen, als die war, ein Königreich wie England als Lehnherren zu besitzen. Sie schränkten ihre Ehrbegierde darauf ein, sich auf Unkosten des Staats zu bereichern, und gaben stillschweigend eine Verminderung ihres Ansehens zu. Ihr Geiz konnte hierdurch hinlänglich befriedigt werden; denn sie zogen mehr Einkünfte aus dem Reiche als die Krone selbst *); bald wurden die Foderungen wegen der

*) Unter Innozenz dem vierten verlangte der päpstliche Stuhl in England die Einkünfte von allen erledigten Bisthümern und geistlichen Aemtern,

Nicht- Residenz und der Pluralität bis zur Unan- 1227
ständigkeit getrieben. Man erzählt, daß ein ge-
wisser Mansel, Kaplan des Königs, siebenhundert
Beneficien besaß: verschiedene Geschichtschreiber
sagen mit Recht, diese Mißbräuche hätten sich so
sehr vermehrt, daß sie zuletzt über die Gränzen des
Aberglaubens und der Verblendung hinausgingen.

Aa 3

den Zwanzigsten von allen geistlichen Einkünften,
das Drittel von denjenigen, die jährlich mehr
als hundert Mark betrugen, und die Hälfte von
denen, deren Besitzer nicht daselbst residirten. Er
machte Ansprüche auf die Güter aller Geistlichen,
die ohne Testament verstorben waren; er behauptete, rechtmäßiger Erbe alles durch Wucher
erworbenen Geldes zu seyn; er hob willkührliche
Contributionen von dem Volk, und als der König wider die ordentliche Gewohnheit diese Er-
pressungen untersagte, so drohete ihn Innozenz
mit eben den Bannstralen, welche er auf den
Kaiser Friedrich geschleudert hatte. Matth. Par.
S. 476. Die Bulle Innozenz des vierten, welche
in Rymers öffentlichen Akten steht, rechnet den
Ertrag der geistlichen Beneficien, welche die
Italiener in England besaßen, auf funfzig tausend Mark.

1527 Das Volk, dieser Sklaverey unter Fremden müde, äußerte Zeichen des Mißvergnügens, welche unter einem andern Fürsten leicht eine Revolution hätten hervorbringen können. Sein Sohn Eduard, welcher mehr natürlichen Muth und mehr ausgebreitete Kenntnisse besaß, schränkte die geistliche Gewalt durch die glückliche Veränderung, die er in der Regierungsverfassung zu Stande brachte, ein. Er erhielt zur Belohnung für diese Bemühung den Namen des Englischen Justinians. Die Statuten dieses Fürsten, welche die Rechtspflege betreffen, verdienen den Namen eines Gesetzbuches, weil sie in England zu beständigen und dauerhaften Gesetzen geworden sind. Er gab der Lage der Sachen ein ganz anderes Ansehen, den Gerichtshöfen eine andere Gestalt; er war Freund der Gesetze und der Gerechtigkeit, aber nicht immer ein Feind der willkührlichen Gewalt, und oft erlaubte er sich despotische Handlungen, welche ein Volk, das selbst durch seine weisen Einrichtungen gewohnt war, die Vortheile derselben einzusehen, nothwendig aufbringen mußten *). Er machte Gesetze, die sich durchgän-

*) Eduard hob durch ein Gesetz den vor seiner Regierung zu gewöhnlichen Mißbrauch auf, die Ausübung der Gerechtigkeit durch Befehle des gehei-

gig auf Gerechtigkeit gründeten, und übertrat sie 1527
selbst, oder befolgte sie nicht. Eduard war mit den
glücklichsten Anlagen zu einem guten Fürsten geboren: aber von Kenntnissen entblößt konnte sein Geist
keine große Ideen entwickeln, noch ihnen den Umfang und die Genauigkeit geben, die zu derjenigen
unermeßlichen Arbeit, womit er sich sein ganzes
Leben durch beschäftigte, nothwendig waren. Indessen konnten die Päpste unter seiner Regierung
ihre Macht nicht weiter ausdehnen, und nicht ein-

men Conseils zu unterbrechen; aber er beobachtete
dieses Gesetz nicht, ob es gleich in der Magna
Charta gegründet war. Es wurde auf die Vorstellungen des Unterhauses im dritten Jahr Eduards
des dritten (Blackst. Bd. 2. B. 1. Cap 1. S. 142.
Statut. 2. Eduards III. C. 8.) erneuert; es
wurde noch einmal durch das zweite Statut Richards II. C. 10. bestätiget, welches jeden Befehl,
wodurch die Ausübung der Gesetze unterbrochen
oder verhindert werden würde, für ungültig erklärt. Nichts destoweniger existirte dieser Mißbrauch noch unter der Regierung der Königin
Elisabeth. Er wurde durch das zweite Statut
Cap. 2. unter Wilhelms und Marien Regierung
völlig abgeschaft.

1517mal behaupten. Bonifacius VIII *), einer der ehr-
geitzigsten und unternehmendsten Päpste, welche die

*) Coelestin V, Vorgänger des Bonifacius, war
ein frommer Einsiedler, wenig in weltlichen Wissenschaften bewandert, Stifter des Ordens der
Coelestiner, welches ungebildete und einfältige
Menschen waren wie er, die nicht die geringste
Weltkenntniß hatten, aber Gott fürchteten. Zu
schwach, ein so großes Reich wie die Kirche zu
regieren, legte er die päpstliche Krone nieder.
Bolland erzählt, seine Abdankung sey eine Folge
der Intriguen des Kardinals Cajetan gewesen, welcher noch nicht zu sichere Hoffnungen hatte, dereinst
den päpstlichen Thron zu besteigen. Er behauptet,
dieser Kardinal habe in die Wand des Zimmers,
wo der Papst schlief, ein Loch bohren lassen, durch
welches er ihm alle Nacht mit einer fürchterlichen
Stimme zurief: „Coelestin, du bist für die Ein-
samkeit geboren; du bist nicht tüchtig, das Amt,
das du auf dir hast, zu verwalten; Gott befiehlt
dir, in deine Einsiedeley zurückzukehren.“ Der
ehrgeizige Kardinal mag nun wirklich diesen Betrug gespielt, oder der simple Greis jene weisen
Ueberlegungen gemacht haben, genug, er legte
die päpstliche Würde nieder, um in seine Einsam-
keit zurückzukehren. Cajetan, welcher schlau ge-

Römische Kirche je gehabt hat, machte eine Bulle 1527
bekannt, in der er allen Monarchen verbot, ohne
seine Bewilligung die geringste Auflage auf die Geistlichkeit zu legen, und den Geistlichen, dergleichen
zu bezahlen, bei Strafe der Entsetzung von ihren
Aemtern und der Excommunication.   Wenige Zeit

Aa 5

aus gewesen war, um erwählt zu werden, hatte
die Niederträchtigkeit, diesen ehrwürdigen Einsiedler zu verfolgen.   Er ließ ihn in das Schloß
Fumone in Campanien einsperren, wo er starb.
Cajetan war außerordentlich thätig, witzig, ein
guter Rechtsgelehrter, in seinen guten Eigenschaften und in seinen Fehlern übertrieben, und beständig mit ehrgeizigen und weltlichen Ideen beschäf-
tiget, er arbeitete mehr darauf, die Könige der
weltlichen Macht der Päpste zu unterwerfen, als
die geistliche Gewalt der Kirche über die Völker
zu vermehren.   Stolz und eingebildet, sagt der
P. Daniel, schätzte er nur sich, und sah niemals
auf das, was seine Vorgänger gethan hatten. Er
war, wie ihn Pasquier beschreibt, heftig, unge-
stüm, und ein eben so unruhiger Kopf als Gregor VII. Daniel Bd. 3. Pasquier Bd. 7. B. 3.
Mezeray chron. Ausz. Bd. 1. S. 486. Fleury
Kirchengesch. B. 84.

1527 nach dieser Verordnung verlangte Eduard, durch Staatsbedürfnisse gedrungen, von der Geistlichkeit den Fünften von ihren beweglichen Gütern; sie verweigerte ihren Gehorsam, weil er der Bulle des Papstes entgegen wäre. Eduard brauchte keine Gewaltthätigkeit, aber er ließ alle Scheunen, alle Kornmagazine der Geistlichen verschließen, verbot ihnen das geringste von ihren Einkünften zu bezahlen, und wollte darauf eine Synode versammlen. Der Primas weigerte sich, diese zusammenzuberufen *); aber Eduard, welcher jene zahlreichen Privilegien, die ihm mit so vieler Beredsamkeit gepriesen wurden, wenig achtete, welcher eigenmächtig alles Gold und Silber weggenommen, und beides zum Besten und zur Erleichterung des Publikums verwandt hatte; Eduard, welcher sich nicht an den Papst wenden wollte, wodurch er dessen Ansehen nur mehr besestigt hätte, antwortete den Geistlichen: da sie die Lasten des Staats nicht tragen wollten, so erklärte er sie hiermit des Schutzes der Gesetze unwürdig. Er befahl den Gerichtshöfen, keine Rechtssachen anzunehmen, worin Geistliche Kläger, sondern alle diejenigen anzuhören und zu entscheiden, wo die

*) Rymer Bd. 2. Mezeray chron. Ausg. Bd. 2. S. 730.

Geiſtlichen die Beklagten wären, kurz, jedem Eng- 1527
länder gegen ſie Gerechtigkeit wiederfahren zu laſſen,
hingegen ihre Klagen gegen niemanden anzuhören.
Es iſt leicht zu denken, wie viel die Geiſtlichen unter
dieſem Geſetze litten. Sie unterſtanden ſich anfangs
nicht, aus ihren Wohnungen herauszugehen; aber
bald wurden ſie durch das Bedürfniß, da ſie an
allem Mangel litten, und ihnen niemand etwas
brachte, gezwungen, ſich zu zeigen; ſie wurden auf
öffentlicher Straße beſtohlen und inſultirt, ohne in
den Gerichtshöfen, welche für ſie verſchloſſen waren,
im geringſten Recht zu erhalten. Eduard blieb ein
ruhiger Zuſchauer ihres Elendes, enthielt ſich aller
Gewaltthätigkeit, aller unmittelbaren Verfolgung,
und rächte ſich, ohne das Volk aufzubringen, nichts
weniger für ihre Widerſetzlichkeit. Der Primas von
England ſprach einen Bannſpruch aus; das Volk
kehrte ſich nicht daran; die Lage der Geiſtlichen blieb
dieſelbe, und die Engländer gewöhnten ſich endlich,
die tiefe Ehrfurcht zu mäßigen, die ſie ſo lange für
dieſen geheiligten Stand gehabt hatten, welcher ſie
mit ſo vieler Härte regierte.

Nachdem Eduard den Muth, oder vielmehr die
Kühnheit der Geiſtlichen gebändigt hatte, ſo waren
doch verſchiedene Biſchöfe noch eigenſinnig genug,
um die Macht des Papſtes und das Anſehn ſeiner

1527 Bulle zu vertheidigen. Sie wollten den Fünften nicht bezahlen; sie unterwarfen sich bloß einer äquivalenten und willkührlichen Taxe, welche sie in einer Kirche niederlegen ließen, wo sich die königlichen Beamten derselben bemächtigten. Allein andere Geistliche und verschiedene Klöster, überzeugt, daß es für Privatpersonen keine Sicherheit giebt, als in der öffentlichen Ordnung und den allgemeinen Gesetzen, kehrten wieder in die Gemeinschaft der Staatsbürger zurück, bezahlten mit gutem Willen, und nahmen wieder Antheil an dem Schutz der bürgerlichen Gesetze. Bonifacius war in Frankreich nicht glücklicher gewesen, wo er ohne Schonung und ohne Ueberlegung, einen jungen, stolzen, herrschsüchtigen und mächtigen Fürsten aufgebracht hatte; dem ein Conseil zur Seite war, welches aus kühnen und tapfern Männern bestand, die sich in der Ausführung eines edeln und gerechten Vorhabens durch nichts aufhalten ließen *). Philipp urtheilte aus

*) Der Krieg zwischen Frankreich und England war der Gegenstand, der die Aufmerksamkeit des Papstes erregte. Er schickte zwey Kardinäle als Legaten, um zwischen den beiden Monarchen den Frieden zu vermitteln; aber diese sonderbaren Vermittler hatten den Auftrag, Frieden und Eintracht im Namen Gottes und bei Strafe des Kir-

dem Betragen des Bonifacius, daß er vorhätte, 1527 unvermerkt alle Könige zu Vasallen des päpstlichen Stuhls zu machen, oder sie alle so zu regieren, wie er die Italienischen Fürsten regierte. Philipp, fest entschlossen, die Unabhängigkeit seiner Staaten zu

chenbanns zu befehlen. Phillipp der Schöne antwortete ihnen stolz: ein Monarch ließe sich mitten in seinen Staaten nicht von Fremden befehlen. Fleury bemerkt mit Recht, daß die großen Päpste in den ersten Jahrhunderten der Kirche, der heilige Gregorius und andere, in ihren Archiven Constantins Schenkung und andere Dokumente noch nicht entdeckt hatten, woraus Grégor VII, seine Nachfolger, und besonders Bonifacius, welchen Gregor VII zum Muster genommen zu haben schien, ihre Ideen von Größe und von einer Universalmonarchie geschöpft hatten. Sie waren, sagt er, weder Fürsten, noch weltliche Herren, noch unabhängig, und sie waren von dem Unterschiede der beiden Mächte überzeugt, welche der Papst Gelasius so richtig ausgedrückt hat, wenn er sagt, daß selbst die Kaiser in dem, was die Religion betrift, den Bischöfen unterworfen sind, und daß in politischen Sachen die Bischöfe, selbst der höchste von ihnen, den Gesetzen der Kaiser gehorchen. Fleury, dritte Abh. üb. d. Kirchengesch.

1527 erhalten, kämpfte für dieselbe mit denselbigen Waf=
fen, die sein Feind Eduard in England gebraucht
hatte *). Bonifacius war der letzte von allen Päp=
sten, der seinen Ehrgeiz so ausschweifend weit trieb.
Er war sein ganzes Leben durch in so großer Ver=
legenheit, um diese thörichte Gewalt zu behaupten,
und dieser selbige Ehrgeiz hatte einen so elenden Tod
zur Folge, daß die andern Päbste ingeheim von ih=
ren Ansprüchen nachließen, ob sie sie gleich niemals
völlig aufgegeben haben **). Die Staaten, wel=

*) Mezeray allg. Gesch. B. 2. S. 278. Pasquier,
Th. 7. B. 3. Gesch. v. Frankr. Th. 7. 2c.

**) Im Jahre 1303 schleuderte er den letzten Bann=
strahl gegen den König von Frankreich, und be=
hauptete, „als Statthalter Jesu Christi, hätte er
das Recht, die Könige mit einer eisernen Ruthe
zu regieren, und sie, wie irdene Gefäße, zu zer=
brechen.“ Er war nach Anagni gegangen, und
dort, wo er sich ohne Zweifel sicherer glaubte,
als zu Rom, Konsistorium zu halten. Philip ver=
lor endlich alle Geduld; er konnte seinen Zorn
und seinen Unwillen nicht länger zurückhalten,
und entschloß sich, den Papst aufheben, und durch
eine allgemeine Kirchenversammlung absetzen zu
lassen. Die Colonnas, seine geschwornen Feinde,
begünstigten diese Unternehmung; er wurde wirk=

che durch welche Grundsätze von rechtmäßigen Mo-1527
narchen regiert werden, und unter einer aufgeklär-

sich von Sciarra Colonna und Wilhelm von Nogaret gefangen genommen. Der hitzige Italiener
würde ihn in seiner Wuth ermordet haben, wenn
nicht der großmüthige Wilhelm von Nogaret
ihn zurückgehalten hätte. Die Einwohner von
Anagni nahmen ihn nachher in Schutz und be-
freiten ihn. Allein der heftige Zorn, dem dieser
stolze Greis sich überlassen hatte, ob er gleich gezwungen war, die ersten Regungen desselben zu
unterdrücken, und die Demüthigung, die er sich
durch seinen Stolz zugezogen hatte, verursachten
ihm ein hitziges Fieber, woran er zu Rom starb.
So wurde, sagen alte Geschichtschreiber, die
Weissagung des unglücklichen Cölestius erfüllt,
welcher auf dem Todbette zu ihm sagte: Du
hast dich wie ein Fuchs auf den päbstlichen Stuhl
gesetzt; wie ein Löwe wirst du regieren; und wie
ein Hund wirst du sterben. Bolland B. 15. Eine alte Chronik von St. Denys sagt: „Dieser
Papst ohne Frömmigkeit und ohne Glauben
fiel in Raserei, so daß er seine eignen Hände
fraß, und es wurden Donner gehört und Blitze
gesehen, wovon man in andern Gegenden nichts
wußte.“ Wenn diese Worte noch ein Denkmal
der Leichtgläubigkeit des dreizehnten Jahrhun-

1527ten Regierung leben, welche dem Himmelsstrich der Nation, dem Charakter der Bürger angemeſ sen iſt, ſind nicht ſobald zu dem Grade der Voll kommenheit gelangt, den ſie erreichen könnten, ſo ſinken ſie ſchnell durch den unveränderlichen Lauf der Dinge, durch die ewige Unbeſtändigkeit der menſch lichen Einrichtungen, erfahren traurige Revolutio nen, und gehen ihrem Untergange zu. Aber eine Macht, die ſich für keine Staaten ſchickte, eine un gerechte Gewalt, der niemand ſich unterwerfen konn te, ohne ſich zu erniedrigen *), welche in der Zeit,

den

derts ſind, ſo zeigen ſie zugleich den Abſcheu, den dieſer Pabſt eingeflöſt hatte. Man hat immer nur von Wunderzeichen geſprochen, wenn von Menſchen die Rede war, die andere im Guten oder im Böſen weit übertrafen.

*) Wenn man die Herrſchaft der Kirche in den er ſten Jahrhunderten in verſchiedener Rückſicht als deſpotiſch angeſehen hatte, ſo war doch die Skla verey, der die Päbſte in den folgenden Jahrhunder ten die Völker unterwarfen, weit größer. Ihre Ge walt wurde über fremde Staaten ausgeübt, und war dadurch deſto empörender. Sie war, von Seiten der Kriegsmacht betrachtet, worin damals die ganze Größe der Staaten beſtand, ſchwach,

und

den Einſichten, den Muth und dem Nationalgeiſt 1527
der Völker, welche ſie angriff, lauter Feinde fand,
welche bei ihren heftigſten Aeßerungen den Grund

und durch das der Reinigkeit ihrer erſten Einſe-
ßung ſo entgegen ſtehende Betragen der Geiſtlichkeit herabgewürdigt: und dennoch unterjochte ſie
ganz Europa. Wo bleiben hier die großen Ideen,
die man ſich vom menſchlichen Verſtande macht!
Wir können ihn nicht anders als für ſchwach halten, wenn wir ihn in dem Stande der Natur betrachten, und wie viel dazu gehört, ihn durch
Studien, durch Unterſuchungen und durch Erfahrung aufzuklären, auszubilden und zu vervollkom-
nen, um ihn vor den Irrthümern zu verwahren,
worinn er durch Eitelkeit, Stolz, Ungeduld und
chimäriſche Einbildungen geräth. England, Frankreich, Deutſchland, die Niederlande waren ſchon
in verſchiedenen großen und viel umfaſſenden Ge-
genſtänden nicht mehr unwiſſend, als ſie noch den
Päbſten gehorchten, als noch Monarchen, aufgeklärt, weiſe und gerecht genug, um ſich ſelbſt
den Geſeßen, welche ſie gegeben hatten, zu unterwerfen, zitterten, ihre Unterthanen möchten ſie
auf Befehl eines Papſtes von ihren Thronen her-
unterreißen, ihre Paläſte und Städte verbrennen
und plündern, und die Geſeße vernichten, welche
ihre Glückſeeligkeit ſicherten.

1527 zu ihrer eigenen Vernichtung in sich trugen, konnte im Vergleich der Dauer bürgerlicher Gesellschaften nur eine kurze Zeit fortdauern.

Im vierzehnten Jahrhundert findet sich in der allgemeinen Geschichte von England nur eine einzige Neuerung, die die Kirche mit Gewalt durchsetzte. Die Geistlichkeit genoß beständig ihrer unermeßlichen Vorrechte, und wußte ihre Immunitäten so gut geltend zu machen, daß dieser Stand von den Lasten des Staats befreiet war, und von den bürgerlichen Gesetzen und der Gewalt des Monarchen nichts zu besorgen hatte. Für kein Verbrechen hatten sie einem weltlichen Richter Rechenschaft zu geben, und nie weder Absetzung noch kirchliche Strafen zu befürchten; sie waren sicher, völlig unbestraft zu bleiben. Aber sie waren die gelehrtesten Männer ihres Jahrhunderts, und die hohe Geistlichkeit hatte mit den ersten Männern im Staate gleichen Rang, sie hatten dabei, oder affectirten wenigstens reine Sitten, und die Könige sahen sich hierdurch gezwungen, ihnen die wichtigsten Bedienungen anzuvertrauen. Durch dieses Ansehen wurden sie noch kühner. Aber die Regierung des Staats foderte Männer von Einsichten; und da sie alle Mühe anwandten, die Unwissenheit in den übrigen Ständen zu unterhalten, so konnte es niemand hierin mit ihnen unternehmen. Der

Erzbischof Strafford, Primas des Reichs unter 1527
Eduard II, wagte es noch, sich des Kirchenbanns
zu bedienen, freilich nicht eigentlich gegen den König, aber doch auf eine Art, daß der Prinz leicht
unter die Anzahl derer konnte begriffen werden, gegen die er den Bann aussprach *). Eduards Klug-

Bb 2

*) Er schrieb an Eduard: „Es gäbe zweierlei Arten
von Gewalt, wodurch die Welt regiert würde,
die heilige päpstliche apostolische Gewalt, und die
königliche Gewalt, welche der ersten untergeordnet wäre; die erste von beiden, die kirchliche
Gewalt, wäre ohne Widerspruch die höchste, weil
die Priester des Höchsten vor seinem Richterstuhl
das Betragen der Monarchen selbst verantworten
müßten; die Geistlichen, als geistliche Väter aller
Gläubigen, und unter andern der Könige und
der Fürsten, wären durch eine himmlische Vollmacht berechtigt, den Willen und die Handlungen derselben zu leiten, und ihre Fehler zu bestrafen; die Prälaten hätten von je her Kaiser vor
ihren Richterstuhl vorgeladen, über ihr Leben
und ihre Aufführung geurtheilt, und Bannflüche
gegen diejenigen ausgesprochen, die sie in ihren
Vorurtheilen verhärtet fanden. Geschichte von
England. B. 5. S. 183.

1527 heit kam den Folgen dieser Unternehmung zuvor, ob er gleich Festigkeit genug in seinem Charakter hatte, und aufgeklärt genug dachte, um sich den Angriffen des Römischen Hofes gerade zu entgegen zu stellen. Der alte Tribut wurde unter seiner Regierung nicht weiter bezahlt; und als im Jahr 1367 der Papst ihm drohte, wegen des nicht bezahlten Tributs ihn vor seinen Richterstuhl zu laden, gab Eduard die Sache dem Parlament zur Untersuchung. Die beiden Parlamentshäuser entschieden einmüthig, der König Johann hätte nicht ohne Einwilligung der Nation sein Reich einer fremden Gewalt unterwerfen können, und vertheidigten den Monarchen gegen die Anmaßungen des römischen Hofes. Die Laien waren es müde, sich von demselben beherrschen zu lassen, und ihre Geistlichkeit ward ihnen durch den Gehorsam gegen den Pabst verdächtig; sie geriethen von einem äußersten auf das andere und schrieben der Geistlichkeit alle die Uebel zu, welche nothwendig einen Staat drücken mußten, der beständig im Kriege begriffen war, der noch keine feste Gesetzgebung hatte, und noch nicht jene inneren Hülfsmittel zu gebrauchen wußte, die sich nur durch einen großen Verkehr mit andern Nationen entwickeln; sie behaupteten, die Hungersnoth, das Elend, alle natürliche Plagen kämen von den

Usurpationen des römischen Stuhls, von dem Gei-1527
tze und dem Verderbniß des römischen Hofes, von
der Venalität der Aemter und von der Simonie der
Geistlichen her. Die Laien übergaben dem Könige
eine Bittschrift, worin sie ihn anflehten, den Geistlichen keine bürgerliche Bedienung anzuvertrauen.
Sie äußerten sich deutlich über die Nothwendigkeit,
das Joch der päbstlichen Gewalt abzuschütteln, und
Plackereien abzustellen, die sie nicht länger ertragen
wollten. Eduard glaubte, es wäre noch nicht Zeit,
dem Eifer seiner Unterthanen Gehör zu geben; er
begnügte sich, ein Statut bekannt zu machen, welches das Statut der Provisoren genannt wurde*),
vermöge dessen die Römischen Geistlichen, welche
Beneficien in England besaßen, schlechterdings von
dem Könige abhangen sollten. In einem folgenden Statute wurden alle diejenigen, die sich unter-
ständen, eine Rechtssache vor den römischen Hof
zu bringen, oder dahin zu appelliren, des Schutzes
der Gesetze verlustig erklärt.

Obgleich sein Nachfolger Richard II seinen Geist
nicht erbte; obgleich die Regierung desselben eine
Art von Anarchie war, so erhielten doch die Geist-

Bb 3

*) Blackston, B. 4. K. 8.

1527lichen ihre Gewalt nicht wieder, welche nun durch Ursachen geschwächt wurde, die nicht mehr von der Schwäche oder der Entschlossenheit der Könige ab; hing. Ein Weltpriester von Oxford, Namens Johann Wiclef, ein Mann, der durch Studiren seinen natürlichen Verstand ausgebildet hatte, war der erste, der es öffentlich wagte, die seit so vielen Jahrhunderten für unwiderleglich angenommenen Meinungen anzugreifen. Seine Reformations; grundsätze, welche er aus der Schrift und den Kir; chenalterthümern schöpfte, waren ohngefähr Luthers Grundsätzen ähnlich, und so wie diese, den Mo, narchen, den Regierungen und den Völkern günstig. In einigen Punkten seines Systems war er Enthu; siast, und schien in andern Stücken verwegen. Gre; gor IX und nach ihm Leo X, welche schlimme Fol; gen von diesen neuen Meinungen befürchteten, schickten Befehle gegen Wiclef nach England; allein dieser wurde von dem Herzoge von Lancaster, wel; cher damals den Staat regierte, geschützt, und seine Grundsätze erhielten während der Minderjährig; keit Richards Kredit genug, daß auch das Volk ihn in Schutz nahm. Es gab noch kein Gesetz in Eng; land gegen die Neuerer in der Religion *) Im

*) Ohngeachtet des Eifers der ersten Christen, der religiösen Hitze der Patriarchen, und selbst der

Jahr 1381 wurde auf Anstiften der Geistlichkeit eine 1527 Akte gemacht, worin den Sheriffs befohlen wurde, die ketzerischen Prediger gefangen zu nehmen; allein dies Statut, welches ohne Bewilligung des Unter- hauses registrirt war, wurde auf ihre Vorstellung annullirt. Indessen versichern die Englischen Ge- schichtschreiber, daß die Widerrufung dieser Akte durch den Kredit und die List der Geistlichkeit unter- drückt wurde, und das Statut, obgleich ohne ge- setzliches Ansehen, in den Parlamentsregistern blieb.

Bb 4

Kaiser finden wir nicht, daß die Bischöfe der vier ersten Jahrhunderte geglaubt hätten, gegen die Ketzer Strenge gebrauchen zu müssen; das fünfte Jahrhundert zeigt uns das erste Beispiel einer von der Kirche gebilligten Leibesstrafe. Justin I ließ dem Patriarchen von Antiochien, Severus, welcher nicht aufhörte, gegen die Chalcedonische Kirchenversammlung zu eifern, die Zunge ab- schneiden. Gesch. der Benediktiner von der Con- gregat. von St. Maur. Jahrh. 5. Auf dieses erste Beispiel folgten Todschlag und Meuchelmord; alle folgende Jahrhunderte zeigten ähnliche Greuel, und der Scheiterhaufen schien keine zu scharfe Strafe. Im achten Jahrhundert ließ Justinian II alle Armenische Manichäer verbrennen. Am Ende

1527 Durch die Ohnmacht der Kirche wurde Wiclef erhalten; auch schien er kein Verlangen nach der Mär-
tirerkrone zu tragen. Er mußte seine Meinungen
so zu erklären, und gab ihnen mehr als einmal vor
denen, die ihn darüber verhörten, einen so betrüge-
rischen Anstrich, daß sie selbst in Versuchung geriethen, sie für orthodox anzusehen. Er starb in der
Grafschaft Leicester an einem Seitenstechen, welches die Geistlichkeit als eine göttliche Strafe vorstellte, und dem Volke versicherte, er wäre ewig

des eilften Jahrhunderts wurde das Haupt der
Sekte der Bogomilen von dem Kaiser, dem Patriarchen und der Kirchenversammlung von Constantinopel zum Feuer verdammt. Am Ende des
zwölften und zu Anfang des dreizehnten Jahrhunderts verließen einige Privatpersonen, weil sie die
schändliche Lebensart der Geistlichen nicht ausste-
hen konnten, die öffentlichen Versammlungen.
Dominikus und einige Predigermönche suchten sie
zu bekehren, und da ihnen dies nicht gelang,
überredeten sie die Richter, sie verbrennen zu
lassen; ja, in der zweiten lateranischen Kirchenversammlung veranlaßten sie eine Bulle, wodurch
die Richter selbst verurtheilt wurden, wenn sie
sich weigerten zu gehorchen. Burnets Gesch. d.
Reform. Bd. 1. B. 1.

verdammt. Ohngeachtet der Menge seiner Jünger 1527 war die Revolution noch nicht genug vorbereitet. Die Wissenschaften und Künste, welche die Neugier beleben, welche den Geist erheben und das Genie entwickeln, waren im Norden noch unbekannt. Aber es war genug für die Engländer, und selbst für die Deutschen, welche durch diejenigen unter ihnen, die auf der Universität Oxford studirt hatten, Wiclefs Lehre kennen lernten, um der Macht der Kirche Schranken zu setzen, über die sie nicht hinausschreiten durfte, um nach dem Beispiel des Reformators Unterricht in denen Quellen zu suchen, woraus er selbst seine neuen Ideen geschöpft hatte, und ohne Unterlaß der Klarheit zu folgen, welche dieser erste Lichtstrahl auf einmahl verbreitete.

Indessen blieb der Zorn der Kirche gegen die Lollards oder Wiclefiten, so heftig er sich auch im Jahre 1414 unter Heinrich V zeigte, doch ohne große Wirkung. Das Volk, obgleich unzufrieden, gerieth noch bei dem Namen Ketzerei in Feuer; diejenigen, die die Abstellung der Mißbräuche am wenigsten wünschten, waren am meisten gegen Wiclefs Nachfolger aufgebracht. Der Lord Cobham, einer der vornehmsten Herren in England, welcher sich durch seine Tapferkeit ausgezeichnet und Heinrichs IV und dessen Prinzen Hochachtung verdient hatte,

1527 schien durch seine Geburt und seine Talente ein wür-
diges Schlachtopfer für die Wut des Erzbischofs
von Canterbury, Thomas Arundel. Er wurde der
Ketzerei beschuldigt und zum Feuer verdammt; seine
Flucht und sein Kredit veurrsachten dem Könige lebhafte Unruhen, welche aber nicht lange dauerten *).

*) Rymer, B. 9. Fox, S. 513. Heinrich V, ein mil-
der und großmüthiger Fürst, konnte die Strenge
seines Primas nicht billigen, sah sich aber
gezwungen, sie zu dulden. Seine Nachgiebigkeit
kam ihm theuer zu stehen. Cobham entwischte
vor dem Tage, der zu seiner Hinrichtung bestimmt
war, aus dem Gefängnisse; die Wut, die durch
harte Behandlungen, besonders in der Seele
eines Mannes von einem muthigen und standhaften Charakter, hervorgebracht wird, brachte ihn
dahin, eine öffentliche Rebellion anzustiften. Er
machte sich eine Parthei und setzte sich vor, nicht
großmüthiger zu handeln, als man mit ihm gehandelt hatte. Die Faktion wurde durch die Klugheit des Königs zerstreut; er entging anfangs
der Strafe; aber vier Jahre darauf wurde er gefangen genommen, als des Hochverraths schuldig
gehenkt, und darauf als ein Ketzer verbrannt So
werden diese Thatsachen von den meisten Geschichtschreibern erzählt. Burnet sagt mit eigenen Wor-

Wenn diese Strenge in England die **Forschritte des 1527**
Irrthums aufhielt, so verbreitete sich derselbe nicht
weniger in den übrigen Ländern. Das Schisma,
welches die lateinische Kirche seit 40 Jahren ent-
zweite, wurde durch die Kostnitzer Kirchenversammlung geendiget; diese setzte Johann III wegen seiner
Verbrechen ab, und ernannte Martin V zum Papst,
welcher Wahl die Europäischen Mächte ihre Beistimmung gaben *). Diese Handlung des Concis

---

An: es ist zweifelhaft, ob die Verschwörung wirklich statt gehabt habe; und ein Schriftsteller
desselbigen Jahrhunderts (Hall) versichert, daß
zu seiner Zeit von vielen daran gezweifelt wurde,
ja, daß man sogar die Geistlichkeit in Verdacht
hatte, sie hätte zu politisch oder zu leidenschaft-
lich gehandelt. Burnet B. 1.

*) In den ersten neun Jahrhunderten der Kirche
schienen die Fürsten allein das Recht zu haben,
Kirchenversammlungen zu berufen, und den Ort,
wo sie zusammen kommen sollten, zu bestimmen.
Die erste allgemeine Kirchenversammlung zu Nicäa
im Jahr 325 wurde von Constantin angesetzt und
zusammenberufen. Eusebius, Constant. Leben
B. 3. C. 6. Sokrates, Sozomenus, Theodoret
sind in diesem Punkte mit Eusebius einig, und

1727 kams mißfiel den Römischen Päpsten, und ließ sie
ansehen, daß solche Versammlungen von Bischöfen,

keiner von ihnen erwähnt des Papstes Sylvester,
welcher damals den päpstlichen Stuhl besaß.
Ruffin sagt, (C. 1. B. 9.) Constantin habe das
Concilium auf den Rath der Bischöfe zusammen=
berufen; aber dieses beweiset nicht, daß er sie des=
wegen um Erlaubniß gebeten habe. Wenn Mo=
narchen ihre Minister, oder Personen, gegen die
sie Zutrauen hegen, in Staatsangelegenheiten zu
Rathe ziehen, so kommen ihre Befehle deswegen
nicht weniger von ihnen selbst her. Die Kirchen=
versammlungen von Constantinopel von den Jah=
ren 381 und 382, das erste Concilium zu Ephesus
im Jahr 431 unter den Päpsten Damasius und
Coelestin wurden von den Kaisern Theodosius dem
Großen und Theodosius dem jüngern zusammen=
berufen, welches die Briefe dieser Päpste an die
Kaiser beweisen. (Gesch. der Kirchenversamml.
Th. 3.) Der Kaiser Martian berief die Chalcedo=
nische Kirchenversammlung um das Jahr 451,
freilich auf die inständigen Bitten des heil. Leo,
aber doch durch Zusammenberungsbriefe, die bloß
unter seinem Ansehen bekannt gemacht wurden.
Ja, es erhellet selbst aus Leo's Briefen, daß er
lieber gesehen hätte, wenn dieses Concilium in

die auf ihre eigene Macht eifersüchtig waren, ihnen 1527
inskünftige nothwendig nachtheilig seyn müßten.

Italien wäre gehalten worden, und wenn er die
Macht dazu gehabt hätte, so würde er sich ohne
Zweifel nicht begnügt haben, eine Sache bloß zu
wünschen, die er hätte befehlen können. Justinian, Constantin, Pogonat, Irene und ihr Sohn
Constantin, Basilius von Macedonien, beriefen
die verschiedenen allgemeinen oder ökonomischen
Kirchenversammlungen zusammen. In diesen
neun ersten Jahrhunderten wurde also das Recht,
die Concilien zu berufen, als demjenigen gehörig
anerkannt, der vermöge der Würde, womit er
bekleidet war, unter jeder Nation über das Beste
des Staats zu wachen hatte. In der That, wenns
auf den Glauben und die Sitten ankömmt, so
bedienen sich ausschweifende Menschen jeder Art
von List, um der Verdammung auszuweichen;
und da die Kirche nach ihrer ursprünglichen Einrichtung keine Zwangsmacht hat, so kann sie sich
nur der Ermahnungen, der sanften Hülfsmittel
und der geistlichen Strafen bedienen. Sie muß
sich also, um ihren Schlüssen Gehorsam zu verschaffen, an die Fürsten, als an die Oberhäupter
des Staats und Gesetzgeber wenden. Die falschen
Dekretalen der Päpste, die dem Vorgeben nach

1527 Die Hinrichtung des Johann Huß und Hierony=
mus von Prag hatte ganz Europa in Schrecken

an abgöttische Fürsten gerichtet waren, welche si=
cherlich nicht daran dachten, Concilien zusammen zu
berufen, welche nicht einmal wußten, daß dergle=
chen würden inskünftige gehalten werden, haben
den folgenden Jahrhunderten zu einer Autorität ge=
dient, um die Macht der Könige in Ansehung der
Kirchenversammlungen zu bezweifeln und sogar zu
vernichten. Schriftsteller von Gewicht haben sie
als erdichtet angesehen, besonders den vorgebli=
chen Brief des Papstes Julius, welcher ein Re=
skript gegen die Morgenländer zu Gunsten des
Athanasius enthält. Dieser Brief wurde aus
Haß gegen das Concilium von Antiochien geschrie=
ben, welches im Jahr 341 gehalten wurde, und
ist an die beiden Consuln Felicianus und Titianus
gerichtet, welche nach den fastis consularibus
vier Jahre vor dieser Kirchenversammlung das
Consulat führten. Samml. der Concil. Bd. 3.
S. 483. f. Andere ähnliche Briefe, welche
Päpsten, die sechs Jahr vor dem Datum dersel=
ben gestorben waren, andere, in einem Style ge=
schrieben, der den Zeiten gar nicht angemessen
ist, und worin eine Menge Sachen vorkommen,
die man damals weder an sich, noch nur dem Na=

gesetzt, England, seit dem 1ten Jahrhundert durch 1527
innerliche Kriege und beständige Faktionen beunru-

men nach kannte, haben nachher gedient, Cano-
nes zu entwerfen, durch welche die Päpste der folgenden Jahrhunderte ihre Gewalt, welche sie ihrem Vorgeben nach von Gott selbst erhalten hatten, weiter ausbreiteten. Aber die gelehrtesten
und in der Kirchengeschichte und im kanonischen
Rechte zuverläßigsten Schriftsteller haben durch
ihre Untersuchungen bewiesen, daß die Fürsten das
Recht gehabt haben, die allgemeinen Kirchenversammlungen zusammen zu berufen, und daß ihre
Einwilligung immer nothwendig war, weil man
sie immer als Repräsentanten ihrer Völker ansah,
und wo vom Glauben oder von Sitten die Rede ist,
die Bewilligung des Volks nothwendig erfordert
wird. Diese Bewilligung ist die der ganzen Kirche;
denn nach der Antwort Philipps des Schönen an
Bonifacius VIII besteht die Kirche nicht allein
aus der Geistlichkeit, sondern aus allen Laien
überhaupt.

Wir wollen hier nicht die Frage entscheiden, ob
die allgemeinen oder besondern, National- oder
Provinzial-Concilien dem Irrthum unterworfen
sind, und ob an ihrer Form und an ihrer Verfah-
rungsart etwas auszusetzen seyn kann? Verschie-

1527 higt, scheint sich wenig um Streitigkeiten wegen Meinungen bekümmert zu haben, und in der Geschichte dieses Landes finden sich wenige Facta, die sich auf die Materie, von der ich rede, beziehen.

Obgleich

bene Stellen der Schrift, die beständige Tradition der Kirche lehren uns, daß in Absicht auf den Glauben ihre Autorität die ehrwürdigste ist: aber demohngeachtet ist es der Vernunft, und selbst der Meinung der alten Päpste entgegen, zu behaupten, daß die allgemeinen Kirchenversammlungen nicht anders als durch die Bewilligung des Papstes ihr Ansehen erhalten. Es ist ohne Zweifel zu wünschen, daß der Papst, als Oberhaupt der katholischen Kirche, zu den allgemeinen Anordnungen derselben beitrage: aber wenn er hierzu nicht seine Einwilligung geben will, so hat die allgemeine Kirchenversammlung, da sie die allgemeine Kirche vorstellt, das Recht, ihre Autorität zu üben, wie sie es gegen die übrigen Glieder der Kirche thut. Dies ist auf der Kirchenversammlung zu Kostnitz und auf der zu Basel völlig entschieden. Die Italiener haben diese Entscheidung beständig als irrig angesehen; aber sie ist nichts desto weniger die Lehre der gallikanischen Kirche. Karl VII, welcher die Vorrechte seiner Krone wohl

kann-

Obgleich die Verschwörung des Lords Cobham 1527 in Zweifel gezogen worden ist, so veranlaßte sie doch sehr scharfe Gesetze gegen die Wiclefiten *); und wenn die Umstände lange Zeit die Ausübung derselben verhinderten, so wurden sie nichts destoweniger beibehalten, und waren beständig dem Gedächtniß der Englischen Geistlichkeit gegenwärtig. Sie versäumte keine Gelegenheit, dieselben in ihrer ganzen Strenge auszuüben, um durch dieses neue Mittel ihre Rechte zu vertheidigen und ihr Ansehen zu vermehren. Dieses letztere war bisher noch nicht durch die bürgerlichen Gesetze unterstützt worden; sobald aber dies

kannte, ließ sie in die Sanctio pragmatica einrücken. Man findet diese Lehre sehr genau auseinandergesetzt in dem 12ten Kap. der Beweise für die Freiheiten der gallikanischen Kirche, und von Dupin, Doct. d. Sorbonne. Differt. 6. de antiqua ecclesiae disciplina et vetustissimae disciplinae monumentis.

*) Niemand konnte ein Amt übernehmen, ohne einen Eid abzulegen, daß er alles anwenden wollte, um die Irrthümer und Ketzereien auszurotten, und daß er bei Verfolgung der Lollards den Bischöfen und ihren Kommissarien beistehen wollte. Burnet, B. 1.

1507 geschah, so mußte sich alles unter ihre blutdürstige Regierung beugen. Ueberall herrschten Betrügereien und Verrätbereien, und es war gleich gefährlich, zu reden oder zu schweigen. Es durfte nur jemand nicht äußerlich jene blinde Ehrfurcht zeigen, welche die Geistlichen verlangten, sich ihren unbescheidenen Foderungen widersetzen, die schändlichen Ausschweifungen, die sie sich erlaubten, tadeln, so war dies genug, der Ketzerei beschuldigt und vor die Richter geschleppt zu werden, welche geschworen hatten, die Ketzer zu verfolgen und ihnen keiner Gnade widerfahren zu lassen. Die Richter fanden freilich bisweilen Mittel, die Strenge, die sie ihrem Eide gemäß anwenden sollten, zu mildern, und eigneten sich, indem sie sich mit Recht als Ausleger des Gesetzes ansahen, auch das Recht zu, über die Gültigkeit der Anklagen zu urtheilen; aber immer gab es Schlachtopfer des Personalhasses der Geistlichkeit, welche die Richter, der Gewalt derselben zu entziehen, entweder nicht Macht, oder nicht Kühnheit genug hatten. Die Englischen Schriftsteller führen von ihrem Geitz und ihrer Grausamkeit eine Menge Beispiele an. Unter der Regierung Heinrichs VIII wurden die von dem fanatischen Eifer des Fürsten autorisirten Strafen noch geschärft. Greise, Weiber selbst, wurden vor die geistlichen Tribunäle gezogen; sie wurden gezwungen, durch öffentliche 1527 und schimpfliche Abschwörungen sich zurückzuziehen, oder verurtheilt, ihr Leben unter der Hand des Henkers zu verlieren *). So mußten die Bürger

Cc 2

*) Die Geschichte der Reformation enthält genaue Erzählungen von jenen Todesarten, und von den Abschwörungen, welche in den ersten Jahren der Regierung Heinrichs gefodert wurden. Bei dem neuen Plan, den er nachher annahm, wurde nicht weniger Blut vergossen, und die Verfolgungen verloren nichts von ihrer Strenge. Burnet zeigt, daß Wiclefs und Luthers Meinungen nicht sehr von einander unterschieden waren, und daß Luther von den erstern, welche sich in Deutschland verbreitet hatten, gut unterrichtet war, als er seine eigenen Beobachtungen ordnete und bekannt machte. Es ist nicht sicher entschieden, ob Lollard Walther, welcher um das Jahr 1315 in Deutschland zu dogmatisiren anfing, zu Wiclefs Meinungen Gelegenheit gegeben hatte, oder ob Lollard von diesem letztern unterrichtet war. Gewiß ist es, daß beide in demselben Jahrhundert erschienen; die Wiclefiten wurden in England Lollards genannt, entweder weil man sich damals überzeugt hielt, daß sie so zu reden Jünger von Walthern wären, oder

1527 beständig fürchten, ihren Meinungen und ihrem Glauben ungetreu zu werden, um ihr Leben, ihre Ehre und ihre Güter zu erhalten. Die Geistlichkeit ward dadurch ein Gegenstand des allgemeinen Ab-

weil sie wegen der Gleichförmigkeit ihrer Lehre für Leute von derselben Sekte angesehen wurden. Lollard wurde 1322 zu Kölln verbrannt.

Wenn ihre Lehre in verschiedenen Punkten als beinahe gleichförmig angesehen wird, so heißt dies nicht behaupten, daß Wiklef anfangs seine Religionsgrundsätze bis auf die öffentliche Religionsübung ausgedehnt hätte. Seine ersten Sätze gehen nur dahin, die gar zu große Macht des Römischen Stuhls zu vermindern, und die souveraine und bürgerliche Gewalt gegen desselben Anmaßungen zu vertheidigen. Er zerstörte alle Gewalt der Römischen Kirche über die Fürsten und die Geistlichkeit ihrer Staaten. Er behauptete, daß nach dem göttlichen Gesetze die Mönche und die Priester keine weltliche Güter besitzen dürften, und daß, wenn sie abgesondert lebten, sie alle geistliche Gewalt verlören. Durch den Schutz des Volks und der Großen unter der Minderjährigkeit Richards II aufgemuntert, gieng er bald zu kühnern Lehren über, worin er die Religion selbst und ihre heiligsten Grundsätze angriff. Auch unter

schrittes; und Luthers Meinungen hätten ohne die 1527 damalige außerordentliche Gährung der Gemüther nicht so weit um sich gegriffen. Die Meinungen Wiclefs, obgleich jenen ziemlich ähnlich, hatten

Cc 3

diesen Behauptungen gab es noch einige, die bloß die Mißbräuche der Römischen Kirche angiengen. Er wurde zu London in zwei Concilien verdammt, welche 1377 und 1382 von zwei Erzbischöfen, die das Primat von England führten, zusammenberufen waren. Aber glücklicher als seine Nachfolger, starb er ruhig im Jahr 1387, nachdem er, wie einige Schriftsteller sagen, alle seine Irrthümer widerrufen und die wirkliche Gegenwart anerkannt hatte. Dieses Glaubensbekenntniß war ohne Zweifel wenig aufrichtig. Nach seinem Tode erschienen auf seinen Befehl, zwei Werke, das eine: die Wahrheit, und das andere: *Trialogus* betitelt, welche den größten Theil seiner Lehrsätze enthalten, und woraus Johann Huß fast alle die seinigen genommen.

Luther, welcher 150 Jahr nachher erschien, fing, wie er, bloß damit an, daß er gegen die Usurpationen der Kirche eiferte; und ging nachher zu den Lehren über den Glauben an sich und die Glaubensartikel über. Aber Luther war we

1527 nicht so schnell gewirkt, weil die Geistlichkeit über
das Gemüth des Volks noch mehr Gewalt hatte,
und die Kenntnisse noch weniger verbreitet waren;
allein sie hatten sich anderthalb Jahrhunderte hindurch in England erhalten; und wenn die heftigen
Verfolgungen ihre weitern Fortschritte aufgehalten,
wenn sie das Volk zurückgeschreckt hatten, so hatte
doch dieses zu gleicher Zeit mehr Anhänglichkeit an
die neuen Grundsätze erhalten; sie hatten ihm die
Begierde eingeflößt, sich zu unterrichten, und jenen
Beobachtungsgeist entwickelt, der bis auf den Ursprung der Sachen zurückgeht, der allein ihre Ursachen bestimmen und die Folgen derselben vorhersehen
kann. Einige unterrichtete Männer, welche die
tiefe Unwissenheit der Geistlichen, die verdorbenen
Sitten der Lehrer und die Verfälschung der Lehre
selbst bemerkten, legten sich auf die Lesung der alten
Concilien, der Kirchenschlüsse und der ersten Kirchenväter. Ob sie gleich noch in Absicht auf eine

niger heftig als Wiclef, und in seinen Irrthümern zeigte er mehr Ehrfurcht für die Grundartikel der katholischen Religion; von allen Protestanten sind heut zu Tage die Lutheraner diejenigen, die unserm Glaubenssystem am nächsten
kommen.

große Menge Stellen und von den Mönchen unter 1527
geschobener Kirchenschlüsse irrten; so sahen sie doch
bald den verschiedenen Gang der fünf ersten und der
zehn letzten Jahrhunderte ein. Das getreue Gemählde derselben zeigt in den ersten Jahrhunderten Kenntnisse mit Frömmigkeit verbunden; nachher die Wissenschaften beinahe 600 Jahr lang unter völliger Unwissenheit begraben: aber die Geschichte der vier letzten hoben den heiligen und geheimnißvollen Schleier
gänzlich auf, der damals noch den Geitz, die Gewaltthätigkeit und die ungerechte Anmaßung mit
ihrer ausschweifenden Lebensart und ihrer dummen
Unwissenheit verbunden verhüllte. Da die in dem
alten Religionssystem und der Kirchenzucht gemachten Veränderungen sich bis dahin bloß durch die
Tradition erhalten hatten, so mußten sie bey dem
ersten Schimmer von Kenntnissen verschwinden:
auch brauchte die Geistlichkeit aus Furcht, sich ihre
Vorrechte entrissen zu sehen, Feuer und Schwerdt,
um die Wissenschaften und den schwachen Schimmer
von Vernunft gleich bei ihrem Entstehen zu unterdrücken, welchen es indeß nicht mehr Zeit war, sich
zu widersetzen.

Der alle Gränzen überschreitende Mißbrauch,
den sie von den geistlichen Freiheiten machte, war
einer der ersten Gegenstände, worauf Heinrich VIII

Cc 4

1527 seine Aufmerksamkeit wandte. Das erste Parlament, welches er 1513 zusammenrief, erklärte durch
ein Gesetz alle Geistliche, die des Mordes oder des
Diebstahls überführt waren, aller Immunitäten
verlustig. Dieses so nothwendige und so gerechte
Gesetz *) war indessen nicht allgemein; es wurden

*) Jeder, der eines Verbrechens überführt war,
konnte der Strafe desselben entgehen, wenn er die
geistlichen Orden annahm. Es war alsdann nicht
mehr erlaubt, gerichtliche Untersuchungen gegen
ihn anzustellen; ja wenn er neue Verbrechen be-
gieng, mußte man warten, bis der Bischof ihn
degradirt hatte, und bis dahin war er in dessen
Verwahrsam. Das vierte unter Heinrich VII ge-
haltene Parlament hatte verordnet, daß den Geistlichen, die eines Verbrechens überführt würden,
die Hand mit einem glühenden Eisen sollte durch-
stoßen werden. Aber dieses Gesetz, welches nicht
im Vergleich mit dem Verbrechen, deren sie sich
schuldig machten, sondern in Absicht auf die Ehrfurcht, welche ihr Charakter einflößen mußte, zu
streng war, wurde 1513 durch ein anderes ersetzt,
welches ohne Zweifel glückliche Wirkungen hervorgebracht hätte, wenn es in derjenigen Form
durchgegangen wäre, wie es von dem Unterhause
angenommen war. Aber das Oberhaus wollte

Einschränkungen hinzugesetzt, vermöge deren der 1527 Königl feine Beistimmung dazu gab. Das Volk hoffte, die erschrecklichen Verbrechen dieser Klasse von Menschen würden nicht länger unbestraft bleiben; aber die Geistlichkeit mißte die Einschränkung, die die Schwachheit des Königs für die Kirche und die niedrige Schmeichelei der Herren vom Hofe gefodert hatten. Sie ließ ihren Zorn durch öffentliche Beschwerden ausbrechen; das Gesetz wurde in einer andern Parlamentssitzung abgeschaft; und nicht zufrie-

Cc 5

daffelbe nach seiner Strenge nur auf diejenigen angewandt wissen, die den Orden der Diakonen, der Priester oder der Bischöfe empfangen hätten, und die Ausübung desselben sollte nicht über die Zusammenberufung eines andern Parlaments verlängert werden. Wäre das Gesetz nach seinem völligen ersten Inhalte durchgegangen, so hätten weiter keine Untersuchungen und keine Milderungen dabei Statt gehabt. Allein da die niedern Orden allein angegriffen waren, so schien die Ehrfurcht, die man für diejenigen behielt, die gefährlicher als die übrigen waren, ein Ueberbleibsel von Furcht, woraus sie Nutzen zu ziehen wußten, und das Gesetz fiel von selbst, weil es unzureichend war.

1527 den, diesen Vortheil erhalten zu haben, wollte die
Geistlichkeit beweisen, ohne Zweifel um neuen Angriffen gegen ihre Vorrechte zuvorzukommen, daß
dieses Gesetz eine offenbare Verletzung aller Freiheiten der Kirche gewesen wäre. Der Abt von Winchelcomb, Advokat der Geistlichkeit, behauptete in
einer öffentlichen Schrift: „Alle Geistliche wären
geheiligte Personen; keiner von ihnen hinge, selbst
wenn Verbrechen zu bestrafen wären, von der weltlichen Macht ab, und könnte folglich nicht von der
bürgerlichen Obrigkeit bestraft werden.‟ Er predigte
während den Sitzungen des Parlaments in der
Paulskirche und sagte unter andern: durch das Gesetz von 1513 würden die göttlichen Gesetze und die
Privilegien der Kirche zugleich verletzt, und alle diejenigen, die es gemacht und gebilliget hätten, sie
möchten Weltliche oder Geistliche seyn, hätten die
Strafen der Kirche verwirkt. Der ganze weltliche
Adel und das Unterhaus baten den König, den inso-
lenten Redner zur Ruhe zu verweisen. Die Sache
wurde in Gegenwart des Fürsten überlegt. Der
Dr. Standish, erster Anwald des Königs in den
geistlichen Gerichten, behauptete, es gäbe im ganzen Königreiche kein einziges Gesetz, das den göttlichen Gesetzen zuwider wäre, keines, das nicht zum
Besten der Gesellschaft abzweckte, keines, das den

Verbrecher der Straflosigkeit versicherte. Der Abt 1527
führte einen Kanon an, worin dasjenige, was er
behauptet hatte, ausdrücklich festgesetzt war, und
er fügte hinzu, die Uebertretung eines einzigen Kir-
chenschlusses wäre Todsünde. Standish wollte nicht
zugeben, daß alle diese Schlüsse verbindlich wären,
und berief sich darauf, daß ein Kanon in England
keine Gesetzeskraft hätte, wenn er nicht als ein solcher aufgenommen wäre, und derjenige, sagte er,
den man gegenwärtig wollte geltend machen, wäre
nicht als ein solcher anerkannt worden; seit seiner
Existenz hätte das Recht, über die Geistlichen zu
richten, beständig wie vorher, den ordentlichen Gerichtshöfen zugestanden. Der Abt von Winchelcomb
zeigte viel Kühnheit und Heftigkeit, und der Adel
konnte die Bischöfe nicht dahin bringen, daß sie ihn
zum Widerruf gezwungen hätten.

Bald gab ein Zufall Veranlassung, daß die Untersuchung der kirchlichen Immunität fortgesetzt wurde, und daß Heinrich selbst in der Sache der Geistlichkeit einen Ausspruch that. Ein Einwohner der
Grafschaft Midlesex, Namens Hunne, ließ eins
von seinen Kindern, welches fünf Wochen nach der
Geburt verstorben war, beerdigen, ohne seinem
Pfarrer die gewöhnlichen Abgaben entrichten zu
wollen. Dieser klagte seine Gebühren vor einem

1527 geiſtlichen Gerichte ein; aber Hunneus Advokat rieth ihm, die Pfarrer nach dem Statut Praemunire zu belangen, als einen, der einen königlichen Unterthan vor einem fremden Gerichtshofe verklagt hätte; die geiſtlichen Gerichte wurden damals bloß noch auf Befehl des Legaten verſammelt *). Die Geiſt-

*) Im Jahre 1518 hatte Leo X den Kardinal Campeggio nach England geſchickt, um einen Zehnden von den Gütern der Geiſtlichkeit zu erhalten, welcher zum Kriege gegen die Türken ſollte gebraucht werden. Die Chriſtenheit war damals wirklich von dieſen Barbaren bedrohet; allein ſo oft hatte der Römiſche Hof die Gefahr vor den Türken als einen Vorwand gebraucht, um ſeine Habſucht zu befriedigen, daß das Volk nicht mehr daran glaubte. Campeggio erhielt nichts; und da der Kardinal Wolſey der Legation zugeſellt war, ſo bat Heinrich den Pabſt, er mögte ſie dieſem allein übertragen. Leo geſtand dies zu, und gab ihm noch dazu das Recht, die Klöſter zu viſitiren und auf ein Jahr alle Arten von Diſpenſationen zu geben. Wolſey, auf ſo große Gewalt ſtolz, errichtete ein neues Tribunal unter dem Namen Legatengerichtshof, welchem er die Unterſuchung und Beſtrafung aller Gewiſſensſachen, und ſogar aller Handlungen der Laien, die den guten Sitten ent-

lichkeit wurde gegen Hunne entſetzlich aufgebracht; 1527
ſie beſchloß den Untergang dieſes Rebellen, verklagte
ihn als einen Ketzer, und denuncirte ihn, daß er
eine Bibel von Wiclef bei ſich hätte. Hunne wurde
ins Gefängniß geſetzt, vertheidigte ſich aber ſo gut,
daß ſeine Gefangennehmung für völlig geſetzwidrig
erklärt wurde; allein da er eben ſollte losgelaſſen
werden, fand man ihn im Gefängniſſe erhenkt. Der
Doctor Horſey, Unterrichter des Biſchofs, und
diejenigen, denen die Verwahrung der Gefangenen aufgetragen war, ſprengte aus, Hunne hätte
Hand an ſich ſelbſt gelegt; allein der Coronner, welcher die öffentlichen Unordnungen zu unterſuchen hat,
überzeugt daß Hunne keine Urſache gehabt hätte,
ſich ſelbſt Gewalt anzuthun, begab ſich nach dem

gegen waren, übertrug. Dieſes Gericht, welches
mit der Inquiſition Aehnlichkeit hatte, wurde dem
Volke deſto verhaßter, weil er einem Menſchen,
den er ſelbſt wegen eines Meineides für ehrlos erklärt hatte, den Vorſitz darin gab. Wolſey trieb
mit Hülfe dieſes Präſidenten ſeine Plackereien ſo
weit, daß der König darüber ſein Mißvergnügen
bezeigte, und ihn endlich ermahnte, in ſeinem
Verfahren behutſamer zu ſeyn. Polidor Virgil
B. 27. Lord Herbert S. 492.

1527 Gefängnisse, und fand den Unglücklichen an einer
sehr dünnen seidenen Schnur aufgehenkt. Bey der
Untersuchung des Leichnams sah man die Haut am
Halse an verschiedenen Stellen durchgerieben, woraus man schloß, er wäre mit einer eisernen Kette
erdrosselt worden: an dem Körper fanden sich blut-
rünstige Stellen und andere Zeichen von gewaltthä-
tiger Behandlung: kurz, die Geschwornen und die
Wundärzte thaten den Ausspruch, er wäre ermordet worden. Durch genauere Untersuchung wurde
herausgebracht, daß der Gerichtsbote und der Glöck-
ner des Bischofs das Verbrechen begangen hatten.
Diese Gewaltthätigkeit empörte das Volk, welches
die Geistlichkeit nun mit Abscheu ansah. Alle Bürger
beklagten in dem Gefangenen einen Mann, der ihrer Hochachtung würdig war. Der König und das
Parlament gaben seiner Familie seine Güter zurück,
und erklärten seine Kinder wieder ehrenfähig.

Die Geistlichkeit, welche vorher sah, daß ihr
Ansehen würde angegriffen werden, wollten sich an
dem D. Standish, dem ersten, welcher den göttlichen Ursprung ihrer Privilegien öffentlich zu läug-
nen gewagt hatte, rächen. Standish wurde gerichtlich belangt, und sah wohl ein, daß es ihm
schlimm ergehen würde, wenn er sich nicht auf eine
höhere Autorität stützte. Er suchte den Schutz des

Königs: dieser ließ sich über die Rechte seiner Krone 1527
und über die Usurpationen der Geistlichen unterrichten, und hierauf den D. Horsey einziehen, begnügte sich aber damit, einen Geistlichen den Händen
bürgerlicher Richter übergeben zu haben, und befahl
dem Generalanwald des Gerichtshofs der königlichen Bank, die Untersuchung nicht aufs äußerste zu
treiben. Horsey wurde, weil Beweise fehlten, für
unschuldig erklärt, und Standish von aller Anklage losgesprochen.

So näherte sich Heinrich VIII dem Zeitpunkt,
wo er aufhören sollte, ein Sohn der Römischen Kirche zu seyn, und mit der goldnen Rose den Dank
der Päbste zu verdienen *). Bei der Revolution,

---

*) Als Heinrich VIII den Thron bestieg, ließ ihm
Julius II durch den Erzbischof von Canterbury
eine goldne Rose überreichen; ein Geschenk, welches die Päpste denen Monarchen machten, die sie
auf eine vorzügliche Art auszeichnen wollten.
In unserm Jahrhundert schickte Benedict XIII
eine solche Rose der Violante von Bayern, wel-
sich durch den Schutz, den sie den Wissenschaften
widerfahren ließ, zu einer Zeit wo Cosmus III
zu Florenz durch seine Regierung alle Wissenschaften unterdrückte, berühmt gemacht hatte. Gesch.
des Großherz. Toskana B. 9 S. 307.

1527 die die Wiederherstellung der Wissenschaften und die geschwinden Fortschritte des Lutherthums hervorbrachten, wirkten verschiedene besondere Ursachen zusammen. Eine heftige Leidenschaft verband sich mit den beiden herrschenden Leidenschaften Heinrichs, dem Despotismus und der Habsucht: die Liebe gab ihm bald denjenigen Grad von Thätigkeit, der Menschen alle Hindernisse überwinden, Gefahren verachten und die Stimme der Vernunft verkennen lehrt. Als Julius II dem Könige zu seiner Heirath mit der Prinzessin von Arragonien Dispensation ertheilte, hatte er die göttlichen Gesetze zu Gunsten seines zeitlichen Nutzens ausgelegt. Wenn den Zeugnissen verschiedener Schriftsteller dieser Zeit zu glauben ist, so gab es öffentliche und viele Beweise, daß das Beilager dieser Prinzessin mit dem Prinzen Arthur wirklich vollzogen war *). Der Spanische Gesandte hatte seinem Herrn darüber schriftliche Versicherungen zugeschickt; der Prinz Arthur hatte sich verschiedener Ausdrücke bedient, die es zu bestätigen schienen, und nichts konnte das Gegentheil vermuthen lassen. Arthur war jung, ohne körperliche Schwäche-

*) Milord Herbert führt dieselben an (Gesch. Heinrichs VIII S. 462 ff.)

Schwachheiten, und hatte niemals Widerwillen, 1527 gegen die Prinzeſſin gezeigt. Der Hof hatte über dieſen Punkt ſo wenig Zweifel, Heinrich VII war davon ſo überzeugt, daß er zehn Monate lang nach dem Tode Arthurs Heinrich VIII, welcher damals Herzog von York war, die Erlaubniß verſagte, den Titel eines Prinzen von Wallis anzunehmen, weil er fürchtete, die hinterlaſſene Wittwe ſeines Bruders mögte ſchwanger ſeyn. Als nachher politiſche Urſachen die Heirath dieſer Prinzeſſin mit dem jungen Heinrich anriethen, widerſetzte ſich der Primas des Reichs Warham aus allen Kräften einer Verbindung, wodurch die öffentlichen Sitten und das göttliche Geſetz verletzt wurden. Heinrich VII ließ ſich durch die Vorſtellungen des Prälaten nicht irre machen. Er erhielt von Julius II eine Diſpenſationsbulle; aber kaum hatte der Herzog von York Katharinen feierlich geheirathet, als der König ſelbſt vielen Widerwillen gegen dieſe Heirath zeigte; und in dem Augenblicke, da ſein Sohn volljährig ward, ließ er gegen dieſe unerlaubte Verbindung proteſtiren. Warham hatte dieſelbe in der That nicht nach untergeſchobenen Concilienſchlüſſen verdammt, wie die römiſche Kirche ſich bisweilen zu thun erlaubt hatte, ſondern nach dem wirklichen Inhalte der Bibel. Es ſey nun aus Gewiſſenhaftigkeit, oder weil

1527 die Politik den König die Unruhen vorhersehen ließ, die ein streitiges Recht auf die Thronfolge hervorbringen könnte, und weil er sich mit Abscheu erinnerte, wie viel Blut über die Streitigkeiten der Häuser York und Lancaster vergossen war: so drang er, als er sich seinem Ende nahe sah, in den Prinzen von Wallis, daß er seine Ehe für ungültig sollte erklären lassen*).

Man weiß nicht, welche Bewegungsgründe der neue Monarch hatte eine Verbindung zu schließen, der er sich in einem Alter von zwölf Jahren so abgeneigt bezeugt, welche Warham gemißbilligt hatte, und welche er noch in dem Augenblicke, da sie geschlossen wurde, mißbilligte. Heinrich fürchtete ohne Zweifel, er würde Ferdinand den Katholischen und den Prinzen von Kastilien gegen England in Waffen bringen; er erröthete, eine tugendhafte Prinzessin aus seinen Staaten zu verbannen, welche seit so vielen Jahren des Titels und der Ehre genoß, die einer Thronerbin zukamen. Von allen Kindern, die aus dieser Ehe geboren wurden, blieb die einzige Prinzessin Maria am Leben. Die Königin brachte zwei Prinzen zur Welt, welche bald nach der Geburt starben, und hatte nachher beständ-

*) Burnet B. 2.

dig frühzeitige Geburten. Heinrich war von Na- 1527
tur unbeständig, und einige körperliche Schwachheiten, welche sich zu der anscheinenden Unmöglichkeit gesellten, ihm einen Prinzen zu geben, brachten ihm bald eine Abneigung für einen Gegenstand
bei, den er niemals geliebt hatte. Er gab seiner
Tochter Maria den Titel Prinzessin von Wallis,
und ließ sie ihren Hof zu Ludlow halten. Er bestim-
te sie anfangs und versprach sie im Jahr 1518 dem
Dauphin von Frankreich; allein dieses erste Versprechen wurde durch den zwischen dem Englischen
Monarchen und Karl V geschlossenen Vertrag vernichtet. Maria wurde 1522 dem Kaiser versprochen; aber die darauf folgenden Begebenheiten veränderten ihr Schicksal zum zweitenmal. Karl V
brach sein dem Könige Heinrich gegebnes Wort. Aus
Stolz und Zorn hängte er ihrem Hause einen
Schandfleck an, zerriß seine Verbindung mit dieser
Prinzessin, und litt, daß man sie in seinem Conseil
ein uneheliches Kind nannte, welches in einer nach
göttlichen und menschlichen Gesetzen unrechtmäßigen
Ehe geboren wäre, und durch welches kein Recht
an die Krone könnte vererbt werden. Heinrich VIII
ließ sich durch diese Beschimpfung nicht abhalten,
sie im Jahr 1534 dem Könige von Schottland an-

1527 zutragen *); und da auch dieses Project mißlang, wollte er seine alten Unterhandlungen mit Frankreich wieder anfangen, und ließ diese Prinzeßin aufs neue Franz I selbst oder dessen zweitem Prinzen, dem Herzoge von Orleans, anbieten. Aber der Bischof von Tarbes, französischer Gesandter, erinnerte ihn an den Einwurf Carls V; und dies war in dem Augenblicke, wo Franz I alle Ursache hatte, sich die Freundschaft des Königs von England zu erhalten, wo er selbst bekannte, daß er ihm seine Freiheit schuldig war, und es nicht gewagt haben würde, ihn so empfindlich zu beleidigen, wenn die Zweifel über die Gültigkeit der Ehe Heinrichs VIII mit Katharina von Arragonien nicht gegründet geschienen hätte. Wir können noch hinzusetzen, daß die Erwerbung eines Königreichs wie England, für ihn selbst oder für einen Prinzen von seinem Hause ihm kein gleichgültiger Gegenstand seyn konnte, und daß Heinrich Ursache hatte, zu denken, sein weniger Eifer, eine so wichtige Angelegenheit zu Ende zu bringen, mit der Beschimpfung vereinigt, welche er von Karl V erhalten hatte, würde in der Folge eben solche Zwistigkeiten hervorbringen, als diejenigen, die so lange das Reich zerrüttet hatten.

*) Rymer Act. publ.

Es sind freilich anscheinende Gründe da, zu 1527 glauben, daß er wirklich auf Verdacht gerieth; und verschiedene Schriftsteller versichern, daß Gewissensbisse, welche ihn lange vorher marterten, ehe er daran gedacht hatte, einen öffentlichen Schritt zu thun, ihn bewogen hatte, sich von der Königin zu trennen *). Diese Prinzessin war gegen den Kardinal Wolsey aufgebracht, welchen sie als den Urheber ihres Unglücks ansah; sie glaubte, daß er aus Haß gegen sie und den Kaiser, dem Könige die Wittwe des Herzogs von Alençon, Schwester Franz I angetragen hatte **). Dem allen ohngeach-

Dd 3

*) Burnet führt zum Beweise den Brief des Grindus an Bucerius vom 10 Sept. 1531 an, worin Heinrich demselben sagt, er habe, weil er fürchtete, seine Ehe mit der Königin möchte den göttlichen Gesetzen zuwider seyn, ihr seit sieben Jahren nicht beigewohnt. Dieser Brief sagt Burnet, ist aus den Manuscripten des Herrn Smith gezogen, Rapin. Thoiras führt ihn gleichfalls an, und du Bellay erwähnt desselben.

**) Wolsey war von Katharina von Arragonien nicht geliebt, deren strenge Tugend sein Stolz und Ausschweifung nicht ertragen konnte. Es ist zu vermuthen, daß Heinrichs Günstling sich in alle

1527 tet ist es nicht leicht zu entscheiden, ob Heinrich seine Ehe wirklich ungültig glaubte, oder ob er nur
dergleichen Zweifel vorgab, um eine neu entstandene Leidenschaft zu befriedigen. Wenn einige Schriftsteller ihn rechtfertigen, so giebt es andere, die überzeugt scheinen, daß seine Liebe gegen Anna von
Bolein die einzige Ursache der Ehescheidung war *).

seine Wünsche fügte; aber es ist kein Anschein
da, daß er dem Könige Zweifel über die Gültigkeit seiner Ehe beigebracht hätte. So groß auch die
Gewalt immer seyn mag, die man einem Günstlinge
über den Geist seines Herrn zuschreibt, so ist doch
eine Ehescheidung so leicht nicht zu Stande gebracht.
Obgleich Wolsey oft zu kühn war, so war er doch
kein Unsinniger; und wirklich müßte er dieses gewesen seyn, wenn er der Urheber dieses Projekts hätte
seyn sollen. Er wußte ohne Zweifel sich der Leidenschaft seines Königs geschickt zu bedienen; aber
daraus, daß ein Sklave beständig gehorcht, folgt
noch nicht, daß er das, was sein Herr thut, bil-
ligt oder angerathen hat.

*) Anna von Bolein war eine Tochter von Tho-
mas Bolein, welchen der König in verschiedenen Gesandschaften gebraucht hatte; ihre Mutter
war eine Tochter des Herzogs von Norfolk; und
ihr Bruder, welcher denselbigen Namen trug,
war Großschatzmeister von England, als die Ehe-

Die beiderseitigen Schriftsteller sind glaubwürdig; 1527
indessen scheint es nicht, daß Heinrich die Gründe
des Kardinals ohne weiteres Nachdenken annehmen
konnte. Das Vorhaben, sich näher mit Franz I
zu verbinden, konnte die Gefahr nicht aufwägen,
zwei Mächte, wie der Kaiser und der römische Hof
waren, gegen sich aufzubringen. Weit eher läßt
es sich begreifen, daß der Wunsch, eine heftige Leidenschaft zu befriedigen, einen Fürsten hingerissen
habe, der, wenn er etwas wollte, keinen Widerstand noch Aufschub litt.

D d 4

scheidung zu Stande kam. Die Mutter des Thomas Bolein war eine von den Töchtern und Erbinnen des Herzogs von Wiltshire und Ormond,
und ihr Großvater Gottfried Bolein war Mayor
von London gewesen, und hatte eine von Milord Haftings Töchtern und Erbinnen geheirathet.
Anna von Bolein begleitete Maria von England,
die Schwester Heinrichs VIII, als diese Prinzessin
nach Frankreich gieng, um Ludwig XII zu heirathen. Nach Ludwigs Tode gieng Maria nach England zurück, und ließ die junge Bolein im Dienste der Königin Claude von Frankreich, nach deren Tode sie in das Haus der Herzogin von Alençon kam. Vorrede zu Cambdens Leben der Königin Elisabeth. Burnet B. 2.

1527 Die Zeit, wann Anna von Boleïn an den Englischen Hof zurückkam, iſt ungewiß. Wahrſcheinlich iſt es aus der Vergleichung der Meinungen verſchiedener Schriftſteller, daß ſie daſelbſt im Jahr
1527 erſchien, als ihr Vater von ſeiner Geſandſchaft
an dem franzöſiſchen Hofe zurückberufen wurde,
und wie man ſagt, dem Könige das Bildniß der
Herzogin von Alençon überreichte *). Aber die
beſten Geſchichtſchreiber kommen darin überein, daß
ihre Aufführung weder öffentlichen Tadel noch
die Ahndung der Königin verdiente, als ſie Heinrich
jene Leidenſchaft einflößte, die zu ihrer Erhebung
und zu ihrem Unglück die Veranlaſſung waren. So
lange die Unterſuchungen wegen der Eheſcheidung
währten, griffen weder Katharina von Arragonien,
noch die von der Parthey dieſer Prinzeſſin, noch ihre

---

*) Dies behauptet Stowe; allein die Nachrichten
dieſes Schriftſtellers ſind nicht völlig zuverläſſig;
er hat, wie Speed und Hollingſched, nur Fakta
geſammelt, ohne dieſe genau genug zu unterſuchen. Alles, was nicht in Rymers Akten ſteht,
iſt Zweifeln unterworfen. Milord Herbert ſetzt
die Rückkunft der Anna von Boleïn ohngefehr um
dieſe Zeit, ohne ſie genauer anzugeben: eben ſo
machen es Burnet, Goodwin und faſt alle Engliſche Schriftſteller.

Advokaten Annens guten Namen an; sie wurde
dabei sogar nicht einmal genannt. Sie hatte so
wenig daran gedacht, auf den Thron Anspruch zu
machen, daß sie in den ersten Monaten, da sie an
den Hof der Katharina kam, mit dem jungen Lord
Percy, einem Sohn des Grafen von Northumberland, versprochen war, und es scheint, daß beide
Partheyen für diese Verbindung gleiche Neigung
hatten. Beide sahen sie mit Verdruß zerrissen, und
der Kardinal mußte im Namen des Königs dem jungen Lord befehlen, zurück zu treten. Der Herzog
von Northumberland verheirathete gleich nach seiner
Ankunft seinen Sohn mit einer andern Person.
Dieses simple Versprechen zwischen dem Grafen
Percy und Anna von Bolein wurde, wie wir nachher sehen werden, mit einer Unredlichkeit angeführt,
wovon es wenige Exempel giebt *). Der Schritt,

Dd 5

*) Cavendish erzählt in seinem noch ungedruckten
Leben Wolseys, wie unbedingt und hart der Kardinal mit dem Lord Percy im Namen des Königs
sprach; allein ihm zu folge, ist es noch nicht entschieden, daß Heinrich damals wirklich die Absicht hatte, Anna von Bolein auf den Thron zu
setzen, oder daß er sie auch nur zur Maitresse
haben wollte. Wenn der Geschichtschreiber des

den Heinrich bei dem römischen Hofe that, die Hinterlist Clemens VII, die Kunstgriffe, die er anwandte, um den König von England und den Kaiser zu betrügen, und sich beider Gunst zugleich zu erhalten, die Verlegenheit, worinn sich der Kardinal Wolsey fand, als er den Zeitpunkt nahe glaubte, dasjenige zu erhalten, was er eifrigst wünschte, und auf einmal durch den Frieden von Cambray und die Genesung des Papstes alle Hofnungen seines Herrn und die seinigen verschwinden sah, gehören nicht zu meiner Absicht, obgleich diese Punkte für die Geschichte des Römischen und des Englischen Hofs interessant sind. Clemens VII, welcher lange Zeit zwischen dem Könige Heinrich und dem Kaiser unentschlossen war, hielt auf eine geschickte Weise einen Prozeß auf, den Wolsey immer zu beschleunigen suchte. Aber als Karls V Glück über die französische Tapferkeit gesiegt hatte; als mit dem Tode des Marschalls von Lautrec, und des Marquis von Saluzzo durch die Niederlage bei Averso und Landriane alle Hofnungen der Verbündeten

Kardinals die Zeit dieser Unterredung angegeben hätte, so würden hierdurch wichtige Zweifel über das Vorhaben des Königs und seines Günstlings aufgeklärt seyn.

verschwanden: so beschäftigten sie sich bald, da sie
nicht mehr eins und dasselbige Interesse hatten,
mit ihren Traktaten, ohne sie einander mitzutheilen, und der Vertrag zwischen dem Papst und Kaiser ward nicht eher bekannt, als bis er geschlossen
war. Franz I hatte die Parthey ergriffen, Friede zu
machen, weil seine Sachen in Unordnung waren,
weil er seine Kinder wieder zu sehen verlangte, und
Frankreich unter Hungersnoth, Krankheiten und
Räubereien, die gewöhnlichen Folgen öffentlicher
Unruhe, leiden sah. Der Friede wurde zwischen
ihm und dem Kaiser auf Bedingungen geschlossen,
wozu der König von England durch das beßte Betragen gegen den König von Frankreich beitrug *).

Indessen verhielt sich Katharina von Arragonien,
bei der Angelegenheit ihrer Ehescheidung nicht bloß
leidend; ihr Charakter war fest und muthig; ihre
Seele konnte niedergeschlagen, aber nicht erniedrigt
werden; sie protestirte beständig gegen die Ungerechtigkeit, womit sie bedrohet wurde; sie konnte sich
nicht ohne Unwillen des schimpflichen Verbrechens

*) Mezeray allg. Gesch. von Frankr. Bd. 2. S. 965.
Fra-Paolo B. 1. Burnet B. 2. Herbert S. 304.
Mariana Gesch. von Spanien, S. 587. Rymers
Act. publ. Bd. 14. S. 48.

1527 der Blutſchande angeklagt ſehen; und ihre Tochter
für ein unrechtmäßiges Kind erklären zu laſſen, war
für ſie äuſſerſt ſchmerzhaft. Karl V, durch ihre Briefe
gerührt, hatte ihr verſprochen, ſie nicht zu verlaſſen; ſie rief ihn beſtändig um Beiſtand an, und
ſollicitirte aufs lebhafteſte, daß die Sache vor den
römiſchen Hof möchte gebracht werden. Obgleich
Heinrich den Papſt aufs inſtändigſte bat, die Commiſſion zurück zu nehmen, die er den beiden Legaten aufgetragen hatte, ſo eröfneten ſie dennoch ihr
Gericht zu London, und ließen den König und die
Königin vor daſſelbe vorladen. Beide begaben ſich
in das verſammelte Parlament. Der König antwortete ſelbſt auf die Apellation mit dieſen Worten:
Hier bin ich; aber die Königin ſtand auf, warf
ſich dem Könige zu Füßen, und hielt eine einfache,
edle und rührende Rede; worauf ſie ſich aufrichtete,
und ſich weigerte, gegenwärtig zu bleiben, weil, wie
ſie zur Urſache angab, ſie keine Gerechtigkeit von
ihren Richtern zu erwarten hätte, an einem Orte, wo
der Ausſpruch derſelben gezwungen wäre, und erklärte zugleich, ſie würde nicht mehr in den Parlaments-
ſitzungen erſcheinen *). Wie ſie ſich entfernt hatte,
konnte Heinrich ihr das Zeugniß, das er ihrer Tu-

*) Beil. Nr. 7.

gend und ihrer Ergebenheit für seine Person schuldig 1527
war, nicht versagen: aber er gab seine Entschlüsse
den Vorwürfen seines Gewissens schuld, und ent-
schuldigte Wolsey, gegen welchen die Freunde und
die Anhänger der Königin den Verdacht geäußert
hatten, als ob er seinem Herrn Zweifel und Argwohn beigebracht hätte. Er erklärte, daß die Ein-
wendung Franz I wegen Mariens Geburt einen
lebhaften Eindruck auf ihn gemacht hätte; weil
dieser Fürst, welcher sein Freund, sein Bundesge-
nosse wäre, und von ihm die größten Dienste erhalten hätte, die Verbindung mit dieser Prinzessin
nicht anders als wichtiger Ursachen wegen hätte
ausschlagen können. Der Legat des Papstes hörte
nicht ohne Verdruß die Meinungen über die Macht
der Päpste, welche bei diesen Berathschlagungen
zum Vorschein kamen, und Wolsey, welcher bei dem
Urtheil seine Ehre zu decken suchte, indem er es
völlig dem italienischen Legaten übergab, ließ sich
durch den äußern Schein hintergehen. Campeggio
schrieb dem Papste genau alles, was zu London
vorgieng, und niemanden ist je die Verstellungs-
kunst natürlicher gewesen, als Clemens VII. Wolsey, bei aller seiner Geschicklichkeit, war nicht schlau
genug, ihn zu hintergehen; und oft war er in Verlegenheit, wenn er sich das Betragen des Papstes

1527 erklären, oder es vorhersehn sollte. Bei dieser Gelegenheit schienen seine ausschweifenden Besorgnisse,
die völlige Ueberzeugung, die er hatte, daß sein Unglück dem schlimmen Ausgang der Sache auf dem
Fuße nachfolgen würde, ihn mit völliger Blindheit
zu schlagen: er handelte nicht anders, als ob er die
eigentlichsten Maßregeln hätte nehmen wollen, des
gewünschten Ausgangs zu verfehlen; vielleicht auch
schließen wir wegen der Entfernung der Zeiten so von
dem Ausgange der Sache, den er mit aller seiner
Geschicklichkeit nicht hätte ändern können. Campeggio verzögerte anfangs die Untersuchung des Prozesses einen Monat; nachher setzte er unter manchem geringen Vorwand die Versammlung auf zwei
Monate aus, und endlich, da die Sache vor den
römischen Hof gezogen wurde, entdeckten sich seine
Absichten, und die geheimen Befehle, die er von
Clemens VII erhalten hatte. Die Furcht, England
zu verlieren, vermochte weniger über seinen Geist,
als die siegreichen Waffen des Kaisers, der Wunsch,
die Medicis zu Florenz wieder herzustellen, und der
Schrecken, den ihm die Vorstellung von der Zusammenberufung eines Conciliums verursachte.
Heinrich, obgleich äußerst aufgebracht, zeigte mehr
Mäßigung, als man hätte erwarten sollen. Zugleich aber brauchte er die Rechte, die ihm seine

Würde und die Souverainität gab, befahl, daß die 1527
Vollmacht der Legaten sollte kaſſirt werden, verbot
die Vorladung nach Rom zu ſignificiren, und erklärte, er würde nicht zugeben, daß ein ſolcher Einbruch in ſeine Rechte geſchähe, noch daß ſeine Unterthanen ſich einbildeten, ein fremder Hof habe das
Recht, ihn in ſeinem Reiche oder außerhalb deſſelben vor Gericht zu fodern; er ſetzte hinzu, die
Legaten könnten nach dem Breve des Papſtes, deſſen Unterthanen ſie waren, ihre Commiſſion für
geendigt erklären *).

So kam der Kardinal Wolſey um ſeine Gunſt
bei Hofe, um ſein Anſehen und ſein Glück. Heinrich machte beſtändig ſeine Miniſter für den Ausgang ſeiner Unternehmungen verantwortlich. Wolſey hatte nach Willkühr Krieg und Frieden gemacht;
er hatte die Schätze ſeines Monarchen verſchwen-
deriſch ausgetheilt, und ſo zu reden, mit ihm regiert. Die Unmöglichkeit, ihm in der Wahl einer
Gemahlin genug zu thun, ſtürzte ihn von dieſer
hohen Stufe der Ehre herab. Heinrich glaubte,
er wäre im Verſtändniß mit dem Kardinal Legaten,

*) Burnet, B. 2. Colliers Kirchengeſch. Band 2.
S. 46. Goodwins Annal. beim Jahr 1529. Herbert S. 340.

1527 und den Tag darauf ließ er ihm die Siegel abfor
dern *). Bald war seine Ungnade vollkommen
und öffentlich bekannt **). Jener Haufen habſüch:
tiger

*) Herbert S. 290. Stowe S. 294. f.

**) Verſchiedene Schriftſteller haben Wolſey eine
starke Widerſetzung gegen die Heirath der Anna
von Bolein mit dem Könige von England zuge:
ſchrieben, und andere behaupten, er ſei gegen
die Königin erbittert geweſen. Vielleicht fand
dieſer Minister wirklich zu wenig Verhältniß
zwiſchen dem höchſten Range und dem Range ei:
ner bloßen Adelichen; allein es iſt kein Anzeichen
eines erklärten Haſſes zwiſchen ihm und der jun:
gen Bolein da. Sie ſelbſt hatte keine Neigung
zur Grauſamkeit, und es findet ſich in ihrer Ge:
ſchichte kein Beispiel, daß ſie je den König auf:
gereizt hätte, zu ſtrafen oder ſie zu rächen. Es
haben alſo diejenigen, die behaupten, ſie wäre
die Urſache von der Ungnade des Kardinals ge:
weſen, geirrt. Sie war es im Gegentheil, die
den Zorn dieſes Fürſten mäßigte, die die völlige
Wirkung des Urtheils verhinderte, und wollte,
daß dieſer vom ganzen Hofe gehaßte Mann ruhig
ſterben ſollte. Die größeſten Vorwürfe, die man
ihm machen konnte, betrafen ſeinen Uebermuth
und ſeine Verſchwendung. Die meiſten Klage:
punkte, die in der Sternkammer ihn angebracht
wurden,

tiger Menschen, welche auf jeden seiner Winke Ach- 1530
tung gaben, um ihm zu gefallen, beschuldigte ihn
jetzt einstimmig der gröbsten Mißbräuche seiner Gewalt. Da der König erlaubt hatte, daß seine Aufführung in der Sternkammer untersucht würde, so
wurde seine Sache nachher vor das Parlament gebracht, welches ihn zum Verlust aller seiner Ehrenstellen und Würden, und zur Einziehung aller seiner Güter verurtheilte. Sein außerordentliches

wurden, wären leicht zu widerlegen gewesen; indem er entweder die Befehle des Königs, oder
die wirkliche von diesem Fürsten ihm anvertrauete
Gewalt, oder eine geheime Uebereinkunft zwischen
dem Könige und ihm für sich hatte. Herbert geht
so weit, daß er behauptet, nie wäre ein Mann
durch weniger wirkliche Verbrechen von einem so
hohen Range herabgesunken, als er. Gewiß ist
es, daß das Unterhaus die Anklagen verwarf,
und daß Wolsey die Gnade des Königs auf bloßen
Argwohn, durch den Haß seiner Feinde und durch
Fehler verlor, die in Vergleich mit denen, deren
man ihn, wenn man nicht gefürchtet hätte, Personen von einem zu hohen Range zu compromit-
tiren, hätte anklagen können. Sein Nachfolger
war der Gnade des Fürsten noch weniger würdig,
und verdiente weit mehr den Haß der Nation.

1530 Glück hatte ihn übermüthig und verwegen gemacht; in seinem Unglücke war er niederträchtig und kriechend. Unfähig, sich zu mäßigen, so lange das Glück ihm schmeichelte, und ohne Standhaftigkeit, nachdem es ihn verlassen hatte, fiel er in eine gefährliche Krankheit. Ohngeachtet der kleinen Beweise von Güte, womit ihm Heinrich von neuem schmeichelte, um ihn zu trösten, starb er in seinem prächtigen Aufenthalt zu Hamptoncourt, der Gunst des Königs, aber nicht seiner Güter und Würden beraubt; glücklich, weder die Wirkungen des Hasses der Hofleute, noch die Strenge eines Herrn empfunden zu haben, der sich beleidigt glaubte *). Er hinterließ Denkmäler seiner Verwaltung, welche noch fortdauern, und seinem Andenken zur Ehre gereichen. Er mag nun wirklich selbst die Wissenschaften geliebt, oder sie bloß geschützt haben, weil Heinrich VIII sie zu lieben schien, so wandte er seine Aufmerksamkeit und seine Sorgfalt auf den öffentlichen Unterricht; er munterte zum Studiren der Künste und Wissenschaften auf; er gründete die öffentlichen Schulen von Ipswich und Oxford **). und diese Stiftungen waren ohne Zweifel kostbar.

*) Herbert, S. 340. Stowe, S. 294. f.

**) Rymer, Act. publ. B. 14 S. 39.

Er kannte vollkommen die Unordnungen, die in den 1530 Mönchsklöstern herrschten, und verachtete die Geist- lichkeit, deren Reformator er geworden wäre, wenn er seine eigne Aufführung hätte bessern können. Er nützte die Gewalt, die er durch sein unermüdetes Anhalten und seine Intriguen von dem Papste er- hielt, um einige kleine Klöster aufzuheben; und da die Einkünfte davon dem Könige gehörten, so wur- den dieselben auf seinen Rath zu diesen Stiftungen angewandt, welche für seine Nation so nützlich als ehrenvoll waren *). Das viele Gute, welches sie hervorgebracht, die großen Männer, die sie gebil- det haben, und deren Andenken sich von einem Zeit- alter auf das andere fortpflanzen wird, ersetzen ge- wissermaßen die Uebel, die der Stolz und die Hab- sucht ihres Stifters anrichtete, und von denen kei- ne Spur mehr übrig ist.

Heinrich hatte noch keine feste Entschlüsse gefaßt; er hatte sich noch nicht vorgenommen, gänzlich mit dem Römischen Hofe zu brechen; aber die Zeit hatte

Ee 2

---

*) Rymer, Act. publ. B. 14. S. 15. 240. Bullen, worin dem Kardinal Wolsey Vollmacht gegeben wird, die Klöster von Romborow, Felix-stow, Bromhill, Bliborow und Mont-Joye einzuziehen.

1530 bei ihm die Vorurtheile von dem Gehorsam gegen den Päpstlichen Stuhl vernichtet; er wünschte sich mit Karl V zu vereinigen; die Freundschaft des Königs von Frankreich schien ihm wichtig. Er sah indessen ungern eine gewisse Art von Abhängigkeit von diesen fremden Staaten. Zu gleicher Zeit schienen ihm seine Unterthanen gegen die Geistlichkeit aufgebracht zu seyn; eine günstige Gelegenheit für ihn; aber eine so große Revolution konnte nicht anders als durch einen Mann von einer kühnen Seele ausgeführt werden. Die Zeitumstände und die Menschen, die das Schicksal um ihn her versammelte, führten ihn zum Ziel, ohne daß er selbst deutlich einsah, wohin er seinen Lauf richtete. Er rief bald nach Wolseys Fall das Parlament zusammen. Das Unterhaus wollte die Umstände benützen, und schlug eine Bill gegen die Abgaben vor, die die Geistlichen für die Untersuchung der Richtigkeit der Testamente, für die Nicht-Residenz und den Besitz mehrerer Pfründen verlangten. Es sey nun, daß das Unterhaus Heinrich schmeicheln wollte, oder daß dieser Fürst demselben jene Beobachtungen eingegeben hatte, genug, sie wurden mit allen denen Bemerkungen begleitet, welche nur immer über die zügellose Lebensart der Geistlichkeit, ihre Usurpationen und ihren Geitz gemacht werden konnten. Ein

Edelmann von Gravesend redete im Parlament 1530 über die theologischen Meinungen, welche in verschiedenen Zeiten bei verschiedenen Völkern angenommen worden *). Er setzt darin die Unmöglichkeit fest, daß ein Mensch, noch weniger ein Volk, die Grundsätze jeder Sekte kennen und untersuchen könne; er zeigt, daß in diesen Gegenständen der Untersuchung nothwendiger Weise so viele Dunkelheit herrscht, daß man, seiner Meinung nach, bloß den Glauben an ein höchstes Wesen für die einzige Religion halten müsse, und daß Gott uns keine andre Pflichten gegen sich vorgeschrieben habe, als die sich auf den nothwendigen Unterschied des moralischen Guten und Bösen gründen. Der Bischof Fisher verwarf die vorgeschlagenen Billen mit vieler Heftigkeit. Der König sah sich gezwungen, den Eifer des Herzogs von Norfolk, welcher in einer lebhaften Antwort die Rechte der Krone gegen den Bischof vertheidigte, zu mäßigen; allein

Ee 3

*) Diese für das Jahrhundert und besonders in dem Munde eines Mannes von vornehmer Geburt bewundernswürdige Rede hat uns Herbert aufbehalten. S. Beil. Nr. 8. Ich glaube nicht, daß sie jemals übersetzt worden ist.

1530es entstand nicht weniger eine heftige Erbitterung zwischen beiden, welche in der Folge grausame Wirkungen hervorbrachte. Der Fürst sah indessen mit Vergnügen, daß sein Volk schon für sich selbst die Reformation wünschte, und bezeigte sein Verlangen, daß die Geistlichkeit in dem ganzen Reiche von niemanden als von dem Monarchen abhangen möchte. Die vorgeschlagenen Gesetze, um einen Theil ihrer unrechtmäßigen Einkünfte zu unterdrücken, giengen in dem Oberhause durch, und bereiteten andere Königliche Verordnungen vor. Das Parlament erließ dem Könige hierauf alle seine Schulden. Diese Bill verursachte vieles Murren, besonders von Wolseys Kreaturen, welche auf sein Wort starke Vorschüsse gethan hatten. Eine falsche Politik war Ursache, daß diese Akte im Unterhause ohne viele Widersetzung registrirt wurde: es glaubte, auf die Zukunft Unvorsichtige zu schrecken, welche, ohne von dem Parlament autorisirt zu seyn, ihre Güter als Darlehne hingaben. Heinrich gestand zur Belohnung eine allgemeine Amnestie zu, von der er bloß Staatsverbrecher und diejenigen Geistlichen ausnahm, die überwiesen waren, das Statut Praemunire verletzt zu haben. Allein nachdem das Parlament alle nach der Strenge der Gesetze verurtheilt hatte, milderte Heinrich dieses Urtheil, indem er die Schuld dem Irrthum, der Nachläßig- 1530 keit und der Vergeſſenheit zuſchrieb, und nur einen Eid verlangte, daß ſie inskünftige die Reichsverord- nungen beſſer beobachten wollten. Nun erklärte die Geiſtlichkeit von Canterbury den König für das ſou- veraine Oberhaupt und den Beſchützer der Kirche und der Geiſtlichen von England, mit Beiſtim- mung des Biſchofs Fiſher, acht anderer Biſchöfe, 52 Aebte, und faſt aller Deputirten, die die Ver- ſammlung der Geiſtlichkeit ausmachten, unter wel- chen auch der Kardinal Pole, Dechant von Exeſter war. Sie bezahlten, um ihre Fehler gut zu ma- chen, dem Könige eine Million, dreimal hundert- tauſend Pfund, und die Synode der Provinz York bewilligte zwanzig tauſend Piſtolen *)

Nach der Prorogation dieſes Parlaments ent- deckte der König den Mann, der endlich die Ehe- ſcheidungsſache beendigen konnte. Cranmer, Doktor der Theologie, ein beſcheidener, gelehrter und tu- gendhafter Mann, dem ein Engliſcher Edelmann Namens de Creſſy die Erziehung ſeines Sohns auf-

Ee 4

*) Herbert S. 291. Burnet B. 2. Goodwin beim Jahr 1530. Rymer Act. publ. B. 14. S. 590. 595.

1530 getragen hatte, fand sich einst mit Gardiner und Fox bei einem Abendessen. Diese hatten den König auf einer Jagd nach Waltham begleitet, und ihre Wohnung bei de Cressy genommen. Beide kannten die Gelehrsamkeit und Klugheit Cranmers; sie sprachen von der Verlegenheit, worin der König sich wegen seiner Heirath fand, und ohne ihn eigentlich um Rath zu fragen, weil sie vielleicht keine Antwort von ihm erhalten hätten, fragten sie ihn, was er davon dächte? Cranmer, ohne die Absicht der Hofleute einzusehen, antwortete, die ganze Frage könnte auf einen einzigen Punkt zurückgeführt werden: ob nemlich die Ehe des Königs nach göttlichen Rechten zweifelhaft oder gültig wäre, weil ein Papst über dieses unveränderliche und unzerstörbare Recht nichts vermöchte. Er setzte hinzu, wenn er an der Stelle des Königs wäre, so würde er, da es darauf ankäme, den Fremden und den Engländern die Ungültigkeit der Rechte zu beweisen, die sich der Papst angemaßt hätte, die berühmtesten Europäischen Universitäten über die Frage selbst zu Rathe ziehen. Cranmer hegte bei der Reinigkeit seiner Sitten nicht den geringsten Zweifel über die vorgegebenen Gewissensbisse des Königs und setzte also hinzu, wenn die Meinung derselben der Ehe des Fürsten günstig wäre, so würde sein Gewissen beruhigt seyn; sähen

sie hingegen diese Verbindung als unzuläßig an, so 1530
würde der Papst verbunden seyn, die Ehe zu trennen, da ein göttliches Recht nothwendig eine Dispensation aufheben müßte, wodurch es verletzt worden
wäre. Fox und Gardiner gaben dem Könige sogleich
von dieser Unterredung Nachricht. Heinrich, voll
Freuden, ließ Cranmern vor sich kommen, und
kehrte nach dessen Rath eiligst nach London zurück,
um seine weitern Schritte in der Sache zu beschleunigen *).

Er nahm Cranmern mit dahin, und befahl ihm,
seine Meinung schriftlich aufzusetzen und sie durch so
viele Beweise und Zeugnisse, als er nur immer in
den Schriften der Kirchenväter und den Lehrern des
geistlichen Rechts finden könnte, zu vertheidigen
und zu unterstützen. Eifersüchtig, den Beifall seiner Unterthanen zu erhalten, wandte er sich an die
Universitäten Oxford und Cambridge. Die erste
sprach zum Vortheil des Königs, und die andere
stimmte endlich derselbigen Meinung bei **). Die

*) Herbert, S. 350.

**) Hume scheint Woods Meinung anzunehmen, wenn
    er Bd. 2. S. 163. sagt, die Universität Oxford
    hätte sich der Ehescheidung anfangs sehr entge-

1530 Akademien von Bologna, Ferrara, Padua entschieden bloß nach der Schrift, ohne sich an die Drohungen des Papstes und des Kaisers zu kehren. Die Akademie von Orleans, die beiden Rechtsfakultäten von Angers, die theologische Fakultät zu Bourges, die Universität Touiouse, die Fakultät des kanonischen Rechts zu Paris entschieden für die Ehescheidung; die Sarbonne, um recht gründlich zu untersuchen, schob ihr Urtheil einige Zeit auf, und ließ vorher eine Messe an den heil. Geist lesen. Ihre Entscheidung, welche mit vieler Feierlichkeit gegeben wurde, gieng dahin: „Heinrichs VIII Ehe könnte auf keine Weise erlaubt seyn, und der Papst

gengesetzt und verdient mehr Glauben, als Wood, welcher sich auf Sanderus und dessen fabelhafte Geschichte stützt. Milord Herbert hatte das Original der Akte gesehen und führt es in der Geschichte Heinrichs VIII an. Es ist entweder nicht in den öffentlichen Akten aufbewahrt worden, oder Maria hat es vernichten lassen. Nach dieser Akte sollte die Untersuchung der Sache drei und dreissig Theologen aufgetragen werden, welche ohne eine neue Versammlung zu berufen, ihr Urtheil mit dem Siegel des Collegiums untersiegeln sollten. Beil. Nr. 9.

könnte nicht von den Gesetzen des 3ten Buchs M. 1570 dispensiren *). "

In den Niederlanden und Spanien waren wenige für diese Meinung. Auch diejenigen, die in Deutschland und in der Schweiz die Reformation gestiftet hatten, wurden zu Rathe gezogen. Oecolampadius, Phrigion, Zwingli und Calvin thaten den einmüthigen Ausspruch, die Ehe zwischen Schwager und Schwägerin wäre unerlaubt **).

*) Rymers Act. publ. Bd. 14. von Bologne, S. 393. u. 395. von Ferrara, S. 397. von Padua, S. 398. Ausspruch des Doge von Venedig gegen die Ehe des Königs von England, S. 399. der Akademie von Toulouse, S. 397. der Universität von Angers, S. 391. der Universität von Beziers, S. 392. der Doktoren und Advokaten von Paris, S. 392. u. 417. Verschiedene Akten der Universitäten von England, S. 390.

**) Des Oecolampadius Meinung findet sich in drei Briefen von ihm, vom 10 u. 31 August und vom 10 Sept. des Jahrs 1530. Er sieht darin das Gesetz des Levitikums als allgemein, und die Dispensation des Deuteronomiums als zufällig an, und die bloß die Juden anging. Phrigions Brief ist von Basel den 10 Sept. datirt. Zwinglis Mei-

1530 Melanchthon glaubte, den König zu einer doppelten Ehe rathen zu können; aber die Lutheraner wi-
derſetzten ſich wegen des Wohlſtandes und der Erhaltung der öffentlichen Sitten der Caſſation einer

nung war noch ſtärker ausgedrückt: „Die Grie-
chen,“ ſagt er, „und alle andere heidniſche Nationen ſahen eine ſolche wie Heinrichs VIII Ehe, nicht
anders als mit Abſcheu an.“ Aber indem er dem
Könige räth, ſeine Ehe für ungültig erklären zu
laſſen, will er, daß derſelbe ſich auf eine gute Art
von der Königin trennen und ſeine Kinder als rechtmäßig erkennen ſoll, weil ſie die Frucht eines alge-
meinen Irrthums ſind. Sein Brief iſt von Baſel
den 17 Auguſt datirt. Calvins Antwort iſt ohne
Datum und Unterſchrift; man glaubt, ſie ſei an
Grynäus gerichtet geweſen. Es iſt nicht unter
Bucers Briefen, welche verloren gegangen ſind,
daß ſeine Meinung zu finden iſt, ſondern in
denen von Grynäus vom 29 Auguſt und vom 10 Sep-
tember. Dieſer glaubte, Heinrich könnte zwei
Frauen heirathen; was Melanchthon betrift, ſo
ſcheint dieſer Rath von ſeiner Seite ſonderbar.
In der Schweiz wurde ſchon die Frage unterſucht,
ob die Ehe ſchlechterdings bloß auf zwei Perſonen
eingeſchränkt ſeyn müßte? S. bei Lord Herbert
einen Brief vom 18 Sept. 1530. Burnet verſi-

schon eingegangnen Ehe. Wenn ihr Betragen nicht 1530 sehr politisch war, so gab es wenigstens eine gün, stige Idee von der Reinheit ihres Gewissens.

Sobald Heinrich die Meinung der verschiedenen Akademieen und Universitäten von Europa eingezogen hatte, machte er noch den letzten Versuch bey Clemens VII., ob ihm gleich der Kaiser hatte versichern lassen, daß er die Sache der Königin, seiner Tante, nicht verlassen würde. Aber um neuen Ansuchungen in den Augen des Papstes mehrere Stärke zu geben, ließ er sie von einer großen Anzahl

chert, der Papst habe dem Könige angeboten, ihm zwei Gemahlinnen zu erlauben; er setzt hinzu, die protestantischen Lehrer in Deutschland hätten gleichfalls dazu geneigt geschienen, und Clemens VII hätte bloß dem Casalis verboten, zu erklären, daß er dieses aus seinem Munde wüßte. Melanchthon in einem seiner Briefe an Osiander, Cranmers Schwager, sucht nicht den König zur Polygamie zu bereden, indem er sich bemüht, zu beweisen, er müsse die Königin verlassen: er behauptet bloß, das Gesetz des Levitikums sei in diesem Punkt nicht so schlechterdings zu beobachten, daß es nicht Ausnahmen leiden könnte.

1530 Parlamentsmitgliedern unterzeichnen. *)   Da dieser Schritt wenig Erfolg gehabt hatte, so wollte er wenigstens seinen Unterthanen die Gerechtigkeit seiner Sache zeigen, und trug geschickten Rechtskundigen und Kanonisten auf, das geschriebene Recht,

*) Nach dem Lord Herbert war der Brief an den Papst von dem Parlamente selbst, worin er irret. Der Brief ist vom 13. Julius, und die Parlamentssitzungen waren vom 21. Junius auf den 1. Oktober prorogirt worden. Auch wurde in verschiedene Provinzen geschickt, um die Unterschrift der Mitglieder von beiden Parlamentshäusern einzuholen. Ich habe mich nicht enthalten können, den Brief des Königs und die Antwort des Papstes in den Beilagen Nr. 6. zu geben. Der erste ist wichtig, weil er zeigt, daß alle Engländer, Priester und Laien, auf gleiche Weise von der höchsten Oberherrschaft des Monarchen in geistlichen Dingen überzeugt waren, und den Entschluß gefaßt hatten, sich selbst die Freiheit zu verschaffen, wenn der päpstliche Stuhl sie ihnen verweigern sollte. In der Antwort des Papstes herrscht Unwillen, Furcht und falsche Schaam, welche oft Menschen zurückhält, in sich selbst zu kehren, und sie Handlungen durchsetzen läßt, deren Gefahr sie einsehen.

die heiligen Bücher, die von allen Christen gleich 1530
verehrte Tradition, die Entscheidungen der Concilien, die Aussprüche der griechischen und lateinischen
Kirchenväter und die scholastischen Streitfragen aus
den verschiedenen Jahrhunderten der Kirche zu uns
tersuchen. Diese gelehrten Untersucher entschieden
nach der Vereinigung so vieler Erkenntnißquellen,
daß die Päpste nur von Kirchenverordnungen, und
nicht von göttlichen Gesetzen dispensiren könnten;
daß das Wesen der Ehe in der freiwilligen Vereinigung zweyer Personen bestände, und daß Julius II.,
wenn auch der Prinz Arthur die Ehe nicht wirklich
vollzogen hätte, keine Dispensation habe geben können, und da sie wirklich wäre vollzogen worden,
die Blutschande desto verhaßter würde. *) Vielleicht
war, wie Schriftsteller von Gewicht versichern, die
scholastische Philosophie überall an die Stelle der
Vernunft getreten. Aber es ist gewiß, daß die Sitten, die bürgerlichen Gesetze, die natürliche Ordnung der Gesellschaften eben diese Verbindung verbieten, welche in den göttlichen Gesetzen gemißbil-
liget sind. Die Advokaten der Königin brachten
nur schwache Gründe für sie an. Der stärkste, und
der ohne Zweifel das größte Gewicht hatte, war

*) Rymers Act. publ. Bd. 14. S. 390. und 462.

1530der, daß sie zwanzig Jahr wäre mit dem Könige verbunden gewesen, in welcher Zeit dieser niemals Ursache gehabt hätte, ihr einen Vorwurf zu machen, und die Existenz einer Prinzessin, welche ihren Rang, ihre Rechte an die Krone eines großen Reichs verlieren sollte, und die durch den Vorwurf der unehelichen Geburt beschimpft würde. Hätte sich dieser Fürst wirklich durch bloß religiöse Bewegungsgründe und wahre Gewissenhaftigkeit leiten lassen, hätte er sich gefürchtet, seinen Unterthanen das Beispiel einer blutschänderischen Verbindung zu geben, so hätte die bisherige lange Dauer derselben seine Gewissensangst und seine Reue noch immer vermehren und ihm ein desto stärkerer Bewegungsgrund seyn müssen, sie zu trennen. Dazu ist es immer nützlich, wenn ein Monarch die guten Sitten wiederherstellt, welche der einzige Grund aller religiösen, bürgerlichen und politischen Ordnung sind. Wir sind unglücklicher Weise gezwungen, einzugestehen, daß diese großen, Heinrich wenig bekannten, Grundsätze nicht die Bewegungsgründe seines Betragens waren. Katharina von Arragonien, so sehr von der Gerechtigkeit ihrer Sache überzeugt, als es der König von der Gerechtigkeit der seinigen zu seyn schien, wollte niemals ihre Appellation an den römischen Hof zurücknehmen, noch

die

die Gültigkeit ihrer Ehe nur als zweifelhaft anse:1530
hen. Die sanftesten und die schärfsten Mittel wa:
ren gleich unnütz, und der König, ihrer Widersetz:
lichkeit müde, ohne sich dadurch rühren noch er:
schüttern zu lassen, trennte sich von ihr auf immer
auf dem Schlosse Windsor. Er ließ sie fragen, in
welchem Pallaste sie inskünftige wohnen wollte?
Auf diese Frage sah Katharina wohl ein, daß sie in
ihren eigenen Staaten unstät und flüchtig seyn wür:
de. Sie gieng nach More, nach Estamshed und end:
lich nach Amphtill, wo sie ihren Wohnsitz aufschlug.

Heinrich, von ihrer Gegenwart befreiet, und 1532
mit den Zögerungen und Kunstgriffen des Papstes
immer mehr unzufrieden, dachte nun darauf, die
Geistlichkeit noch mehr einzuschränken. Er versam:
melte das Parlament, welches durch eine Bill die
Annaten auf immer abschaffte. *) Diese Gaben,

*) Diese bestanden in dem Ertrage eines Jahrs von
   allen erledigten Bisthümern, und nur, nachdem
   sie denselben von den ernannten Bischöfen erhal:
   ten hatten, fertigten die Päpste ihre Bullen und
   ihre Anwartschaftsbriefe aus. Das Parlament
   verordnete, daß dieser Tribut inskünftige nicht
   mehr sollte bezahlt werden, und sprach gegen die:
   jenigen, die verwegen genug seyn würden, dies
   neue Statut zu übertreten, die in dem Gesetze

1532 welche anfangs umsonst waren bewilligt worden, um der Christenheit aufzuhelfen, brachten dem römischen Hofe beträchtliche Summen ein. Seit dem zweiten Jahr der Regierung Heinrichs waren mehr als 160,000 Pfund Sterling dahin gegangen. Da man nicht zweifelte, der Papst würde sich wegen dieses Entschlusses zu rächen suchen, so wurde zugleich statuirt, daß, wenn dergleichen Anordnungen dem Reiche Interdikte oder Exkommunikation zuzögen, diese gleichfalls als nichtig betrachtet werden sollten, daß die Sakramente administrirt und der Gottesdienst gehalten werden sollte, ohne irgend auf die Dekrete des Papstes zu achten. Diese in dem Oberhause entworfene Akte wurde ins Unterhaus gebracht, und von demselben gebilligt. Der König gab seine Zustimmung zu derselben, wodurch sie Gesetzkraft erhielt; sie wurde aber nicht eher als im Monat Julius des folgenden Jahres be

Praemunire bestimmten Strafen aus, wobey es erklärte, daß, wenn der Hof von Rom den Bischöfen die Bullen und Anwartschaftsbriefe versagte, sie von einem ihrer Pairs, den der König ernennen würde, ordinirt werden sollten, und diese Weihe sollte dieselbige Kraft haben, als wenn sie der Papst erlaubt hätte. Burnet B. 2. Herbert S. 358. Goodwin beim Jahr 1532. Stry- pe Band 1.

kannt gemacht. Das Parlement brachte Klagen 1532 gegen die geiſtlichen Gerichtshöfe an, welche erlaub= ten, daß Leute als Ketzer vor ihr Gericht gezogen würden, ohne daß ſie nach den Geſetzen einen An= kläger gehabt hätten. Sie handelten alſo ex offi= cio in einer ſo wichtigen Angelegenheit, zwangen nachher die Beklagten, abzuſchwören, und verur= theilten ſie zum Feuer, ohne ſie einmal zur Verthei= digung zuzulaſſen; *) eine ſo grauſame als uner= hörte Tyrannei in einem Lande, das durch ſeine Grundgeſetze, ſeine Verfaſſung und ſein National= genie frey war! Dieſe Klagen hatten damals keine Folgen, und brachten ihre Wirkung erſt drey Jahr nachher hervor.

Indeſſen hatte der Papſt den König Heinrich noch einmal vor den römiſchen Hof vorgeladen, um daſelbſt auf die Appellation der Königin zu antwor= ten. Dieſer Fürſt ſchickte den Ritter Karnes unter dem neuen Titel Excuſator dahin. Der Doctor Bonner erhielt Befehl, ihn zu begleiten. Dieſer letzte hatte bey vieler Kühnheit wenig Klugheit und Beurtheilungskraft; Fehler, welche den römiſchen Hof in Schrecken ſetzten, weil Bonner bey ſolchen Gelegenheiten etwas wagte, was ein kluger Mini= ſter nie gewagt haben würde. Indeß das Conſiſto=

Ff 2

*) Burnet B. 2. Herbert S. 357. f.

1532 rium und die beiden Gesandten bald durch Kühnheit, bald durch Kunstgriffe über einander zu siegen
suchten, berief Heinrich von neuem das Parlement
zusammen. Er übergab dem Sprecher des Unterhauses das Memorial, worin die Geistlichen auf
die Vorstellung dieses Hauses antworteten, und be-
klagte sich, daß ein gewisses Parlamentsmitglied,
Namens Temse, gesagt hätte, man müßte sich be-
mühen, die Ehescheidung zu verhindern, und die
gesetzlichen Rechte der Prinzessin Maria zu erhalten. Zu gleicher Zeit versicherte er, daß er sich bloß
durch sein Gewissen verbunden sähe, einen solchen
Schritt zu thun, und daß das Feuer der Leidenschaften, welches von einem Manne von seinem Alter
nicht mehr zu erwarten wäre, keinen Einfluß auf seine
Entschließung gehabt hätte. Hierauf befahl er dem
Sprecher, den immer noch existirenden Widerspruch
zwischen dem Eide, den die Bischöfe den Päpsten,
und dem, den sie ihrem Monarchen ablegten, untersuchen zu lassen, um den ersten abzuschaffen. *)
Aber eine ansteckende Krankheit, die sich zu Westminster verbreitete, zwang das Parlament, aus
einander zu gehen. **) Zwey Tage nachher legte

*) Beyl. Nr. 10.
**) Hume erzählt, nach Milord Herbert, es sey das
    Volk gewesen, welches durch Temsen jene Fode-

Thomas Morus die Kanzlerwürde von England 1532 nieder. Er hatte vielen Eifer bezeigt, so lange der König nur der Habsucht des römischen Hofes Schranken setzen wollte. Er hatte in Absicht auf die Uebertretung des Praemunire die strengste Parthey ergriffen; allein er liebte weder die Protestanten, noch die Familie der Bolein, noch den Hof. Die gegenwärtigen Revolutionen beleidigten aufs äusserste seine strengen Sitten, und niemand gieng in der Hitze des Fanatismus weiter als er. Der Graf

Ff 3

rung an den König richtete, und die Furcht, die diese Art von Pest verbreitet hatte, habe die Engländer auf die Gedanken gebracht, daß Gott sie wegen des Fehlers ihres Monarchen strafte. Nach Burnets und Goodwins Nachrichten, welche diese Vorstellung von Temse zu Anfang der Parlamentssitzungen setzen, scheint dies factum nicht richtig zu seyn. Das Parlament wurde, als diese Krankheit anfing, prorogirt, folglich konnte es nicht über eine Foderung berathschlagen, welche nach Herberts Behauptung die Wirkung ihres Eindrucks auf die Gemüther des Volks seyn sollte. Das Parlament, welches sich das folgende Jahr versammelte, scheint sich mit dieser Frage gar nicht beschäftigt zu haben, und in der That war es auch nicht mehr die Zeit dazu.

1532 von Wiltshire, Vater der Anna von Bolein,
wollte ihn wegen seiner Verwaltung angreifen:
aber Morus hatte seine Pflichten mit solcher Redlichkeit erfüllt, daß er sich vor keinem Angriff fürchtete. Er verließ diesen glänzenden Posten mit der
Freude eines erhabenen Geistes und der Ruhe einer
reinen Seele. Glücklich, wenn man ihm nicht seinen
Haß gegen die Ketzer und die entsetzlichen Grausamkeiten, wozu ihn dieser hinriß, vorzuwerfen hätte. *)

*) Sein Betragen war ein schreckendes Beispiel von
den Verirrungen, zu welcher eine enthusiastische
Denkungsart bringen kann. Morus war sanft,
gerecht und menschlich: die strengste Redlichkeit,
die reinsten Sitten haben sein Andenken vereh-
rungswürdig gemacht, und diese Verehrung verdient er, als Magistrat und als Staatsmann betrachtet. Durch sein Genie, durch seine gründlichen Wissenschaften erwarb er sich in einem Jahrhunderte, wo die Kenntnisse eingeschränkt waren,
eine allgemeine Bewunderung. Aber nie ist ein
Katholik in dem Hasse gegen die Ketzer weiter
gegangen. Keiner war je grausamer und heftiger
aus Grundsätzen. Das Gemälde der von Thomas Morus verübten Grausamkeiten findet sich
im Burnet, im Herbert, im Hall, einem außerordentlich genauen Schriftsteller, im Stowe,
Speed, Goodwin und andern.

CPSIA information can be obtained at www.ICGtesting.com
Printed in the USA
BVOW09s1426210714

359935BV00015B/352/P